Nehemías y Esdras
reconstruyen
los muros

Nacimiento
de Jesús

Pablo se convierte
a Cristo

Muerte de
Pedro

La muerte y
resurrección
de Jesús

Pablo comienza
a hablar
de Jesús

Ester

500 400 300 200 100 0 10 20 30 40 50 60 70

d.C. ERA MODERNA

Los romanos dominan
Palestina

Jesús empieza a
hablar de Dios
al pueblo

Jerusalén
destruida por
Roma

...lio en
...ilonia

Los exiliados
...ienzan el regreso
...reconstruyen el
templo

CÓMO USAR ESTA BIBLIA

365 historias

Mira el índice. Puedes elegir empezar con Jesús o con las aventuras del apóstol Pablo. Lee acerca de Moisés y las plagas de Egipto, o sobre Sansón, que luchó con un león sin usar más armas que sus manos. O podrías empezar por el principio, con la historia de la creación, y de cómo la tierra se salvó de una terrible inundación.

Datos interesantes

Encontrarás informaciones útiles sobre los lugares y personajes o la época en que vivieron; también hay dibujos para explicar algunos de los hechos que aparecen en las historias.

Artículos

Lee las introducciones al Antiguo Testamento y al Nuevo Testamento para conocer más sobre el trasfondo de la Biblia y sobre la vida en aquellos tiempos.

Mapas

Mira los mapas para ver dónde sucedía cada cosa. ¡Imagínate lo largos que fueron algunos de los viajes!

Índices

Si quieres leer acerca de alguien en particular (Elías o Esteban), y no sabes dónde encontrarlo; o si quieres encontrar algo sobre carros o cocodrilos, lanzas, barcos o soldados, puedes mirar en los índices al final. Ellos te dirán qué historia leer o en qué página puedes hallar la información que buscas.

Publicada por primera vez en el año 2000 con el título
"La Biblia del siglo XXI para niños".
Esta nueva edición revisada es del 2013.

Título del original: *The 365 Children's Bible.*
Copyright © 2013 Anno Domini Publishing.
Texto © 1999 por Stephanie Jeffs y Derek Williams.
Ilustraciones © 1999 por Tony Morris y Chris Saunderson.

Edición en castellano: *La Biblia en 365 historias,* © 2013 por Editorial Portavoz, filial de Kregel Inc., Grand Rapids, Michigan 49505. Todos los derechos reservados.

EDITORIAL PORTAVOZ
2450 Oak Industrial Dr. NE
Grand Rapids, Michigan 49505 USA
Visítenos en: www.portavoz.com

ISBN: 978-0-8254-1958-4

3 4 5 6 / 25 24 23

Impreso y encuadernado en China
Printed and bound in China

LA BIBLIA EN
365
HISTORIAS

STEPHANIE JEFFS Y DEREK WILLIAMS

Ilustrada por Tony Morris y Chris Saunderson

Editorial
PORTAVOZ

¿QUÉ ES LA BIBLIA?

La Biblia es uno de los libros más antiguos, conocidos y vendidos del mundo. En realidad, se trata de una colección de **66** libros distintos, divididos en dos secciones principales. El Antiguo Testamento es la historia del pueblo judío, que incluye la Ley dada a Moisés y los escritos de los profetas. El Nuevo Testamento es la historia de Jesús y de los primeros cristianos.

Para los cristianos, es un libro muy especial porque creemos que narra la historia de cómo Dios se ha revelado al mundo, sobre todo por medio de su Hijo, Jesucristo. La Biblia tiene la enseñanza divina sobre cómo vivir y cómo comprender a Dios, y también el mundo que Él creó.

El Antiguo Testamento

Los libros del Antiguo Testamento incluyen historia, drama, poesía, cartas, leyes e historias de diversas personas. En la época del Antiguo Testamento, solo unas pocas personas sabían leer y escribir. La mayoría contrataba a un "escriba" para que les redactara las cartas. Unos 500 años antes de Cristo los escribas fueron muy importantes como maestros de la ley de Dios. Los que copiaban los libros de la Biblia tenían mucho cuidado en no olvidarse de nada. A veces un segundo escriba repasaba el trabajo del primero. Se tardaba mucho en copiar aquellos rollos, que entonces eran muy valiosos. La persona que leía el rollo solía desenrollarlo por un extremo y enrollar el otro a medida que avanzaba en su lectura.

¿Quién la escribió?

Al menos fueron 35 personas diferentes, que creían en Dios y le prestaban mucha atención, las que escribieron la Biblia. El Antiguo Testamento está escrito en hebreo, el lenguaje de las tribus judías de Israel, pero nadie sabe cómo y cuándo se empezaron a agrupar todos los escritos en un solo libro. El Antiguo Testamento es el libro sagrado más importante para los judíos.

El Nuevo Testamento fue escrito en griego, el lenguaje más extendido en el siglo I d.C. Los cristianos creemos que Dios guió o "inspiró" a los escritores humanos de la Biblia para que transmitieran bien el mensaje de Dios. También se escribieron otros libros religiosos, pero a lo largo de mucho tiempo las personas fueron aceptando que algunos de ellos tenían la autoridad especial de Dios. Estos fueron los incluidos en la Biblia. Cuando los escritos del Antiguo Testamento se

reunieron y se tradujeron del hebreo al griego, cerca del año 250 a.C., la traducción incluyó algunos libros que no estaban en la Biblia hebrea y que ahora se conocen como "deuterocanónicos". En el siglo XVI, las iglesias protestantes de Europa decidieron usar solo los libros procedentes de la Biblia hebrea en su Antiguo Testamento. Hacia el año 350 d.C. se llegó a un acuerdo acerca de la lista de libros que compondrían el Nuevo Testamento.

El mensaje de la Biblia

El mensaje de la Biblia es tan importante que ahora se ha traducido a cientos de idiomas distintos. La primera traducción griega del Antiguo Testamento se hizo 250 años antes de que naciera Jesús. Unos 100 años d.C., todos los libros del Nuevo Testamento habían sido escritos en

El Nuevo Testamento

Los seguidores de Jesucristo escribieron los libros del Nuevo Testamento en griego. La palabra griega para libros es "biblia", y de ahí viene el nombre del libro. Ya no se escribieron como rollos, sino como hojas de pergamino colocadas una encima de otra, unidas por uno de sus lados. Esto se llama "códice", y se parece más al tipo de libro que leemos hoy día.

Los Evangelios de Lindisfarne *Este manuscrito del siglo X fue copiado y cuidadosamente decorado a mano por varios monjes.*

griego, y entonces se tradujeron al latín. Pero durante cientos de años después del nacimiento de Jesús seguía habiendo poca gente que supiera leer y escribir.

La invención de la imprenta en el siglo XV significó que las Biblias ya no tendrían que copiarse a mano. Las traducciones que vinieron luego garantizaron que muchas personas pudieran leer la Biblia por primera vez en su propio idioma.

Desde entonces, la Biblia entera ha sido traducida a más de 450 idiomas, y algunas partes de la Biblia han sido traducidas a más de 2000 idiomas.

Un rollo *Se hacía de pergamino (cuero) cosido en una larga tira, que luego se enrollaba por los extremos.*

LOS ROLLOS DEL MAR MUERTO

En 1947, un niño árabe, que era pastor, encontró unas vasijas de barro en unas cuevas en el desierto, cerca del Mar Muerto. Dentro de ellas había algunos rollos muy antiguos. Eran copias de pasajes del Antiguo Testamento. En la época romana, cuando Jesús vivió, en aquella zona hubo un monasterio llamado Qumrán, y se cree que los monjes escondieron los escritos en las cuevas para evitar que alguien los destruyera. Estas son las copias más antiguas del Antiguo Testamento que existen hoy.

LA ARQUEOLOGÍA Y LA BIBLIA

Se han descubierto en las tierras bíblicas objetos y textos que nos demuestran que muchos de los relatos de la Biblia fueron escritos en momentos históricos precisos. Los antiguos escritos, la alfarería y otros objetos hallados en las ruinas de antiguas ciudades nos ofrecen pistas acerca de cómo y cuándo vivieron los diversos personajes.

Las historias bíblicas *Las personas de la Europa medieval, por lo general, no sabían leer, así que escuchaban historias bíblicas en las iglesias y miraban las figuras de las vidrieras de colores.*

La Biblia hoy *Para los cristianos, la Biblia no solo es una guía para vivir. Leyéndola, las personas pueden hallar la fe en Dios y vida eterna.*

ÍNDICE

EL ANTIGUO TESTAMENTO

El Antiguo Testamento contiene 39 libros que fueron escritos a lo largo de muchos siglos. Estos libros hablan de la historia y religión del pueblo de Dios, los judíos. Jesús empleó estos sagrados escritos, o "escrituras" como parte importante de sus enseñanzas. También se considera el Antiguo Testamento como la "Palabra de Dios" transmitida a los cristianos de hoy día.

Los 39 libros se pueden dividir según sus diversos estilos de escritura, reunidos con diferentes propósitos.

Los cinco primeros libros

Estos cinco libros forman la base de la religión judía. Llamados el Pentateuco, o la Ley, estos libros comienzan con la historia de cómo empezó el mundo, y con la promesa de Dios a Abraham y a sus descendientes, el pueblo judío. La promesa fue un "pacto" (un acuerdo o "testamento") de que si el pueblo de Dios le obedecía y guardaba sus leyes, Él siempre los amaría y protegería.

Se registran en estos libros los Diez Mandamientos y otras leyes para el pueblo de Dios. También encontramos la historia de cómo

Moisés guió al pueblo de Dios a través del desierto hacia la Tierra Prometida después de ser liberados de la esclavitud de Egipto.

La historia del pueblo de Dios

La historia —las batallas y guerras, los reyes buenos y malos— es una forma de mirar al pasado, a lo que ha sucedido a las personas. Dios había prometido a Abraham un territorio, muchos años antes, y el libro de Josué empieza con la historia de cómo el pueblo de Dios llegó a vivir en Canaán, la Tierra Prometida. Estos libros hablan de los líderes, jueces y reyes de Israel, y de sus muchas batallas con los enemigos.

La poesía y la sabiduría

La poesía expresa lo que las personas piensan y sienten de una forma distinta a los escritos históricos. Los poemas y cantos de adoración, llamados salmos, siguen usándose en la adoración hoy día tanto por judíos como por cristianos. Muchos de ellos fueron escritos por el rey David, y hablan de su relación con Dios en medio de situaciones y estados de ánimo muy diversos. También hay dos libros de dichos sabios, muchos de los cuales los escribió el rey Salomón, famoso por su sabiduría que recibió como un don de Dios. El libro de Job habla de la tristeza y el sufrimiento, y ha sido considerado el libro más difícil de toda la Biblia.

Los profetas

La última sección del Antiguo Testamento es una mezcla de historia, poesía y profecía. Muchas veces, el pueblo de Dios olvidaba sus leyes y lo desobedecía, de modo que Dios debía enviarles un profeta para recordarles cómo debían vivir. Los profetas solían ser poco populares. Muchos de ellos tuvieron que advertir al pueblo de Dios de las cosas terribles que les pasarían si no obedecían las leyes de Dios. Y lo cierto es que les sucedieron cosas terribles. Pero los profetas también trajeron buenas noticias sobre el Salvador de Dios, o "Mesías", que vendría a mostrar el amor de Dios por todo el mundo, en todos los países.

LOS DIEZ MANDAMIENTOS

1 Yo soy Dios, que los rescató de la esclavitud. Adórenme solo a mí.

2 No hagan ídolos ni los adoren.

3 Que mi nombre siempre sea santificado.

4 Guarden mi día de reposo.

5 Respeten a sus padres.

6 No maten a ningún ser humano.

7 Sean fieles a su esposo o esposa.

8 No roben.

9 No mientan.

10 No tengan envidia de lo que tienen otros.

El mundo del Antiguo Testamento

Harán · Nínive · Río Éufrates · ASIRIA · Río Tigris · Babilonia · Susa · PERSIA · BABILONIA · Ur · EL GRAN MAR (Mediterráneo) · CANAÁN · Jericó · Jerusalén · Mar de las cañas · SINAÍ · DESIERTO DE ARABIA · EGIPTO · Monte Sinaí · Río Nilo · MAR ROJO

EL MUNDO DEL ANTIGUO TESTAMENTO

Harán

Río Éufrates

SIRIA

EL GRAN MAR
(Mediterráneo)

CANAÁN

Jerusalén

Mar de las cañas

EGIPTO

SINAÍ

Río Nilo

Monte Sinaí

MAR ROJO

MAR CASPIO

Nínive •

ASIRIA

Río Tigris

• Babilonia

• Susa

BABILONIA

PERSIA

Ur •

ARABIA

GOLFO
PÉRSICO

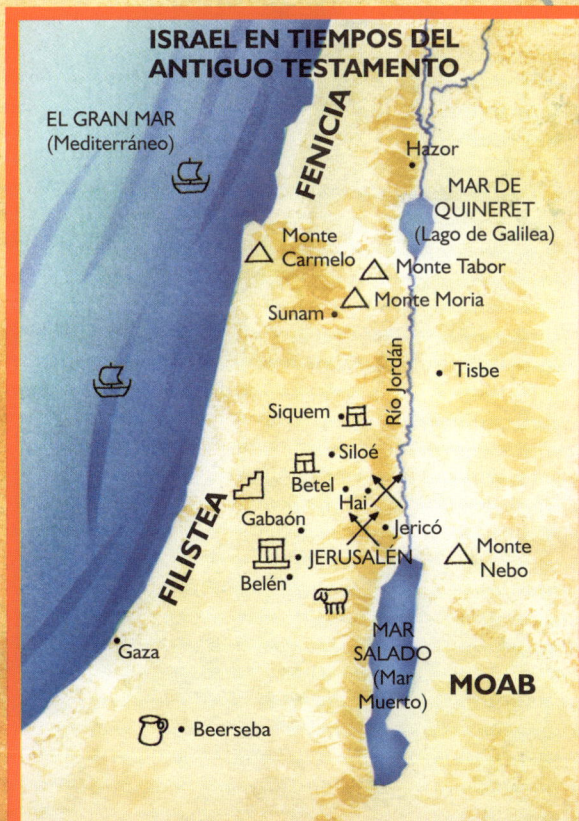

**ISRAEL EN TIEMPOS DEL
ANTIGUO TESTAMENTO**

EL GRAN MAR
(Mediterráneo)

FENICIA

• Hazor

MAR DE
QUINERET
(Lago de Galilea)

Monte
Carmelo △ Monte Tabor

△ Monte Moria

Sunam •

Río Jordán

• Tisbe

Siquem •

• Siloé

Betel

Hai

Gabaón

• Jericó

FILISTEA

JERUSALÉN

△ Monte
Nebo

Belén •

MAR
SALADO
(Mar
Muerto)

MOAB

• Gaza

• Beerseba

15

EL ANTIGUO TESTAMENTO

EL PRINCIPIO DE TODAS LAS COSAS

Muchos pueblos poseen historias tradicionales de la creación del mundo. La Biblia comienza con la historia de la creación, que da pie a las creencias hebrea y cristiana.

Las primeras palabras de la Biblia son "en el principio", y la historia empieza con el propio Dios. Él siempre ha existido, no ha sido creado. Fue Dios quien creó todo el universo. Él lo planeó con cuidado, sin dejar nada al azar, desde el vasto número de las estrellas hasta la criatura más pequeña en el fondo de los océanos. Y también se nos dice que todo lo que Dios hizo era bueno.

La historia de la creación no dice exactamente cómo hizo Dios el universo. La idea central de la historia no es la de contarnos cómo se formaron las rocas o las estrellas, sino la de ayudarnos a responder a algunas de las principales preguntas de la vida: ¿Por qué el mundo es como es? ¿Por qué somos así las personas?

La primera pareja, Adán y Eva, fue creada para ser como Dios: capaz de hacer cosas, amar, cuidar del mundo y disfrutar la amistad con Dios. Pero esa amistad se rompió cuando hicieron deliberadamente lo que Dios les dijo que no hicieran. Adán y Eva fueron expulsados del huerto del Edén, lejos de la presencia de Dios.

Después de esto, las cosas fueron de mal en peor. La gente hizo todo tipo de maldades hasta que Dios decidió comenzar de nuevo con Noé, al que rescató del diluvio. Incluso después de esto, los humanos siguieron intentando vivir sin Dios. Pero Él nunca dejó de amarlos.

La creación del mundo

En el principio, Dios creó la tierra partiendo de la nada. Todo era oscuro y vacío, y no tenía forma alguna.

Entonces Dios habló: "¡Que se haga la luz!" Y en cuanto lo hubo dicho, la luz existió. Dios dividió la luz, para que hubiera día y noche.

Dios creó la atmósfera que rodea la tierra. Puso aguas sobre la tierra, creando los mares y la tierra firme.

Entonces Dios empezó a llenar el mundo que había creado. Tomó la tierra y la llenó de plantas, flores, semillas y frutos.

Llenó el cielo diurno con el sol, y el nocturno con la luna. Puso estrellas y planetas por todo el universo. Marcó el paso del tiempo, con estaciones, días y años.

Dios llenó el cielo de aves y el mar de peces y otros seres vivos. Trajo la vida a la tierra creando a todo tipo de reptil, animal e insecto.

Dios contempló todo lo que había hecho y vio que era bueno.

Entonces Dios hizo al hombre y a la mujer. Los puso para que cuidaran de su creación, y los amó.

Cuando su creación estuvo completa, Dios descansó.

2
El huerto del Edén

El hermoso huerto de Dios estaba lleno de árboles, y un río lo
atravesaba. Algunos de los árboles tenían frutos y semillas buenos
para comer. Otros árboles tenían preciosos colores, formas y
texturas, y eran hermosos de contemplar. En medio del huerto
había dos árboles especiales. Uno se llamaba el árbol de la vida y
el otro el árbol del conocimiento del bien y del mal.

Dios entregó a Adán, el primer hombre, y a Eva, la primera
mujer, el huerto para que vivieran en él. Estaba lleno de todo lo
que Dios había creado. Él quería que Adán y Eva lo disfrutaran
todo. A Dios le gustaba estar con Adán y Eva; pasaba cierto
tiempo paseando y hablando con ellos por el huerto.

Dios le dijo a Adán: "Pueden comer del fruto de cualquiera
de los árboles, pero hay una excepción: no deben comer del
árbol del conocimiento del bien y del mal. Si comen de su fruto,
morirán".

3
La serpiente astuta

Una de las criaturas del huerto era una serpiente. Era el enemigo
de Dios. Era astuta y engañosa, y quería
destruir el hermoso huerto de Dios y todo lo
que había dentro.

Se acercó arrastrándose hasta Eva.

—¿De verdad que Dios les ha prohibido
comer de los frutos de cualquier árbol en este
huerto? —le susurró.

—Dios nos dijo que podíamos comer de
todos ellos, menos del que está en el centro
del huerto —dijo Eva—. Si comemos del
árbol del conocimiento del bien y del mal,
moriremos.

—¡Eso no es cierto! —dijo la serpiente—.
Dios no quiere que coman de ese árbol porque
si lo hacen, serán como Él.

Eva contempló el árbol y el fruto que colgaba de sus ramas.

Meditó en lo que le había dicho la serpiente, y deseó ser igual a Dios.

"Vamos —le dijo a Adán—, comamos". Tomó un fruto y le dio otro a Adán.

Tan pronto hubieron comido, Adán y Eva se dieron cuenta de lo que habían hecho. Lo habían estropeado todo. Habían desobedecido a Dios. De repente, ya no se sentían felices estando en el huerto. Y cuando oyeron acercarse a Dios, se miraron el uno al otro, y corrieron para hallar un lugar donde esconderse.

4
Adán y Eva salen del huerto

Esa tarde, Dios vino a pasear al huerto, y buscó a Adán y Eva.

Pero Adán y Eva se escondieron entre los árboles. Recogieron hojas y se hicieron ropas. Se sentían muy tristes con ellos mismos.

—¿Dónde estás, Adán? —llamó Dios.

—¡Escondido! —dijo Adán—. Tuve miedo de ti, porque estaba desnudo.

—¿Cómo supiste que estabas desnudo? —preguntó Dios—. ¿Has comido del árbol del conocimiento del bien y del mal?

—¡No fue culpa mía! —replicó Adán—. Eva me convenció.

—¡No fue culpa mía! —dijo Eva—. La serpiente me engañó.

Dios estaba muy triste.

—Como me han desobedecido, ya no pueden seguir disfrutando de este huerto. Tendrán que trabajar duro. Sabrán lo que es sentirse desdichados, cansados y doloridos. Conocerán la fealdad y la tristeza. Al final, morirán. Esto es lo que han elegido. No es lo que yo quería para ustedes.

Antes de que se fueran, Dios les hizo ropas de piel de animal. Entonces los expulsó del huerto del Edén.

5
Caín y Abel

Adán y Eva tuvieron dos hijos. El mayor se llamaba Caín, y el más joven Abel.

Ambos crecieron como granjeros. Caín plantaba semillas y recogía las cosechas. Abel criaba animales.

Un día, ambos hermanos decidieron hacerle un regalo a Dios. Caín trajo una parte de su cosecha, y Abel trajo el más joven de todos sus corderos.

Dios contempló ambos regalos. Eran buenos. Pero entonces Dios miró a los dos hermanos. Sabía cómo eran por dentro. Sabía que a Caín no le interesaba realmente Dios, así que no podía aceptar su ofrenda.

Caín se enfureció, y sintió celos.

"¡No te enfades! —le dijo Dios—. ¡Y ten cuidado! Corres el riesgo de tener más problemas. Haz lo que es correcto, y serás aceptado".

Pero Caín no lo escuchó. Fue a los campos con Abel, y allí mató a su hermano.

—¿Dónde está Abel? —le preguntó Dios.

—¡No lo sé! —mintió Caín.

—Te lo advertí —le dijo Dios—, pero no me escuchaste. Ahora serás castigado.

Caín se dio cuenta de que Dios sabía todas las cosas.

—Cuando descubran que he matado a mi hermano, ¡me matarán! —exclamó.

—Como has hecho una cosa tan terrible, tu vida será muy difícil. Tus cosechas no serán buenas. Pero nadie te matará, porque yo te protegeré —le prometió Dios.

6
Noé construye un barco

A medida que más personas vivían en la tierra, pocos de ellos pensaban en Dios. Hacían lo que les apetecía. Se herían mutuamente, y seguían perjudicando el mundo que Dios había creado. Dios veía todo lo que estaba sucediendo, y eso lo ponía muy triste.

Solo un hombre, llamado Noé, se acordaba de Dios.

"El mundo se ha malogrado —le dijo Dios a Noé—. ¡Debo hacer algo! He visto todas las cosas terribles que hacen hombres y mujeres. Voy a inundar la tierra con agua hasta que no quede nada en ella. Pero prometo que te salvaré a ti y a tu familia".

Dios le dijo a Noé que construyera un arca. Le dijo las dimensiones que debía tener, el número de cubiertas, y dónde colocar la puerta. Dios le dijo a Noé que cubriera el arca con brea, y que la llenara de provisiones. Al final, Dios ordenó a Noé que reuniera una pareja de todas las especies de seres vivos para meterlas en el arca.

"Dentro de siete días comenzará a llover —advirtió Dios a Noé—. Pero tú y tu familia estarán a salvo".

7
El gran diluvio

Noé y su familia subieron a bordo del arca. Esperaron con los animales durante siete días. Entonces, comenzó a llover.

A medida que la lluvia caía sobre la tierra, los ríos crecieron y se salieron de sus cauces. Las aguas del mar invadieron la tierra, y por todas partes las fuentes de aguas subterráneas salieron al exterior.

Durante cuarenta días y cuarenta noches la lluvia siguió cayendo, y el nivel del agua fue subiendo. Todo lo que vivía sobre la tierra fue destruido por el diluvio. Pero Dios preservó a Noé, su familia y los animales, a salvo dentro del arca.

8
El arco iris

Al fin la lluvia cesó. Poco a poco, las aguas descendieron. El arca se posó sobre unas rocas sumergidas.

Noé abrió una ventana. Tomó un cuervo y lo soltó en el aire. El pájaro extendió sus alas y voló, pero no encontró lugar donde posarse. La tierra seguía cubierta de agua.

Noé eligió una paloma, pero esta también regresó al arca.

Al cabo de siete días, Noé volvió a enviar la paloma. Esta vez, el ave regresó con una ramita de olivo en el pico. Noé supo entonces que el nivel del agua estaba bajando.

Esperó un poco más, y envió a la paloma por tercera vez. Cuando el pájaro no volvió, Noé supo que había descubierto un lugar donde posarse para descansar.

"Puedes salir del arca —le dijo Dios—. Que tu familia y que todos los animales salgan a tierra firme. ¡Es de ustedes para que la disfruten!"

De modo que Noé y su familia salieron del arca. Dieron las gracias a Dios por cuidar de ellos.

"Nunca volveré a destruir la tierra con agua —les prometió Dios—. He colocado un arco iris en el cielo como símbolo de esta promesa".

9
La torre de Babel

Muchos años después del diluvio, la tierra volvió a estar repleta de personas. Todas hablaban el mismo idioma, y se trasladaban de un lugar a otro buscando un lugar donde establecerse.

"¡Construyamos una ciudad!" —dijeron los de un grupo. Y no la construyeron con piedras. En su lugar, cocieron ladrillos de arcilla bajo el sol ardiente. Estaban muy satisfechos de sí mismos.

Pero cuando empezaron a construir, pensaron que una ciudad no era lo bastante importante.

—¡Deberíamos construir una torre! —sugirió alguien.

—Sí —dijeron otros—, pero que no sea una torre cualquiera. ¡Que llegue hasta los cielos! Entonces, todo el mundo sabrá lo importantes e inteligentes que somos. ¡Nadie se atreverá a hacer algo contra nosotros!

Pero Dios contemplaba a los hombres mientras construían aquella torre. Sabía lo importantes que ellos creían ser, y lo poco que se acordaban de Él.

"Haré que hablen idiomas distintos —dijo Dios—. Los esparciré por toda la tierra, para que no puedan maquinar algo malo. Quizá entonces dediquen más tiempo a pensar en mí".

El orden de los acontecimientos

La historia de la creación se narra como si alguien, en la tierra, estuviera viendo lo que sucedió. De modo que el sol y la luna aparecen después de la "luz", como si las nubes se apartaran y se pudiera ver el cielo.

Un día de descanso

La Biblia divide la obra de Dios en seis días, y dice que en el séptimo descansó. Así dio ejemplo para que las personas dejaran su trabajo, descansaran y pensaran en Él.

El árbol del conocimiento del bien y el mal

Si Adán y Eva comían de este árbol, sabrían qué significa hacer lo malo. Probablemente en aquel fruto no había nada especial. Dios sencillamente había impuesto una regla que esperaba que Adán y Eva obedecieran.

La serpiente

La serpiente representa al diablo o Satanás. Él es el enemigo de Dios que contó mentiras a Adán y Eva para hacerlos desobedecer las normas de Dios. En la Europa medieval, la mayoría de las personas no sabían leer, de modo que las iglesias usaban las vidrieras de colores para enseñar historias bíblicas. Otras figuras les enseñaban que Jesús vino a derrotar a los poderes del mal.

La vida de trabajo

A Adán y Eva se les dio un trabajo que hacer. Cuidaban del huerto que Dios les había entregado para vivir y disfrutaban de su trabajo.

Un lugar donde esconderse

Una vez que Adán y Eva probaron del fruto supieron que habían hecho algo malo. No querían enfrentarse a Dios, ni que los descubriera. Pero por supuesto, Él lo supo de inmediato.

Los granjeros

Caín probablemente cultivaba la cebada o el trigo para hacer pan. Recogía el fruto de los olivos, las viñas y las palmeras datileras. Abel criaba ovejas y cabras.

Regalos para Dios

Caín y Abel ofrecieron un sacrificio a Dios. En aquellos tiempos, la gente solía ofrecer lo mejor que tenía a Dios, para demostrarle su amor, o para decirle que sentían haberse portado mal.

La promesa de Dios

Tras el diluvio, Dios le concedió al arco iris un significado especial. Era una señal de que iba a mantener su promesa. Esta fue la primera promesa o "pacto" que Dios hizo en la Biblia. Más tarde haría otras promesas a su pueblo, y esperaría que ellos le amaran y obedecieran.

El arca

El arca debía flotar sobre las aguas del diluvio, no navegar como un barco, de modo que se parecía más a una caja. La longitud del arca era de unos 300 codos (unos 137 metros). Esta es, más o menos, la mitad de la longitud de un transatlántico moderno.

La brea

Era una especie de alquitrán aceitoso y espeso que se usaba para impermeabilizar las cosas o para pegarlas. La madre de Moisés también usó brea en el cesto de su bebé para impedir que entrara agua en él (ver historia 39).

El diluvio

Muchos pueblos antiguos tienen historias acerca del diluvio. Nadie sabe si fue toda la tierra la que estuvo sumergida, o solo la parte del mundo que estaba habitada por el hombre.

La torre de Babel

Es posible que Babel sea el lugar que más tarde se conoce en la Biblia como Babilonia. Aquel edificio tan alto probablemente se parecía a los zigurates (templos con torres) que existieron allí en los tiempos antiguos.

LOS PATRIARCAS

Un "patriarca" es la cabeza de una familia o tribu. Los patriarcas del Antiguo Testamento fueron Abraham, Isaac y Jacob. Estos hombres fueron elegidos por Dios para ser los padres de las familias que dieron origen a la nación de Israel.

Durante muchos años después del episodio de la torre de Babel, Dios estuvo observando a los pueblos del mundo. Quería encontrar otro hombre bueno y temeroso de Dios como Noé. Dios necesitaba a alguien que le amara y confiara tanto en Él que obedeciera sus órdenes. Dios escogería a esa persona para iniciar una nación nueva y especial. Por fin encontró a Abraham.

Abraham nació en la raza semita que vivía en Mesopotamia, que ahora forma parte de Irak. Cuando Abraham tenía 75 años, Dios le pidió que abandonara su hogar en Harán y se llevara a su familia a la tierra de Canaán.

Abraham vivía en un país donde había todo tipo de religiones en las que las personas adoraban a infinidad de dioses. El hecho de que Abraham escuchara el llamamiento del "Dios verdadero" y le obedeciera muestra que era una persona muy especial.

Abraham tenía una gran fe en Dios y obedeció sus mandamientos. Dejó su hogar y el mundo que conocía, reunió a su familia y partió en busca de la "Tierra Prometida".

Dios probó muchas veces la obediencia de Abraham, y como este nunca le defraudó, Dios siempre le concedió lo que le había prometido: un hijo, un heredero.

Cuando el hijo de Abraham, Isaac, creció, también obedeció los mandamientos de Dios. Isaac confiaba en Dios para que Él le encontrara una esposa de su misma raza.

Aunque su hijo, Jacob, hizo trampas y planes para su propio provecho, al final Dios se ganó su confianza y obediencia.

Cuando Dios estuvo seguro del amor que sentía Jacob por Él, le cambió el nombre, llamándolo Israel. Los doce hijos de Jacob se convirtieron en los padres de las doce tribus. Estas tribus se convirtieron en la nación de Israel que existe hoy día.

10
Comienza el viaje

El hijo de Noé, Sem, tuvo muchos descendientes. Uno de ellos
se llamaba Taré. Este tuvo tres hijos, uno de los cuales se llamó
Abram.

Abram se casó con Sarai, pero no tuvieron hijos. Vivían en la
próspera ciudad de Ur de los caldeos.

Un día, Taré decidió mudarse, y toda su familia partió en
dirección a Canaán. Pero no llegaron hasta allí, sino que se
asentaron en Harán.

11
La Tierra Prometida

Un día, cuando Abram vivía en Harán, Dios le habló.

"Debes marcharte de aquí —dijo Dios—. Te mostraré dónde
debes ir. Voy a convertir a tu familia en una gran nación".

Abram hizo lo que Dios le había dicho. Empaquetó sus
posesiones, preparó a sus siervos, y dijo adiós al resto de su
familia. Solo fueron con él su esposa, Sarai, y su sobrino Lot.

Cuando llegaron a Canaán, Dios volvió a hablar con Abram:
"Esta es la tierra que he prometido darte a ti y a tus hijos".

Abram construyó allí un altar y dio gracias a Dios. Creía en
la promesa divina, a pesar de que ya había otras personas que
vivían en Canaán.

12
Lot elige dónde vivir

Abram y Lot permanecieron juntos. Durante una época de hambre, fueron a Egipto en busca de comida. Luego volvieron juntos a Canaán.

Ambos hombres se habían enriquecido. Tenían muchos siervos y abundante ganado. Pero el lugar que habían elegido para vivir no era lo bastante grande como para satisfacer a dos familias tan grandes, y sus siervos empezaban a pelearse.

—No discutamos —le dijo Abram a Lot—. Tenemos todo un territorio para nosotros. Decide dónde quieres vivir, y yo me llevaré a mi familia a otro lugar.

Lot echó un vistazo alrededor. Vio que la llanura ante sus ojos era verde y fértil. Había mucha agua, sería un buen lugar para vivir.

—Viviré allí —dijo Lot. Se separó de Abram, y levantó sus tiendas cerca de la ciudad de Sodoma.

"No he olvidado mi promesa —le dijo Dios a Abram cuando Lot se hubo ido—. Esta tierra es tuya. Tendrás tantos descendientes que nadie será capaz de contarlos. ¡Ve y explora la tierra que yo te daré!"

13
La promesa de Dios a Abram

Abram se sentía confundido. Dios le había prometido convertir a sus descendientes en una gran nación, pero él y Sarai no tenían aún niños.

Un día, Dios habló a Abram.

—¡No temas! —dijo Dios—. Yo te protegeré y recompensaré.

Abram reunió valor.

—¡Oh, Señor! —le dijo—. ¿Cómo podrás recompensarme, y engrandecer a mis descendientes, si Sarai y yo no tenemos hijos? Mi siervo, Eliezer, heredará todo lo que tengo.

—No, no lo hará —dijo Dios—. Alza los ojos al cielo estrellado, y mira si puedes contar las estrellas. ¡Hay muchísimas! Te prometo que tendrás tantos descendientes que serán como las estrellas en el cielo nocturno.

Abram miró al cielo, y creyó lo que Dios le había dicho.

14
Agar e Ismael

Tras diez años de vivir en Canaán, Sarai seguía sin quedar embarazada. Decidió tomar el asunto en sus propias manos.

—Toma a mi sierva Agar —le dijo ella—, y trátala como a tu esposa. Quizá ella te dé algún hijo.

Abram le hizo caso a su esposa, y al cabo de no mucho tiempo Agar estaba encinta.

Una vez que Agar supo que estaba esperando el hijo de Abram, no quería que Sarai la siguiera tratando como a una sierva por más tiempo. Miraba con altanería a Sarai, porque esta no podía tener hijos.

—¡Todo es culpa tuya! —se quejó Sarai a su esposo—. Agar me desprecia. ¿Qué puedo hacer?

—¡Lo que tú quieras! —replicó Abram.

De modo que Sarai se vengó. Se aseguró que Agar lo pasara mal, tratándola con rudeza.

Agar ya tenía bastante. Era tan desdichada que decidió huir lejos. Pero cuando ya había llegado al desierto, un ángel la detuvo.

"¡Vuelve con Sarai! —le ordenó el ángel—. Vuelve a ser su sierva. Dios ya ha visto lo desdichada que eres. Tendrás un hijo al que llamarás Ismael, y él tendrá muchos descendientes".

Agar estaba sorprendida. "¡Ahora entiendo que Dios ve todas las cosas!" —dijo, y regresó a casa. Al cabo de poco tiempo, nació Ismael.

15
Los visitantes especiales

Cuando Ismael tenía trece años, Dios volvió a hablar con Abram.

—No he olvidado mi promesa —le dijo—. Se cumplirá dentro de poco. A partir de ahora, tu esposa y tú se llamarán Sara y Abraham. Dentro de un año, por esta fecha, Sara tendrá un hijo llamado Isaac.

No mucho después, Abraham estaba sentado a la puerta de su tienda. Hacía calor. Vio que se acercaban tres visitantes, y corrió a recibirlos.

—¡Vengan a descansar! —les dijo Abraham—. Permítanme que les traiga agua para lavarse los pies, y comida para reponer fuerzas.

Los hombres aceptaron la invitación de Abraham.

—¿Dónde está Sara? —le preguntaron.

Inmediatamente Abraham supo que eran mensajeros de Dios.

—Por esta fecha, el año que viene, ella tendrá un hijo —le dijeron.

Sara los estaba escuchando desde la entrada de la tienda. Se rió para sí y pensó: ¡Soy demasiado vieja para tener un bebé!

16
Abraham ruega por Sodoma

Los tres visitantes se levantaron para partir. Dos de ellos eran ángeles, y el tercero era el propio Dios. Abraham los acompañó un trecho. Contemplaron, al otro lado de la llanura, las ciudades de Sodoma y Gomorra.

—La gente dice que en ellas nadie se acuerda de Dios —dijeron—. Las visitaremos a ver si es cierto. Si lo es, las destruiremos.

Abraham contempló Sodoma y Gomorra y pensó en las personas que habitaban en ellas.

—¿Y qué pasa si encuentran hombres temerosos de Dios? —le preguntó Abraham a Dios—. ¡No pensarás destruirlas entonces!

—¡No! —contestó Dios—. Si encuentro aunque sea cincuenta hombres que confíen en Dios, no las destruiré.

—¿Y si encuentras solo cuarenta y cinco? —preguntó Abraham.

—No destruiré la ciudad —repuso Dios.

—¿Cuarenta? —rogó Abraham.

—Entonces no destruiré la ciudad —dijo Dios.

Abraham respiró hondo.

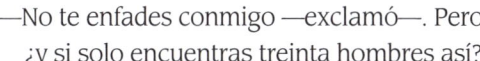

—No te enfades conmigo —exclamó—. Pero ¿y si solo encuentras treinta hombres así?

—No destruiré la ciudad —prometió Dios.

Una vez más, Abraham habló.

—¿Y si son veinte?

Dios prometió no destruir a las personas de Sodoma por esos veinte.

—¿Y qué sucede si solo hallas diez personas justas en toda la ciudad? —preguntó Abraham.

—¡Por amor a esas diez personas, no la destruiré! —dijo Dios, por último.

17
Los ángeles rescatan a Lot

Lot, el sobrino de Abraham, estaba sentado a la puerta de la ciudad de Sodoma, cuando llegaron hasta él los dos ángeles. Lot se levantó para saludarlos.

"Vengan, quédense en mi casa" —les insistió.

Esa noche, todos los hombres de Sodoma se juntaron ante la puerta de Lot.

—¡Sabemos que tienes a dos hombres de visita! —gritaron—. ¡Sácalos para que los conozcamos!

Lot salió a la calle e intentó calmarlos, pero estaban demasiado enfadados como para escucharlo.

—No eres uno de los nuestros —dijeron a Lot—. ¡Si no nos los entregas, te atacaremos también a ti!

Los dos ángeles rápidamente metieron a Lot en casa. La

enfurecida multitud avanzó, intentando forzar la puerta. Pero mientras avanzaban, todos los que estaban de puertas para afuera se quedaron ciegos. Fueron de un lado a otro a tientas, intentando encontrar el camino.

—Sal de aquí —le dijeron los ángeles a Lot—, ¡y llévate a tu esposa y tus hijas contigo! ¡Esta ciudad será destruida!

—Pero... —empezó a decir Lot. Los ángeles los agarraron por la mano y los sacaron de Sodoma.

—¡Ahora corran para salvar la vida! —ordenaron los ángeles—. ¡Y no miren atrás!

Lot y su familia corrieron. Cuando llegó la mañana, Dios envió una lluvia ardiente, hasta que Sodoma y Gomorra quedaron destruidas.

Pero la mujer de Lot se olvidó de la advertencia de los ángeles. Se volvió para ver qué había sucedido, y se convirtió en una columna de sal.

18
Dios protege a Ismael

¿Quién habría pensado que Abraham y yo tendríamos un hijo a nuestra edad? —pensaba Sara, mientras amamantaba a Isaac. Pero Ismael, el hijo de Agar, se burlaba de Isaac, y a Sara no le gustaba.

"Líbrate de ellos —le dijo a Abraham—. Ordena a Agar que se marche, y que se lleve a su hijo consigo".

Abraham se sintió muy dolido. Ismael era su hijo.

"No te preocupes —le dijo Dios—. Yo cuidaré de Ismael".

De manera que Abraham dio a Agar comida y agua, y ellos partieron.

Al cabo de un tiempo se les acabó el agua, y Agar supo que iban a morir. Dejó a Ismael debajo de un arbusto, y se apartó de él.

"¡No puedo ver cómo muere mi hijo!" —sollozó.

Pero Dios escuchó el llanto de Ismael. Un ángel habló a Agar: "No tengas miedo. Dios conoce tu situación. Toma a Ismael de la mano y sigue caminando. He prometido engrandecerlo".

De repente, Agar vio un pozo. Fue hasta él y le trajo agua a Ismael.

Dios cuidó de Ismael mientras crecía.

19
Dios prueba a Abraham

Un día, Dios habló con Abraham: "Quiero que lleves a tu amado hijo Isaac hasta un monte, en Moria, y que allí me lo sacrifiques".

Angustiado por la pena, Abraham obedeció a Dios. Cortó leña para el fuego y dispuso a sus siervos y a su hijo para el viaje.

Al cabo de tres días, Abraham dejó a sus siervos y siguió adelante con Isaac, hacia la montaña.

—Papá —preguntó Isaac—, sé que vamos a ofrecerle un sacrificio a Dios, pero ¿dónde está el cordero?

—Dios proveerá un cordero —dijo Abraham con tristeza.

Abraham construyó un altar con piedras, y puso la leña sobre él. Ató a su hijo, lo colocó sobre el altar y tomó su cuchillo.

—¡Quieto! —le llamó una voz desde el cielo—. ¡No le hagas daño! Has demostrado lo mucho que amas a Dios. Serás bendecido, ¡y tus descendientes serán tantos como estrellas hay en los cielos!

De repente, Abraham vio a un carnero atrapado en un arbusto. Dios le había provisto de un sacrificio, y libró de la muerte a Isaac.

20
Rebeca e Isaac

Abraham le dijo un día a su siervo: "Quiero que encuentres una esposa para Isaac. Debe casarse con una mujer de nuestro propio pueblo".

De modo que el siervo tomó algunos camellos, regalos caros, y se fue. Cuando llegó al pozo de Nacor, oró: "Tú eres el Dios de mi señor Abraham, y siempre cumples tus promesas. Te ruego que la primera muchacha que me dé agua, a mí y a mis camellos, sea la esposa que has elegido para Isaac".

Antes de que acabara de orar, Rebeca se acercó al pozo y le ofreció agua.

Será una buena esposa para Isaac —pensó el siervo. La familia de Rebeca estuvo de acuerdo con el matrimonio, y cuando Isaac vio a Rebeca se enamoró de ella.

21
Jacob y Esaú

Durante mucho tiempo, Rebeca no tuvo hijos. Pero Isaac conocía la promesa que Dios hizo a Abraham, y oraba por su esposa. Al cabo de un tiempo, Rebeca dio a luz a dos mellizos.

Esaú era el mayor, e Isaac lo quería mucho. Se convirtió en un buen cazador, y le gustaba pasar el día fuera de casa. Jacob prefería quedarse en ella, y por eso Rebeca lo quería más que a su hermano.

Un día, Esaú volvió de cazar. Tenía hambre, y quería desesperadamente algo para comer. Jacob estaba cocinando un estofado.

—¡Dame un plato de eso! —le pidió Esaú.

Jacob aprovechó la oportunidad.

—Si tú me das tu herencia.

—¡Está bien! —dijo Esaú, que en realidad no pensaba lo que decía.

22
Dios cuida de Isaac

Cuando llegó una época de hambre, Isaac se trasladó a una tierra más fértil, donde habitaban los filisteos. Dios le volvió a tranquilizar: "Yo te protegeré".

Abimelec, el rey filisteo, ordenó a su pueblo que dejara en paz a Isaac y su familia. Isaac plantó algunos cereales, que crecieron bien, y le proporcionaron una buena cosecha.

Al cabo de un tiempo, Abimelec cambió de opinión. "Te estás enriqueciendo demasiado, cada vez eres más poderoso —dijo—. ¡Tendrás que marcharte!"

De manera que Isaac volvió a trasladarse.

"Yo estoy contigo —le dijo Dios a Isaac—, igual que estuve con tu padre".

Abimelec vino a reunirse con Isaac.

—¿Por qué has venido a verme? —le preguntó Isaac.

—Sé que Dios está contigo —dijo el rey—. No queremos que haya enemistad entre nosotros. Hagamos un pacto para no atacarnos mutuamente.

De modo que Isaac y el rey de los filisteos hicieron un pacto solemne entre ellos, y se dejaron tranquilos uno al otro.

23
Jacob roba la bendición

Pasaron los años. Isaac era ya anciano, estaba casi ciego y su vida se acababa. Un día llamó a su hijo mayor, Esaú.

"Ve a cazar algún venado, y prepárame de comer —le dijo—. Luego te bendeciré".

Esaú tomó su arco y sus flechas, y partió. Había olvidado la absurda promesa que le había hecho a su hermano años antes.

Rebeca escuchó la conversación entre los dos hombres. Quería que Jacob recibiera la bendición especial de Isaac.

—Ve a matar dos cabras, y tráemelas —le ordenó a Jacob—. Las cocinaré para tu padre, y él te bendecirá.

Jacob no está muy seguro.

—Pero Esaú es muy peludo —protestó—. Mi padre no me ve, pero cuando me toque se dará cuenta de que no soy Esaú.

Rebeca vistió a Jacob con las ropas de Esaú, y ató las pieles de las cabras en sus brazos y cuello. Luego lo envió a su padre.

Isaac palpó a su hijo y olió sus ropas. Luego lo bendijo.

Cuando Esaú regresó y descubrió que lo habían engañado, se puso muy furioso y quiso matar a Jacob. Pero Rebeca ordenó a Jacob que huyera y fuera a ver a su tío, Labán, que era hermano de ella.

24
El sueño de Jacob

Jacob partió en dirección a Harán, donde habitaba su tío Labán.

Por la noche, Jacob se acostó a descansar, y tuvo un sueño muy real.

Vio una larga escalera que llegaba desde el cielo a la tierra. Por ella subían y bajaban ángeles, y en su extremo superior, Jacob vio a Dios.

"Yo soy el Dios de tu padre y de tu abuelo —le dijo Dios—. Te prometo que te daré, a ti y a tus descendientes, la tierra sobre la que estás acostado. Te protegeré y nunca te dejaré".

Cuando Jacob se despertó, sintió temor. Sabía que había visto a Dios. Tomó la piedra que había usado de almohada y la levantó como un pilar, para señalar aquel lugar tan especial.

"Si cuidas de mí, como me has prometido, te obedeceré y te seguiré" —dijo Jacob a Dios.

Luego siguió adelante.

25
Jacob conoce a Raquel

Jacob viajó hacia el este. Vio a algunos pastores que estaban con sus rebaños junto a un pozo, y se acercó a ellos.

—¿De dónde son?—le preguntó a los pastores.

—De Harán —le contestaron.

Jacob estaba entusiasmado. Allí era donde vivía su tío.

—¿Conocen a Labán? —preguntó esperanzado.

—Sí —le respondieron.

Jacob alzó la vista. Vio a una pastora que conducía a su rebaño de ovejas hacia el pozo.

—Esa es la hija de Labán, Raquel —le dijeron los pastores. Jacob se acercó a conocerla.

Cuando Raquel oyó que Jacob era el hijo de Rebeca, corrió a buscar a su padre, Labán. Este se apresuró a conocer a su sobrino, saludándolo como si fuera su padre, y llevándolo a su hogar.

—Eres parte de mi familia —le dijo Labán.

¡Al fin estoy a salvo! —pensó Jacob.

26
Labán engaña a Jacob

—Llevas con nosotros un mes —le dijo Labán a Jacob—, y aún no te he pagado por el trabajo que has hecho. Dime cuánto te debo.

Jacob lo pensó cuidadosamente. Llevaba con Labán poco tiempo, pero se había enamorado de la hija menor de Labán, Raquel.

—Trabajaré siete años para ti, si me permites casarme con Raquel —dijo Jacob.

Labán estuvo de acuerdo, y Jacob trabajó duro siete años.

Al cabo de los siete años, Labán organizó un gran festejo para celebrar la boda de su hija. Pero ya había pensado en cómo engañar a Jacob. En lugar de casarse con Raquel, Jacob se casó con Lea, la hija mayor de Labán. Cuando lo descubrió, ya era demasiado tarde.

—¿Por qué me has engañado? —preguntó Jacob, enfadado. Él no amaba a Lea.

—Porque nuestra costumbre es que la hermana mayor siempre se case primero —respondió Labán—. Pero te dejaré casarte con Raquel si estás de acuerdo en trabajar para mí siete años más.

Jacob estuvo de acuerdo. Amaba profundamente a Raquel.

27
Jacob huye

Al cabo de veinte años, Dios ordenó a Jacob que regresara a su hogar. Jacob había trabajado duro, pero a menudo Labán lo había tratado injustamente. Ahora quería regresar con su familia a ver a su padre, Isaac.

—¡No te vayas! —le rogó Labán—. Dios me ha bendecido porque estabas aquí.

—¡Muy bien! —suspiró Jacob—. Pero permite que me quede con todas las ovejas y cabras manchadas de tu rebaño, para que empiece a tener mi propio ganado.

Labán estuvo de acuerdo, porque quería que Jacob se quedara. Pero las ovejas y cabras que eligió Jacob resultaron ser las más fuertes. Pronto Jacob poseía rebaños fuertes y sanos, mientras que los animales de Labán eran débiles y de calidad inferior.

"¿Es que no ves lo que está haciendo Jacob? —le dijeron a Labán sus hijos—. Se está quedando con los mejores ejemplares de tu rebaño".

Labán ya veía lo que estaba pasando. Empezó a pensar distinto de Jacob, y este se dio cuenta. Ya no confiaba en su tío.

"¡Vete a casa! —ordenó Dios a Jacob—. Yo estaré contigo".

En secreto, Jacob preparó a su numerosa familia para el largo viaje. No dijo a Labán adónde iban.

Cuando Labán descubrió que Jacob se había marchado, empezó a perseguirlo.

"No digas nada contra Jacob" —le advirtió Dios a Labán en un sueño.

Por fin Labán alcanzó a Jacob.

—¿Por qué huiste? —le preguntó—. ¿Por qué no me dijiste adónde ibas?

Registró las posesiones de Jacob, para comprobar que no le había robado nada.

Ahora Jacob estaba furioso.

—He trabajado veinte años para ti —le dijo—, ¡y Dios ha visto cómo me has engañado!

Labán contempló a Jacob, sus mujeres y sus hijos, sus rebaños sanos y fuertes.

—Todo lo que te pertenece una vez fue mío —le dijo—. Hagamos un pacto para no atacarnos mutuamente.

De modo que Jacob y Labán levantaron otro pilar en la tierra, e hicieron su promesa.

—Que Dios vea lo que hemos prometido —dijeron.

28
Jacob lucha con Dios

Era de noche, y Jacob estaba solo. Sus esposas e hijos habían partido por el camino antes que él. De repente, de la oscuridad salió un desconocido. Agarró a Jacob y comenzó a luchar con él. Jacob se enfrentó a aquel extraño, y se le aferró con gran firmeza. Los dos hombres lucharon hora tras hora. Y hora tras hora, siguieron inmersos en su combate. Ninguno de los dos pensaba soltar al otro, ni tampoco rendirse.

El sol empezó a asomar por el cielo y el otro hombre tocó la cadera de Jacob. Inmediatamente, el hueso se le salió del sitio. Pero Jacob siguió agarrado con fuerza a su oponente.

—Deja que me vaya —dijo aquel hombre.

—No hasta que me bendigas —dijo Jacob. Se había dado cuenta de que aquel extraño no era un hombre corriente.

—¿Cuál es tu nombre? —le preguntó aquel hombre.

Jacob se lo dijo.

—Te voy a conceder un nombre nuevo —le dijo el extraño—. Te llamarás Israel, porque has luchado con Dios y con otras personas, y has vencido.

—Te ruego que me digas cómo te llamas —le pidió Jacob.

El otro hombre no quiso decírselo, pero lo bendijo.

Jacob se alejó cojeando. Sabía que había estado luchando con Dios.

29
Los hermanos hacen las paces

Jacob estaba asustado. Habían pasado muchos años, y ahora su hermano Esaú venía a encontrarse con él, y lo acompañaban 400 hombres. Jacob estaba seguro de que Esaú quería matarlo.

En medio de su pánico, Jacob oró a Dios: "Me dijiste que volviera a mi hogar —le dijo—, ¡y que me protegerías!"

Rápidamente, Jacob dividió a su familia y rebaños en grupos pequeños, con la esperanza de que, si Esaú atacaba a uno de ellos, los demás podrían huir. También eligió algunos animales como regalo para Esaú.

Cuando vio que su hermano se acercaba, Jacob se inclinó hasta el suelo. Pero su hermano no había venido a luchar.

Cuando Esaú vio a Jacob, le echó los brazos al cuello, abrazándole.

Ambos hombres comenzaron a llorar. Esaú había perdonado a Jacob. Ya no estaba furioso con él, ni ninguno de los dos sentía envidia del otro. De nuevo, los hermanos eran amigos.

30
Los hijos de Raquel

Jacob tuvo muchos hijos de sus otras mujeres. Pero a la que más amaba era a Raquel, y durante varios años ella no le dio un hijo.

Al final dio a luz a uno, y lo llamó José.

"Por favor, concédeme otro hijo" —le rogó ella a Dios.

Algún tiempo después, Raquel volvió a quedar embarazada, pero esta vez tuvo dificultades para dar a luz.

—Tienes otro hijo —le dijo la partera.

—Llámenlo Benoni —susurró Raquel débilmente. Sabía que iba a morir.

—Lo llamaré Benjamín —dijo Jacob, contemplando a su hijo recién nacido.

31
El especial de Jacob

Jacob tuvo doce hijos, pero al que más amaba era a José, y este lo sabía.

Cuando tenía diecisiete años, José ayudaba a sus hermanos a cuidar de los rebaños de su padre. Pero José los observaba y escuchaba, contándole luego a su padre las cosas malas que hacían y decían.

Jacob regaló a José una túnica muy bonita. Cuando sus hermanos lo vieron, supieron que le amaba mucho más que a ellos y lo odiaban.

32
Los sueños de José

Una noche, José tuvo un sueño.

—Escúchenme todos —dijo con gran emoción—. He soñado que estábamos todos atando espigas de trigo cuando, de repente, la mía se puso de pie, ¡y todas las de ustedes se inclinaron ante ella!

—¿Qué estás intentando decir? —le preguntaron furiosos sus hermanos—. ¿De verdad crees que vamos a inclinarnos delante de ti?

Otra vez, José tuvo otro sueño.

—¡Soñé que el sol, la luna y once estrellas se inclinaban delante de mí! —se jactó.

—¿Estás sugiriendo que tu madre y yo vamos a inclinarnos delante de ti? —le preguntó su padre.

Sus hermanos no dijeron nada. Pero lo odiaron más que antes.

Su padre empezó a preguntarse qué iba a ser de José.

33
José es vendido

Un día José salió en busca de sus hermanos, que estaban apacentando los rebaños.

Mucho antes de que José llegara cerca de ellos, sus hermanos lo vieron. Ellos reconocieron su túnica.

"¡Aquí viene el muchacho soñador! —dijeron—. Matémoslo ahora que tenemos ocasión".

Pero Rubén no estuvo de acuerdo. "Métanlo en una cisterna —les dijo—. No seamos culpables de asesinato".

Los hermanos estuvieron de acuerdo con él.

Tan pronto llegó José hasta ellos, le quitaron la túnica y lo tiraron al pozo. Entonces se sentaron a comer.

Al cabo de un rato, vieron pasar a un grupo de comerciantes.

"¡Esto es incluso mejor! —dijo Judá—. No le hagamos daño a nuestro hermano. ¡Vendámosle!"

Así que vendieron a José, mojaron su túnica tan especial en la sangre de una oveja, y le dijeron a su padre que había muerto.

José fue llevado como esclavo a Egipto, donde fue vendido a Potifar, el capitán de la guardia del Faraón.

34
José en la cárcel

Al principio, a José le fue bien en casa de Potifar. Pronto este confiaba tanto en él que puso a su cargo todas sus propiedades.

Pero un día, la mujer de Potifar dijo mentiras acerca de José, y lo metieron en la cárcel.

Durante muchos años, nadie se acordó de José. Pero Dios no lo había olvidado.

El copero y el panadero de Faraón también estaban en la prisión. Ambos hombres tuvieron sueños extraños, y cuando se los contaron a José, Dios le ayudó a comprender el significado de tales sueños. Y el copero fue liberado, tal y como predijo José.

35
Los extraños sueños de Faraón

Algún tiempo después, Faraón tuvo unos sueños extraños y perturbadores. Nadie sabía qué significaban. De repente, el copero se acordó de José.

"Él es capaz de explicar los sueños" —dijo el copero.

Faraón envió en su busca.

—En mis sueños, vi siete vacas flacas que se comían a siete vacas gordas —dijo Faraón—, y siete débiles espigas de trigo que se tragaban a siete hermosas espigas. ¿Qué significa esto?

—Dios te está advirtiendo de lo que va a suceder —le dijo José—. Habrá siete años de buenas cosechas, seguidos de siete años de hambre. Almacena con sabiduría tu grano, y todo irá bien.

Faraón estaba impresionado. Puso a José a cargo de todo. Entendía que Dios le estaba ayudando.

36
José y sus hermanos

Todo sucedió tal y como había dicho José. Durante siete buenas cosechas, José almacenó el grano extra, preparándose para el hambre. En Canaán, Jacob oyó que había grano en Egipto, y envió a sus hijos a comprar un poco.

Cuando los hermanos llegaron, se inclinaron ante el gobernador egipcio. No reconocieron a su hermano.

—¿Son espías? —les preguntó José. Sabía perfectamente quiénes eran.

—No, señor —le respondieron—. Somos hermanos y venimos de Canaán. Nuestro hermano menor está en casa, con nuestro padre. ¿Podemos comprar algo de comida?

José los hizo esperar tres días. Luego les vendió grano.

—Regresen a casa —les dijo—, pero como prueba de que no son espías, dejen aquí a uno de sus hermanos y vuelvan con el más joven.

De camino a casa, los hermanos abrieron los sacos de trigo, y descubrieron que el dinero que habían pagado por el grano estaba dentro de ellos. Se asustaron, y le dijeron a su padre lo que había sucedido.

Pero Jacob no quiso enviar a su hijo más joven, Benjamín, a Egipto.

37
La copa de plata

Cuando la hambruna continuó, Jacob no tuvo elección. A pesar suyo, permitió que sus hijos salieran de Canaán y fueran a Egipto con su hijo Benjamín.

Cuando José vio a sus hermanos, los invitó a su casa para celebrar una fiesta. Pero ellos seguían sin reconocerlo.

José dispuso que a sus hermanos les vendieran grano. También le pidió a su siervo que metiera una copa de plata en el saco de Benjamín.

Cuando los hermanos salieron de la ciudad, José ordenó a sus hombres que los atraparan y acusaran de robo.

Los hermanos negaron las acusaciones de José, pero cuando hallaron la copa de plata en el saco de Benjamín, se rasgaron las ropas de incredulidad y dolor.

"¡No le hagas nada a Benjamín! —rogó Judá poniéndose delante de José—. ¡Prefiero que me castigues a mí!"

38

Jacob se traslada a Egipto

José ya no podía seguir fingiendo. Ordenó a sus siervos que lo dejaran a solas con sus hermanos.

"Yo soy su hermano José —les dijo—. Me vendieron a unos comerciantes, y desearon que me fuera mal, pero eso fue en el pasado. Dios tenía un plan más grande, y ahora puedo ayudar a toda mi familia".

Cuando Faraón se enteró de que los hermanos de José habían venido a Egipto, invitó a toda la familia a que saliera de Canaán y se estableciera en Egipto.

Los hermanos volvieron a casa, y le contaron a su padre toda la historia. "¡José está vivo!" —le dijeron.

De modo que Jacob se fue, con sus hijos y nietos, a vivir en Egipto.

"No tengas miedo por abandonar Canaán —le dijo Dios—. Yo estaré contigo, y convertiré a tu familia en una gran nación".

Los altares

Un altar era una losa de piedra o un montón de piedras con una superficie plana encima. Las personas sacrificaban animales y otros alimentos a Dios sobre el altar.

Los nómadas

Abram y su familia iban de un lugar a otro en busca de pastos para sus ovejas y cabras.

Las tiendas

Las tiendas, lo bastante ligeras como para transportarlas, se hacían con pieles de animal extendidas sobre varas de madera. Generalmente tenían dos habitaciones, una para los hombres y los invitados, y la otra para las mujeres y los niños.

La promesa de Dios

Dios hizo una promesa o "pacto" con Abram, igual que antes lo había hecho con Noé (ver historia 8).

Los nombres hebreos

Un nombre judío solía describir un poco a la persona que lo llevaba. "Abraham" significa "padre de muchas naciones", y "Sara" significa "princesa". "Isaac" (su hijo) significa "risa", porque Sara se rió cuando le dijeron que iba a tener un hijo.

El encuentro en la puerta

Los líderes de las ciudades solían reunirse en las puertas de ellas, porque no existía un edificio para el "ayuntamiento". Así que es probable que Lot fuera un líder respetado en Sodoma.

Una columna de sal

El Mar Muerto recibe su nombre porque está tan lleno de sal que en él no hay vida. La sal se debió mezclar con los otros elementos químicos y al caer sobre la mujer de Lot la convirtió en estatua de sal. Hoy día, aún se pueden ver grandes y quebrados montículos de sal alrededor del Mar Muerto.

El sacrificio

"Hacer un sacrificio" significa entregar algo que es precioso para uno (ver historia 5). Algunas personas, en aquellos tiempos, sacrificaban niños a los falsos dioses, pero al pueblo de Dios nunca se le permitió hacerlo. Dios estaba probando la fe de Abraham, para ver si este le amaba más de lo que amaba a Isaac.

Los filisteos

Los filisteos eran un pueblo guerrero muy feroz. Más adelante, se convirtieron en un enemigo poderoso y temido por los israelitas. La tierra de Palestina (también llamada Canaán) recibe su nombre de ellos.

La bendición

Era tanto una oración como un juramento legal que un padre le hacía a su hijo. Confirmaba que su hijo mayor sería el cabeza de familia cuando el padre muriera. El padre colocaba las manos sobre la cabeza de su hijo y oraba por él. Una vez que se había concedido la bendición, no se podía cambiar ni entregar a nadie más.

La promesa de Dios

Aunque Jacob había hecho lo malo, engañando a su padre, la bendición que había recibido significaba que él sería el padre de las doce tribus de Israel.

El agua

En las ciudades no había grifos. La gente recogía el agua de los pozos o de los ríos, y la almacenaba en grandes tinajas de barro.

Las costumbres del matrimonio

La costumbre de aquellos tiempos era que la novia estuviera cubierta por un velo durante la ceremonia de la boda. Así, Labán consiguió que Jacob se casara con la mujer que no era la que él quería. Solo después de que Jacob se hubo casado con Lea descubrió quién era.

Israel

Cuando Jacob se negó a soltar al que luchaba con él, Dios supo que al fin estaba dispuesto a obedecerle. De modo que le concedió un nuevo nombre, "Israel", que significa "aquel que lucha con Dios". Más adelante, toda su nación recibiría ese mismo nombre.

Los israelitas

En la familia de Jacob, cuando se trasladó a Egipto, había unas setenta personas. Los descendientes de Jacob fueron conocidos como "los hijos de Israel" o "los israelitas".

LA TIERRA PROMETIDA

**Esta parte de la Biblia narra la dramática historia de cómo
el pueblo de Dios, los israelitas, escaparon de Egipto
donde eran esclavos, y tras cuarenta años de vagar por el
desierto llegaron a Canaán, la tierra que Dios había
prometido a Abraham muchos años antes.**

La historia comienza con el libro del Éxodo, que describe cómo los
israelitas fueron duramente tratados por los egipcios, que los usaron
como esclavos para construir algunas de las ciudades del antiguo Egipto.
La familia de José había venido a Egipto unos 400 años antes. Ahora,
deseaban regresar a Canaán.

Moisés, el líder elegido por Dios, rogó al Faraón que dejara marchar
al pueblo. Pero solo después de un buen número de plagas enviadas
por Dios pudieron los israelitas cruzar el Mar Rojo, en lo que se conoce
como "el éxodo" o "la salida". Los judíos siguen celebrando hoy día la
historia de cómo fueron liberados de la esclavitud, mediante la festividad
de la Pascua.

El viaje a Canaán, la Tierra Prometida, fue difícil. La comida y el agua
eran escasas, aunque Dios se las dio al pueblo cuando las necesitaron.
Pero el pueblo murmuraba, se quejaba y se volvía contra Dios.

En el Monte Sinaí, Moisés recibió los Diez Mandamientos y otras
leyes divinas. Una vez tras otra recordó al pueblo la promesa de Dios
de que cuidaría de ellos. Cuando llegaron a las fronteras de Canaán,
Moisés envió espías a explorar el territorio. Mientras que dos de ellos
informaron de que la tierra era buena y fértil, los demás sintieron miedo
y rehusaron invadirla. De modo que los israelitas se pasaron los
siguientes cuarenta años dando vueltas por el desierto, y solo entraron
en la Tierra Prometida cuando la generación que salió de Egipto hubo
muerto.

39
El bebé en el cesto

Los años pasaron. Jacob y sus hijos murieron en Egipto. Pero sus descendientes se quedaron allí, y tuvieron hijos también, hasta que hubo muchísimos israelitas viviendo en el país. Sin embargo, cuando otros faraones llegaron al poder, se fueron olvidando de José. No trataron bien a sus descendientes. Al contrario, los convirtieron en esclavos, y les obligaron a construir nuevas ciudades para los egipcios. Pero había tantos esclavos que los egipcios llegaron a temerles y odiarles. De modo que Faraón ordenó que todos los niños israelitas fueran asesinados al nacer.

Cuando una mujer israelita llamada Jocabed dio a luz a un niño, lo escondió hasta que tuvo tres meses. Luego, lo metió en una cesta, la pintó con brea y le dijo a su hija, María, que la escondiera entre las cañas a la orilla del río Nilo. Cuando la hija del Faraón vino a bañarse al río, oyó llorar al bebé, y sintió pena por él.

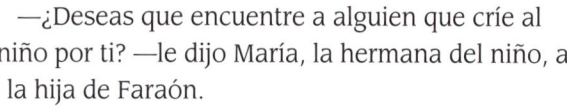

—¿Deseas que encuentre a alguien que críe al niño por ti? —le dijo María, la hermana del niño, a la hija de Faraón.

—Sí —dijo la princesa. María fue a buscar a su madre.

—Te pagaré para que cuides de este niño hasta que crezca —le dijo la princesa. La verdadera madre tomó al niño en sus brazos.

La princesa le puso por nombre Moisés.

40
Moisés huye

Un día, cuando Moisés ya era mayor, vio a un egipcio golpeando a un israelita. Moisés odiaba el modo en que los egipcios trataban a su pueblo.

Moisés miró alrededor para asegurarse que nadie lo veía, agarró al egipcio y lo mató. Rápidamente, escondió el cuerpo en la arena.

Al día siguiente, Moisés vio a dos israelitas peleándose.

—¡No peleen! —les dijo.

—¿Por qué? —respondió uno de ellos desafiante—. ¿Vas a matarme, como mataste al egipcio?

Moisés tuvo miedo, porque supo que alguien lo había visto.

Cuando Faraón se enteró de lo que había hecho Moisés, intentó matarle. Pero Moisés ya había huido, llegando a Madián.

41
Moisés y la zarza ardiente

Moisés se quedó en Madián durante muchos años. Se casó y tuvo un hijo.

Un día, cuando Moisés estaba pastoreando las ovejas de su suegro, vio algo extraño. Vio una zarza que estaba ardiendo, pero las llamas no la consumían.

De repente, Moisés oyó una voz que le hablaba desde la zarza.

—¡Moisés! ¡Moisés! —llamaba la voz.

—Sí, estoy aquí —contestó.

—¡Quítate tu calzado! —le ordenó la voz—. Estás pisando un lugar santo.

Inmediatamente, Moisés supo que era Dios el que hablaba con él. Estaba tan asustado que escondió su rostro.

—He visto cómo mi pueblo, los israelitas, han sufrido como esclavos en Egipto —dijo Dios—. Quiero que sean libres para que vivan en la tierra que les he prometido. Así que te envío para que los rescates.

Moisés estaba sorprendido.

—Pero no puedo presentarme ante Faraón —dijo Moisés—. ¡No me escuchará!

—Yo estaré contigo —replicó Dios.

42
Moisés tiene miedo

Moisés sintió temor. No quería convertirse en el líder de los israelitas.

—Nunca me creerán —le dijo a Dios—. ¿Qué les voy a decir?

—Toma tu vara y arrójala al suelo —le ordenó Dios.

Moisés lo hizo. En cuanto la vara tocó el suelo, se convirtió en una serpiente. Moisés salió corriendo.

—¡Agárrala por la cola! —le dijo Dios.

Cuando Moisés la tomó, volvió a convertirse en vara.

—Mete la mano bajo tu manto —le dijo Dios.

Moisés hizo lo que Dios le pedía. Luego, sacó la mano de debajo del manto, y vio que estaba cubierta de lepra. Rápidamente, volvió a esconderla y, cuando la sacó de nuevo, la mano estaba sana.

—Muéstrales estas señales —dijo Dios—, y sabrán que yo te he enviado. Si aún tienen dudas, toma un poco de agua del río Nilo. Cuando la viertas en el suelo, se convertirá en sangre.

—No sé hablar bien —dijo Moisés—. Siempre me ha resultado difícil comunicarme con la gente. No quiero ir. Envía a otro.

Dios se enfadó con Moisés.

—Yo fui quien te creó, y sé de ti todo lo que se puede saber —le dijo—. Tu hermano Aarón puede ir contigo. Él hablará por ti. Pero toma tu vara, para poder demostrar que yo te he enviado.

Así que Moisés hizo planes para regresar a Egipto.

43
Una visita al rey

Moisés y su hermano Aarón fueron a ver a Faraón.

—Hemos venido con un mensaje de parte de Dios. Permite que su pueblo salga de Egipto —le dijeron.

—Yo no conozco al Dios de ustedes —dijo Faraón—, ni quiero dejar que los israelitas se vayan. Son esclavos, y los necesitamos. ¡No pienso dejarlos marchar!

Moisés y Aarón se fueron. Faraón pensó que habían fomentado una rebelión entre los esclavos israelitas.

—Hagan que los israelitas trabajen aun más duro —dijo Faraón a sus capataces—. Hagan que recojan su propia paja para hacer los ladrillos. ¡Pero castíguenlos si hacen menos ladrillos que antes!

—Eso es injusto —le dijeron los israelitas a Faraón—. ¿Cómo podremos hacer el mismo número de ladrillos?

—Ustedes son unos vagos —dijo Faraón—. Ahora tendrán que hacer ladrillos sin recibir paja. ¡Vuelvan al trabajo!

Algunos israelitas se encontraron con Moisés y Aarón.

—¡Es todo culpa de ustedes! —se quejaron—. ¡Han conseguido que Faraón nos odie más que antes!

Moisés habló con Dios.

—¿Por qué me has hecho provocar estos problemas? —le preguntó.

—Ellos son mi pueblo —prometió Dios—. Y voy a rescatarlos.

44
¡Ranas, moscas y úlceras!

Moisés y Aarón volvieron a presentarse ante Faraón.

"¡Deja que se vaya el pueblo de Dios!" —le dijeron.

Faraón se negó.

"Di a Aarón que extienda su vara" —le dijo Dios a Moisés.

Aarón hizo como le dijo Moisés, y cuando extendió su vara, toda el agua de Egipto se convirtió en sangre.

Una semana después, Moisés volvió a ver a Faraón y le dijo: "Si no dejas que se vaya el pueblo de Dios, Él te enviará una plaga de ranas".

Aarón extendió su vara, y la tierra de Egipto se vio cubierta de ranas.

"Los israelitas pueden irse —dijo Faraón—. Pero ruégale a tu Dios que haga desaparecer las ranas".

Moisés oró y las ranas murieron. Pero Faraón cambió de opinión. Se negó a dejar partir a los israelitas.

Moisés y Aarón volvieron a pedirle siete veces que dejara marchar a los israelitas. Extendieron sus manos y trajeron plagas de ranas, moscas y langostas que llenaron el aire. Murió todo el ganado egipcio, y las personas padecieron úlceras. Violentas tormentas de granizo azotaron la tierra, y al final todo el país se vio sumido en la oscuridad.

Cada una de las veces en que Faraón se negó a dejar marchar a los israelitas, su corazón se endurecía más y más. No era capaz de cambiar su decisión.

45
Desastre en Egipto

"Le daré a Faraón una última advertencia —le dijo Dios a Moisés—. Si esta vez tampoco me quiere hacer caso, todos los egipcios, incluso el Faraón, tendrán que rogar a mi pueblo que se vaya del país".

Entonces le contó a Moisés lo que pensaba hacer: "Hoy, después de la medianoche, todos los primogénitos que viven en Egipto morirán. Sus hijos morirán, y sus animales también. Pero yo protegeré a mi pueblo".

Moisés advirtió de esto a Faraón, pero este no le hizo caso. No quiso escuchar. No quería que los israelitas se fueran de Egipto.

46
La Pascua

Esa noche, después de la medianoche, todos los primogénitos de Egipto murieron.

Pero Dios se había asegurado que los israelitas estuvieran a salvo. Le dijo a Moisés: "Cada familia israelita debe preparar una comida especial de cordero asado, y comerlo acompañado de pan sin levadura y hierbas. Deben pintar los umbrales de sus puertas con la sangre del cordero, de manera que la muerte no les toque. Deben de cenar dispuestos para viajar, con el manto preparado, las sandalias en sus pies y un bastón a mano".

Moisés dijo a los israelitas qué debían hacer.

"Esta es una noche solemne —les dijo—. Es una noche que nunca debemos olvidar. Debemos contar a nuestros hijos, y a nuestros nietos, todo lo que suceda hoy".

Los israelitas hicieron como Moisés les dijo. Y durante toda esa noche, escucharon los llantos de los egipcios.

47
Huida de Egipto

Durante la noche, Faraón hizo llamar a Moisés y Aarón. Había oído los gritos y llantos de su pueblo. Sabía cómo se sentían, porque su propio hijo había fallecido.

"¡Márchense! —les dijo—. ¡Y llévense su ganado!"

Los egipcios dieron a los israelitas todo lo que ellos pidieron, incluso oro y plata. Lo único que querían era que se fueran.

"Dios nos llevará hasta Canaán —dijo Moisés al pueblo—. Esa es la tierra que prometió entregar a Abraham y a sus descendientes".

El pueblo entendió que Dios los estaba guiando. Durante el día, aparecía en forma de columna de nubes, y durante la noche como una columna de fuego. Dios no los abandonó. El pueblo se detuvo a acampar junto al Mar Rojo.

48

Cruzando el Mar Rojo

Faraón se enteró de que los israelitas se habían detenido junto al Mar Rojo. Empezó a arrepentirse de haberlos dejado salir de Egipto.

"¿Qué hemos hecho? —dijo a sus oficiales—. Hemos permitido que nuestros esclavos se escapen. ¡Preparen el ejército! Los israelitas están atrapados por el Mar Rojo. Pronto los traeremos de vuelta".

Cuando los israelitas vieron al ejército egipcio que descendía hacia ellos con gran estruendo, se volvieron contra Moisés.

—¿Por qué nos has traído aquí? ¡Todo es culpa tuya! ¡Hubiéramos sido más felices si hubiésemos muerto en Egipto!

—No tengan miedo —dijo Moisés. De repente, la columna de nube retrocedió, colocándose entre ellos y los egipcios.

Entonces, escuchando lo que Dios le dijo, Moisés extendió su vara sobre las aguas del Mar Rojo. Las aguas del mar se alzaron y cayeron, hasta que al fin se dividieron en dos, y en medio de ellas apareció un sendero que iba por el fondo del mar.

Moisés condujo a los israelitas, sanos y salvos, al otro lado.

Los egipcios les siguieron. Pero cuando Moisés extendió su mano, desde la seguridad de la otra orilla, una vez más las aguas se movieron con libertad. Faraón y su ejército fueron cubiertos por las aguas del Mar Rojo. Nadie sobrevivió.

49

Dios es grande

Cuando Moisés y los israelitas vieron lo que les había sucedido a los egipcios, quedaron muy asombrados. Querían decirle a Dios lo grande y maravilloso que era. De modo que Moisés guió a los israelitas en un canto de alabanza:

"¡Nuestro Dios es grande y poderoso!
Echó al mar caballos y jinetes.
¡Nuestro Dios es grande y poderoso!
Vino a rescatarnos a todos.
Vino por nosotros como prometió,
y nos ama y nos sirve de guía".

Entonces María, la hermana de Moisés, tomó su pandero y comenzó a tocar y danzar. Quería agradecer a Dios todo lo que había hecho. Las otras mujeres israelitas vieron lo que estaba haciendo, y la siguieron, danzando y tocando sus panderos.

"Canten al Señor Dios —entonaba María—, ¡porque Él es el más grande!"

50
Agua dulce en el desierto

Unos días más tarde, el buen humor del campamento israelita desapareció.

Moisés los había guiado al desierto. Pero llevaban tres días andando sin encontrar agua, y cuando al fin la encontraron, no era potable.

El pueblo se quejó, y Moisés habló con Dios.

"Echa ese trozo de madera en el agua —le dijo Dios—, y entonces será agua dulce".

Moisés obedeció a Dios, y todo el pueblo bebió.

Continuaron su viaje por el desierto. Era un camino agotador. No tenían comida, y apenas agua.

"¡Ojalá hubiéramos muerto en Egipto! —le dijo el pueblo a Moisés—. Al menos allí teníamos mucha comida".

Dios dijo a Moisés: "Di a todos que ya les he escuchado quejarse mucho. Haré que llueva pan del cielo, y haré venir codornices para que todos puedan comer. Habrá suficiente para todos".

Esa tarde, el campamento israelita se vio invadido de codornices, y el suelo quedó cubierto de una fina capa de copos blancos. Parecía rocío, pero era la comida que Dios había prometido, y sabía como a galletas hechas con miel.

El pueblo llamó a esa comida "maná".

51
Luchando con el enemigo

El pueblo siguió su viaje. Una vez más, se quedaron sin agua.

"¡Queremos agua!" —se quejaron, dispuestos a matar a Moisés.

"¿Qué debo hacer?" —clamó Moisés a Dios.

Dios ordenó a Moisés que tomara su vara y golpeara una piedra. Cuando lo hizo, de ella salió un arroyo, del cual pudo beber el pueblo.

Pero entonces llegaron los amalecitas y atacaron a los israelitas.

Moisés eligió a Josué como capitán del ejército israelita. Los dos ejércitos lucharon en el valle, mientras Moisés, con Aarón y Hur, fueron a lo alto de una colina. Moisés alzó su vara sobre su cabeza y contempló la batalla. En cuanto bajaba la vara, los amalecitas se fortalecían, pero cuando volvía a levantarla, eran los israelitas los que tomaban el control.

Los brazos se le cansaban a Moisés, pero no se atrevía a bajarlos. Hur y Aarón le encontraron una piedra donde sentarse. Entonces se pusieron uno a cada lado de él, sosteniéndole los brazos hasta la puesta del sol, cuando los israelitas obtuvieron la victoria.

52
Dios habla en el monte

Los israelitas acamparon al pie del monte Sinaí.

Entonces, Dios llamó a Moisés desde la montaña: "Di al pueblo que les prometo que, si me obedecen, los convertiré en una nación especial. Serán preciosos para mí".

Moisés dijo al pueblo lo que Dios le había transmitido, y ellos prometieron obedecerlo.

Dios dijo a Moisés que descendería a la montaña para hablarles. Tres días más tarde, unas densas nubes cubrieron el monte. Sonaban truenos, brillaban los relámpagos. Al sonido de una trompeta, todo el pueblo se estremeció, y Moisés los llevó al pie de la montaña. Había fuego y humo, la tierra temblaba, y la trompeta no dejaba de sonar.

El pueblo se quedó inmóvil. Si avanzaban un paso más, morirían, de lo inmensa que era la presencia de Dios.

Dios descendió, y Moisés subió a encontrarse con Él. Dios entregó a Moisés las leyes que su pueblo debía obedecer. Las esculpió en dos tablas de piedra con su propia mano.

53
Un lugar especial para Dios

Mientras Moisés estaba en la montaña, Dios le dijo cómo quería que el pueblo lo adorara. Tenían que construir un tabernáculo, una tienda especial, hecha con materiales preciosos, con unos muebles también especiales. El oro, la plata, las ropas finas y las joyas que dieron los egipcios a los israelitas serían necesarias para agradar a Dios.

"He escogido a Bezaleel y a Aholiab para que dirijan los trabajos —le dijo Dios a Moisés—. He llenado a Bezaleel de mi Espíritu. Ahora será capaz de trabajar con muchos materiales distintos. Ayudaré a todos los artesanos a usar sus diversos dones para servirme".

54
Aarón hace un becerro de oro

Moisés se quedó en el monte durante cuarenta días.

Mientras el pueblo le esperaba, se inquietaron e impacientaron.

"¿Dónde ha ido Moisés? —le preguntaron a Aarón—. Le puede haber pasado cualquier cosa".

Entonces se les ocurrió una idea: "Danos un dios al que podamos ver —le exigieron—. ¡Haznos uno!"

Aarón no lo dudó. Ordenó al pueblo que le dieran todas sus joyas de oro. Entonces las fundió, y les dio la forma de uno de los dioses egipcios. Era un becerro de oro.

El pueblo estaba encantado. Dieron las gracias al becerro de

oro por haberlos ayudado a escapar de Egipto.

Aarón vio qué contentos estaban. Proclamó que al día siguiente tendrían una gran fiesta. Pero Dios estaba viendo lo que hacían.

"Vuelve junto al pueblo —le dijo Dios a Moisés—. Diles que he visto su desobediencia".

55
El pueblo desobedece la Ley de Dios

Moisés bajó aprisa de la montaña. Llevaba consigo dos tablas de piedra. Cuando se acercaba al pie del monte, escuchó cantos. Vio al pueblo danzando delante del becerro de oro. Moisés estaba furioso. Lanzó las tablas al suelo, y se rompieron en pedazos. Tomó el becerro y lo destruyó.

—¿Cómo es posible que fueras tan desobediente? —le preguntó enfadado a Aarón.

—El pueblo me pidió que lo hiciera —tartamudeó Aarón.

—¡Dios nos castigará por no cumplir sus leyes! —dijo Moisés—. Volveré a subir y a hablar con Él.

Pero Dios castigó al pueblo con una plaga.

56
Moisés habla por el pueblo

Dios estaba muy enfadado con los israelitas.

"Hice una promesa a Abraham, Isaac y Jacob, y no puedo faltar a ella —dijo Dios—. Les prometí que sus descendientes vivirían en la tierra que yo les daría. Sal de este lugar, toma al pueblo y marcha hacia la Tierra Prometida. Pero como me han desobedecido, no iré con ustedes".

Cuando el pueblo se enteró de lo que Dios había dicho, se preocuparon mucho. Querían que Dios se quedara con ellos.

Moisés solía montar una tienda muy especial apartada del campamento. Josué, su ayudante, se quedaba fuera de ella. Cuando Moisés necesitaba pedirle algo a Dios, entraba en la tienda, y una columna de nube tapaba la puerta. Una vez dentro, Dios hablaba con Moisés, como dos amigos.

La gente del pueblo se quedaba a la entrada de sus propias tiendas, y esperaba. Adoraban a Dios hasta que Moisés regresaba al campamento.

Ahora Moisés le dijo a Dios: "Dices que somos tu pueblo. Pero ¿qué diferencia habrá entre nosotros y otros pueblos si tú no vas con nosotros? No permitas que sigamos sin ti".

57
Moisés ve la gloria Dios

Dios estaba complacido con Moisés.

—Haré lo que me pides —le dijo—, puesto que te aprecio y te conozco.

—Ahora, ¡muéstrame tu gloria! —le pidió Moisés, osadamente.

—Nadie puede ver mi rostro y vivir —dijo Dios—. Pero hay un lugar en el monte donde puedes esperar, y yo pasaré por allí. Te cubriré con mi mano para protegerte. Entonces, la apartaré para que puedas ver mi espalda. Pero no podrás ver mi rostro.

Dios le dijo a Moisés que subiera a la montaña a la mañana con dos nuevas tablas de piedra.

—Debes venir solo —le dijo Dios a Moisés—. En todo el monte no debe haber nadie más: ni personas ni animales pastando, solo tú.

Moisés se puso junto a una roca del monte Sinaí. Dios acudió y pasó por delante de él. Dios le habló: "Yo soy el Señor. Soy fiel y compasivo. Quiero perdonar porque soy amor".

Moisés cayó al suelo, y adoró a Dios.

58
Nuevas tablas de piedra

Mientras Moisés estaba en aquel lugar de la roca, Dios le volvió a decir cómo quería que viviera su pueblo.

"Haré un pacto con ustedes, una promesa especial —dijo Dios—. Los llevaré hasta aquella tierra que prometí entregar a Abraham y a sus descendientes. Pero si desobedecen mis leyes, los castigaré".

Moisés escribió en las tablas los mandamientos que Dios le había dado.

Cuando Moisés descendió de la montaña, y regresó al campamento, la gente tenía miedo de acercársele, porque su rostro resplandecía al haber estado en la presencia de Dios.

59
Levantando el tabernáculo

El pueblo se reunió en torno a Moisés.

"Dios nos ha ordenado que construyamos una tienda especial, donde podamos adorarle —les dijo—. También hemos de hacer muebles para el interior: un arca, una mesa, un altar y un candelero, y unas ropas especiales para que las lleven los sacerdotes. Si lo desean, entreguen a Dios todo lo que pueda ser útil".

La gente trajo su oro, plata, bronce y piedras preciosas. Las mujeres hilaron el lino, e hicieron telas de pelo de cabra. Trajeron especias y aceite de oliva. Trabajaron durante seis días a la semana, y descansaron en el séptimo, como Dios les había dicho.

"Dios ha concedido a Bezaleel y Aholiab la capacidad de dirigir a los artesanos —dijo Moisés—, y les ha convertido en buenos maestros. Todos los que quieran y sean capaces, pueden contribuir a levantar esa tienda especial para Dios".

60
La nube de la presencia divina

Cuando acabaron de construirlo todo para la tienda de reunión, Moisés inspeccionó el trabajo. Habían hecho cada cosa tal y como Dios había ordenado. Moisés estaba complacido con ellos.

Dios dijo a Moisés cómo disponer todas las cosas. La tienda especial tenía cuatro capas de diversos tejidos. Dentro de ella estaba el lugar más santo de todos, el lugar "santísimo", donde se colocaba el arca que contenía las tablas de piedra. Una cortina la separaba de la mesa, el candelero de oro y el altar del incienso. Otra cortina servía de puerta. La tienda de reunión sería un

símbolo de la presencia de Dios
entre su pueblo.

Entonces, Aarón y sus hijos se
acercaron a la puerta. Se lavaron y
se pusieron las ropas especiales que
Dios había diseñado para ellos. Iban
a ser sus sacerdotes.

Moisés se aseguró que todo estuviera tal y como Dios
lo planificó. Al final, dispuso un patio en torno a la tienda
de reunión, hecho con más cortinas.

Entonces, una nube cubrió la tienda, y la presencia de
Dios la llenó. Su presencia era tan fuerte que Moisés no
pudo entrar.

Cada vez que la nube se levantaba, los israelitas
debían proseguir el viaje. Y la presencia de Dios siguió
estando entre ellos.

61
Dios es santo

Aarón y sus hijos eran sacerdotes. Se les permitía un acceso
especial al tabernáculo, donde tenían cosas que hacer.
Presentaban ofrendas a Dios a favor del pueblo. Tenían que
garantizar que eran santos y obedientes.

Una día, los hijos mayores de Aarón, Nadab y Abiú, estaban
en el tabernáculo. Prendieron el fuego de sus incensarios,
añadieron incienso y se lo ofrecieron a Dios. Pero no tuvieron
el cuidado de tomar el fuego del lugar donde Dios les había
ordenado. Inmediatamente, la presencia de Dios vino sobre ellos
como un relámpago de fuego, y los mató.

"Recuerda: Dios es santo" —dijo Moisés a Aarón.

62
María y Aarón se quejan

Cada vez que la nube se levantaba, el campamento de los
israelitas se trasladaba hacia la tierra que Dios les había
prometido. Pero empezaron a quejarse. Se quejaban de lo difícil

del viaje y de la comida. Empezaron a desear regresar a Egipto. Y le echaban toda la culpa a Moisés.

Incluso María y Aarón se quejaban. Murmuraban sobre la esposa de Moisés, y hablaban contra su hermano.

"¿Por qué Moisés es tan especial? —se preguntaban—. ¡Dios también ha hablado por medio de nosotros!"

Dios oyó lo que decían. Los llamó a los tres al tabernáculo y dijo a Aarón y María que dieran un paso al frente. Estaban delante de Dios, que descendió en forma de columna de nube.

"Escuchen atentamente lo que tengo que decirles —expresó enfadado—. He hablado con Moisés cara a cara. Él me ha visto, y me es fiel. ¿Cómo se atreven a hablar contra él?"

La nube se levantó. Aarón se volvió hacia María y vio que toda su piel estaba cubierta de lepra.

"¡Hemos sido unos tontos! —dijo Aarón a Moisés—. ¡Perdónanos! ¡No permitas que María padezca esta enfermedad!"

Moisés clamó a Dios.

—¡Por favor, sánala! —le rogó.

—Debe estar fuera del campamento durante una semana —le dijo Dios—, y luego podrá regresar.

El pueblo esperó. No continuaron el viaje hasta que María regresó.

63
La historia de los espías

Cuando los israelitas ya se acercaban a la Tierra Prometida, Dios dijo a Moisés que enviara a un hombre de cada tribu a explorarla.

Ellos viajaron por el territorio durante cuarenta días. Contemplaron las fortificaciones de las ciudades. Observaron a los

habitantes, y se fijaron en la geografía. Al volver trajeron frutas. Cortaron una rama que tenía un solo racimo de uvas tan pesado que tuvieron que llevarlo entre dos, colgado de un palo.

Moisés reunió al pueblo, que escuchó el informe de los espías.

"La tierra es fértil —dijeron—, repleta de cosas buenas. ¡Miren este racimo!"

Luego los espías les dieron las malas noticias: "La gente que vive en esta tierra es fuerte y poderosa. Son como gigantes, y viven en ciudades con murallas. Son mucho más fuertes que nosotros".

Cuando los israelitas oyeron lo que decían los espías, se entristecieron. Lloraron y se lamentaron: "Vamos a elegir a otro líder y volvámonos a Egipto".

Moisés y Aarón se pusieron de rodillas delante de todo el pueblo de Israel. Dos de los espías, Josué y Caleb, se les unieron.

"La tierra es buena —dijeron Josué y Caleb—, y Dios ha prometido que nos la daría. No lo enfurezcan al dudar de sus palabras".

Los israelitas no escucharon. Incluso sugirieron apedrearlos.

De repente, la presencia de Dios apareció sobre el tabernáculo.

—¿Cuánto tiempo seguirán sin creerme? —preguntó Dios.

—Perdónalos —rogó Moisés— y demuestra cuánto los amas.

—Los perdonaré —dijo Dios—. Pero ninguno de los que han desobedecido y dudado de mis palabras entrará en la Tierra Prometida, excepto Josué y Caleb. Vagarán por el desierto durante cuarenta años, hasta que sus hijos estén listos para entrar en Canaán.

64
Cuarenta años en el desierto

Los israelitas lo sintieron mucho.

—Haremos lo que Dios quiera —dijeron—. Iremos a conquistar la tierra de Canaán.

—¡Demasiado tarde! —exclamó Moisés—. Ahora ya no podrán entrar en la tierra. Serán derrotados, porque Dios no está con ustedes.

Pero los israelitas no le hicieron caso. Se enfrentaron a los cananeos, pero fueron derrotados.

Moisés no se movió del campamento. Se quedó con el arca del pacto de Dios.

Entonces los israelitas se alejaron de las fronteras de Canaán, y viajaron hacia el desierto, donde se quedaron durante cuarenta años.

65
Agua de la roca

La vida en el desierto era difícil. No había grano, ni frutas, ni agua.

El pueblo se reunió en torno a Moisés y Aarón.

"¿Por qué nos han traído aquí? —se lamentaban—. Este lugar es terrible. Tenemos sed, y no hay agua".

Aarón y Moisés dejaron al pueblo y fueron a la tienda de reunión.

"Toma tu vara —le dijo Dios a Moisés—, y reúne al pueblo para que vean lo que voy a hacer. Habla a la roca, y yo haré que salga agua de ella. Entonces todo el mundo tendrá abundante agua para beber".

Moisés tomó la vara y reunió al pueblo, como Dios le había dicho. Pero estaba enfadado con ellos. Estaba cansado de oírlos quejarse. En lugar de obedecer a Dios, alzó la vara y golpeó dos veces la piedra.

Inmediatamente, salió agua de la roca.

Pero Dios no estaba complacido.

"Me han desobedecido —les dijo a Moisés y a Aarón—. No hicieron lo que les ordené. Ahora no podrán conducir a mi pueblo dentro de la Tierra Prometida".

66
La serpiente de bronce

A medida que los israelitas avanzaban por el desierto, seguían sintiéndose insatisfechos e impacientes. No paraban de murmurar unos con otros, criticando a Dios y a Moisés.

"¿Por qué nos has traído al desierto? —se quejaban—. No lo aguantamos: no hay pan, ni agua. ¡Y la comida no es buena!"

Dios escuchó las constantes quejas de los israelitas. Se habían olvidado de que Dios los había rescatado. De modo que Dios les envió serpientes venenosas que se arrastraban por todo el campamento. Muchas personas murieron.

Los israelitas se dieron cuenta de lo que habían hecho.

"Hemos pecado —dijeron a Moisés—. No deberíamos haber protestado. Pide a Dios que las serpientes se vayan".

Moisés oró.

"Haz una serpiente de bronce y fíjala a un poste —dijo Dios—. Todo aquel que haya sido mordido y mire a la serpiente, se curará".

Moisés hizo una serpiente de bronce, y la clavó en un poste.

Y todos los que miraron a la serpiente vivieron.

67
El asna de Balaam

Pasaron los años. Aarón y María murieron. Una nueva generación de israelitas se acercó a las fronteras de Canaán.

Balac, rey de Moab, veía a los israelitas avanzar por el desierto. Eran tantos que se asustó, y decidió intentar detenerlos.

"Lleven un mensaje a Balaam, el hechicero —ordenó—.

Díganle que venga y maldiga a los israelitas, de modo que pueda derrotarlos. Prométanle grandes riquezas si hace esto por mí".

Los mensajeros de Balac se reunieron con Balaam y le dijeron lo que les ordenó su rey.

"No vayas —le dijo Dios a Balaam esa noche—. No debes maldecir a ese pueblo, porque yo lo he bendecido".

Balaam le hizo caso a Dios, pero cuando le ofrecieron más dinero, se dispuso a partir. Ensilló a su asna, y comenzó el viaje.

Pero Dios estaba enfadado con Balaam. Envió a un ángel que se le cruzó en el camino. Balaam no veía al ángel, pero su asna sí. Ella se apartó del camino, metiéndose en un campo. Balaam la golpeó duramente, y el animal siguió avanzando. De repente, el ángel volvió a aparecer. El asna se apretó contra un muro, aplastando el pie de Balaam. Él volvió a pegarle.

El ángel bloqueaba el camino de Balaam. El asna se echó, y Balaam volvió a golpearla. Entonces, Dios abrió la boca del asna: "¿Por qué me estás pegando?"

De repente, Balaam vio al ángel.

"¡Tu asna te ha salvado la vida! —dijo el ángel—. Continúa tu viaje, pero solo debes decir lo que yo te mande".

Cuando Balaam llegó hasta el rey, le dijo que solo podía decir las palabras que Dios le mandara. Balaam se preparó tres veces para maldecir a los israelitas, pero tres veces Dios puso palabras de bendición en sus labios.

68
Nuevas formas de vida

Cuando los israelitas acamparon junto a los límites de Canaán,
Moisés habló al pueblo. Les recordó todo lo que les había sucedido
desde que sus padres y abuelos salieron de Egipto. Les recordó las
leyes de Dios, y les advirtió que no fueran desobedientes, sino que
vivieran de un modo que complaciera a Dios.

"Cuando entren en Canaán, deben ayudar a aquellos de entre
ustedes que sean pobres. Si prestan o toman prestado dinero,
al cabo de siete años cancelarán la deuda —les dijo Moisés—.
Nadie debe ser pobre. Sean generosos unos con otros, y Dios los
bendecirá".

69
"Serán una gran nación"

"Si obedecen a Dios, y cumplen todo lo que les ha ordenado, Dios
los bendecirá —dijo Moisés al pueblo.

"Serán una gran nación, y derrotarán a sus enemigos
—continuó—. Tendrán muy buenas cosechas, mucha agua y
muchos hijos. Los demás países verán que Dios está con ustedes.

"Pero —les advirtió Moisés—, Dios los convertirá en una
nación especial y santa solo si guardan sus mandamientos y
siguen sus caminos".

70
Dios elige a Josué

—Sube a lo alto del monte Nebo —le dijo Dios a Moisés—.
Desde allí podrás ver la Tierra Prometida. Pero debido a tu
desobediencia, no podrás entrar en ella. Cuando la hayas visto, te
llegará el momento de morir.

—Señor —le dijo Moisés—, no dejes a este pueblo sin un guía.

—He elegido a Josué como tu sucesor —le dijo Dios—.
Preséntalo al pueblo.

Moisés se puso delante del pueblo junto a Josué, y le puso
encima las manos. El pueblo supo entonces que Josué era el líder
escogido por Dios.

71
La muerte de Moisés

Moisés subió a la montaña y vio la Tierra Prometida, pero sabía
que nunca entraría en ella.
Luego Moisés murió, y fue enterrado.

Los israelitas lamentaron su muerte. Sabían que nunca volvería
a haber un hombre como él. Había hablado cara a cara con Dios,
había llevado a cabo cosas maravillosas y sorprendentes, y había
transmitido las palabras de Dios a su pueblo.

Pero el Espíritu de Dios descendió sobre Josué. Era un hombre
sabio y obediente, y los israelitas le hicieron caso.

Nuevas ciudades

Egipto era un país muy rico en esa época. Muchos esclavos, incluso los israelitas, fueron obligados a construir grandes almacenes de piedra y palacios en Pitón y Ramesés. Estos lugares se hallaban cerca del punto en que el río Nilo entra en el Mar Mediterráneo.

La hija de Faraón

El rey egipcio tenía muchas esposas e hijos. Las menos importantes vivían en un harén. La princesa egipcia que descubrió a Moisés lo llevó de vuelta al palacio para que lo criaran y educaran como un niño egipcio.

Madián

Los madianitas eran descendientes de Abraham. Vivían en el desierto, de modo que Moisés tuvo que cambiar su estilo de vida. Se convirtió en pastor, lo cual le preparó para los duros años que tenía por delante, cuando tuviera que conducir a los israelitas por el desierto.

El trabajo de los esclavos

En los tiempos del Antiguo Testamento, era normal que unas naciones hicieran trabajar a otras como esclavos. Los israelitas tuvieron que trabajar largas horas bajo el sol, haciendo ladrillos para construir las ciudades egipcias. A veces los israelitas tuvieron esclavos, pero Dios les ordenó que los trataran con amabilidad.

La zarza ardiente

Moisés vio la zarza ardiente en el Monte Sinaí (también conocido como Horeb). Este es el lugar donde más adelante se encontró con Dios para recibir la Ley. En la Biblia, el fuego suele ser indicio de la presencia de Dios.

Tierra santa

En el este, siempre ha sido costumbre quitarse los zapatos como señal de reverencia y respeto hacia todo lo santo.

La vara de Moisés

La vara de Moisés, o "bastón", probablemente se parecía al cayado de un pastor. Es muy posible que Moisés también lo usara como bastón para caminar.

La lepra

En la antigüedad, la "lepra" definía diversos tipos de problemas en la piel, sobre todo los que hacían que esta tuviera un aspecto pálido o de diversos colores.

Las plagas

Una plaga es algo muy desagradable, que se extiende por toda un área y provoca destrucción, enfermedad o muerte. Estas plagas vinieron a lo largo de muchos meses.

1. El río Nilo se convierte en sangre
2. Ranas
3. Piojos
4. Moscas
5. Enfermedad en el ganado
6. Sarpullido con úlceras en los hombres y en las bestias

7. Tormentas de granizo
8. Langostas que destruyen las cosechas
9. Oscuridad
10. Muerte de los primogénitos

El primogénito

La palabra "primogénito" quiere decir "el hijo que nació primero". Esto era importante, porque el primogénito era el que se convertía en el próximo cabeza de familia cuando su padre moría. El cabeza de familia era muy poderoso. Quizá la muerte de los egipcios primogénitos fue un castigo por matar a los niños judíos en la época en que nació Moisés.

La Pascua

La noche en Egipto cuando la muerte "pasó por encima" de los hogares israelitas fue la más importante de toda la historia judía. Los judíos, desde aquel momento, la han venido celebrando cada año.

El pan sin levadura

Durante la fiesta de la Pascua, los judíos comen los mismos alimentos que aquella noche en Egipto: cordero con hierbas y pan sin levadura.

Las columnas de nube y fuego

En el Antiguo Testamento, a menudo se representa a Dios como una nube. La nube recordaba a las personas que Dios seguía con ellos, aunque no pudieran verlo. El fuego (usado para purificar los alimentos) era una señal de que Él es perfecto.

El ejército egipcio

Los egipcios persiguieron a los israelitas (que iban a pie) en carros tirados por caballos, que eran muy rápidos.

La música y la danza

Los israelitas siempre danzaban y cantaban en momentos de gran regocijo. El pandero era probablemente una piel de animal extendida sobre una estructura de madera, que tenía piezas de bronce que sonaban al sacudirlo.

Además de usar la música para celebrar la victoria en la batalla, los israelitas también la usaban en los funerales, cuando se ungía a un rey, en las batallas y en su adoración a Dios.

El maná

Esta fue una comida milagrosa que proveyó Dios.

El Mar Rojo

Dios envió un viento que hizo que las aguas se dividieran, pero cuando dejó de soplar, el agua volvió a cubrir la tierra seca.

El monte Sinaí

Esta es la montaña de Dios, donde Él se reveló a Moisés desde la zarza ardiente, y donde luego entregó a Moisés los Diez Mandamientos. El monte Sinaí (también llamado Horeb) tiene una altura de 2300 metros, y forma parte de una cadena de montañas.

Las bendiciones

Dios es la fuente de todas las cosas buenas; ser bendecido significa recibir algo bueno procedente de Dios. Una bendición es lo contrario a una maldición

Los Diez Mandamientos

Estaban escritos en dos losas de piedra, llamadas "tablas".

1. Yo soy el Señor tu Dios. No tendrás ningún otro dios.
2. No te inclines ni adores a los ídolos.
3. No jurarás falsamente en mi nombre.
4. Recuerda el día de reposo, y santifícalo.
5. Honra a tu padre y a tu madre.
6. No debes matar.
7. No intentes apoderarte del esposo o la esposa de otra persona.
8. No robes.
9. No mientas.
10. No sientas envidia.

La amenaza de Dios

El pueblo sabía que, para entrar en Canaán, necesitaba la ayuda de Dios, de modo que le pidieron perdón y le rogaron que volviera a dirigirlos.

La adoración a los ídolos

A menudo, los dioses paganos se representaban como fuertes y valientes toros. A veces los egipcios adoraban a los toros vivos.

Las tablas rotas

Moisés destruyó las tablas de piedra que contenían las leyes que Dios les dio. Pero Dios no estaba furioso con Moisés, sino con el pueblo que había quebrantado esas leyes.

Las codornices

Estas aves de color pardo pertenecen a la familia de la perdiz y se consideran una comida exquisita.

El amigo de Dios

Moisés es la única persona en toda la Biblia a quien se le llama "el amigo de Dios". Pasó mucho tiempo escuchando a Dios y hablando con Él.

El rostro de Dios

Esto no quiere decir que Dios tenga un rostro como el nuestro. Quiere decir que Moisés no pudo ver a Dios por completo.

El pacto

Dios hace una promesa al pueblo de Israel, igual que la hizo en el pasado a Noé y Abraham. Dios les dice que guardará su promesa si los israelitas obedecen sus leyes.

La tienda de reunión

A veces se le llama "la tienda de la presencia del Señor" o tabernáculo. Fue la primera "casa de Dios" hecha por los israelitas. Dios quería que el pueblo recordara, al verla, que Él estaba con ellos siempre.

El arca del pacto

Era una gran caja de madera cubierta de oro. En su tapa, había dos querubines o ángeles que protegían las sagradas tablas de la Ley, guardadas dentro.

El oro

El oro, la plata y las joyas que poseían los israelitas se las habían dado los egipcios para animarlos a marcharse y abandonar su país.

Uvas y viñas

Las viñas crecían bien en Canaán, proporcionando uvas frescas, pasas y vino. Aquel racimo tan grande demostraba lo rica que era la tierra.

El sumo sacerdote

En la parte delantera de las túnicas de cada sumo sacerdote había doce piedras preciosas. Ellas representaban a las doce tribus de Israel, y recordaban al sacerdote que él servía a todas esas personas.

La lapidación

Era corriente castigar a las personas apedreándolas (a menudo hasta que morían). La tierra era rocosa, y era fácil encontrar piedras por todas partes.

El incienso

Un incensario era un pequeño recipiente que contenía el incienso que se quemaba cerca del altar.

El incienso se compone de resina de árbol, y cuando se quema huele muy agradable. Los hilos de humo que desprende el incensario representan las oraciones que se elevan a Dios.

Los cananeos

Las personas que vivían en Canaán en aquella época tenían mejores armas que los israelitas. Si Dios no guiaba a Israel en contra de los cananeos, pocas esperanzas tenían de vencerles.

Los ángeles

Los ángeles son los mensajeros de Dios quienes viven en el cielo. Generalmente, nadie los puede ver. Sin embargo, cuando se les ve tienen el aspecto de personas, y otras veces son seres diferentes al hombre, que brillan reflejando la gloria de Dios.

El monte Nebo

Esta montaña forma parte de la cadena de Abarim, que se halla en el extremo norte del Mar Muerto.

La larga vida de Moisés

Se nos dice que Moisés tenía 120 años cuando murió. Había guiado a los israelitas durante 40 años. Bajo su mando, habían salido de la esclavitud en Egipto, recibido la ley de Dios, y se habían preparado para su nueva vida en Canaán.

Nadie ha descubierto la tumba de Moisés, ni nadie recuerda dónde está enterrado.

LÍDERES Y JUECES

La historia continúa en los libros de Josué y Jueces. Josué era el líder que vino después de Moisés, y que condujo a los israelitas a Canaán. Los jueces eran líderes locales que ayudaban a solucionar las disputas, y que enseñaban al pueblo a obedecer la ley de Dios. A veces, también reunían a las tribus para derrotar a algún enemigo.

Moisés había guiado al pueblo de Dios durante más de 40 años. Los había sacado de Egipto, les enseñó la ley de Dios y cómo debían adorarlo. Cuando murió, Josué lo sustituyó. Su misión era la de hacer cruzar a los israelitas el río Jordán, entrando en Canaán, la tierra que Dios les había prometido. Josué siempre había creído que Dios los ayudaría a formar su hogar allí. Cuando llegaron a Canaán, los israelitas pasaron por muchas batallas, pero al fin pudieron dividir el territorio entre las doce tribus. Luego, Josué murió.

El pueblo empezó a olvidarse de Dios y a seguir las costumbres de la gente que los rodeaba, algo que no permitía la ley divina. Cada vez que pasaba esto, eran atacados por otras tribus y, en cada ocasión, Dios llamaba a un "juez" para hacer volver al pueblo a la fe y para liberarlo de sus enemigos.

Los jueces de los que nos habla la Biblia eran personajes muy distintos entre sí. Gedeón era un desconocido cuyo pequeño ejército hizo salir huyendo a otro mucho mayor. Débora era una profetisa que aconsejó a Barac, el comandante del ejército. Sansón era un hombre fuerte que sorprendía a todos con su fuerza, pero cuyos errores lo llevaron a la derrota. Estas historias muestran cómo Dios siguió amando y guiando a su pueblo, y cómo trabajó por medio de una gran variedad de líderes.

72
Josué, el nuevo líder

Josué era el nuevo líder de los israelitas. Era un buen hombre, y un líder fuerte. Escuchó a Dios y lo obedeció.

"¡Prepárate! —le dijo Dios a Josué—. Ahora puedes guiar a los israelitas al otro lado del río Jordán y entrar en Canaán, la tierra que prometí darles. Sé fuerte y valiente. Yo estaré contigo, igual que estuve con Moisés".

Pero Dios hizo una advertencia a Josué: "Recuerda las leyes que entregué a Moisés, y no las olvides. Si las obedeces, tendrás éxito en tu misión".

De manera que Josué envió a los líderes del pueblo por todo el campamento israelita.

"Preparen todo lo que necesiten —les dijeron—. Dentro de tres días entraremos en la Tierra Prometida".

Los israelitas habían esperado este momento. Al fin, allí tenían la tierra que Dios les había prometido.

73
Rahab y los espías

Josué envió en secreto a dos espías a informarse sobre la ciudad de Jericó.

Los espías vieron una casa al lado de los muros de la ciudad, y pensaron que era un buen sitio donde empezar. Pertenecía a una mujer que se llamaba Rahab.

El rey de Jericó tenía sus propios informantes. Sabía lo que planeaban los israelitas, y sabía que la gente de Jericó tenía miedo. Le contaron dónde estaban los espías, y él envió un mensaje a Rahab, junto con algunos de sus soldados, y le exigió que se los entregara.

Rahab ocultó a los espías en el techo de su casa, bajo un montón de lino que se secaba al sol, y dijo a los hombres del rey que los espías se habían ido de la ciudad. Ella sabía que los israelitas tenían de su parte al Dios vivo.

—Sé que Dios les entregará Canaán —les dijo a los espías esa noche—. Pero prométanme que tendrán compasión de mi familia.

—¡De acuerdo! —dijeron los espías.

Rahab los llevó hasta una ventana que estaba en la muralla de la ciudad.

—¡Desciendan por aquí, y escóndanse! —les dijo.

—Ata una cuerda roja en esta ventana —le dijeron los espías—, y reúne a toda tu familia aquí. Cuando capturemos Jericó, todos los que estén en esta casa estarán a salvo.

Los espías se marcharon. Rahab ató la cuerda roja en la ventana.

74
Cruzando el río Jordán

Josué envió a los líderes del pueblo al campamento israelita y que dijeran: "Sigan al arca del pacto".

Cuando Josué dio la orden, los sacerdotes llevaron el arca, y el pueblo los siguió.

"Hoy todo el mundo sabrá que estoy contigo, igual que estuve con Moisés" —dijo Dios, y explicó a Josué cómo guiaría al pueblo a la Tierra Prometida.

Los sacerdotes se metieron en el río Jordán, cargando aún con el arca. Inmediatamente, las aguas que fluían río abajo dejaron de hacerlo. Los sacerdotes se colocaron en el centro del río, y los israelitas pasaron por tierra seca, con las aguas retenidas en el lado de arriba.

"Elige a un hombre de cada una de las doce tribus —mandó Dios a Josué—. Diles que cada uno tome una piedra del lecho del río, y que las apilen cerca de donde acampen esta noche. Entonces sus hijos y nietos sabrán lo que he hecho por ustedes".

Josué eligió a los doce hombres, y ellos hicieron lo que Dios pedía. El arca y los sacerdotes se quedaron en el centro del río hasta que acabaron. Tan pronto los sacerdotes pisaron tierra firme, las aguas comenzaron a fluir de nuevo.

Todos los que vivían en Canaán se enteraron de lo que Dios había hecho por los israelitas. Nadie quería luchar contra ellos.

75
Victoria en Jericó

Josué reunió a su ejército y marcharon hacia Jericó. Mientras se acercaban, vieron que las puertas de la ciudad estaban cerradas.

De repente, un hombre se puso en el camino de Josué. Llevaba una espada en la mano.

—¿Estás con nosotros, o vas en nuestra contra? —le preguntó Josué.

—Soy el comandante del ejército de Dios —replicó el hombre. Josué supo que Dios estaba con él.

—Pide a siete sacerdotes que los guíen para caminar en torno a los muros de la ciudad —dijo Dios—. Los sacerdotes deben caminar delante del arca, llevando trompetas. Hagan esto durante seis días. El séptimo día, caminen rodeando la ciudad siete veces. Esta vez, los sacerdotes deberán tocar sus trompetas. Cuando oigan un toque largo de trompeta, ordena que todo el pueblo grite. Entonces, los muros de la ciudad se derrumbarán.

Josué dio al pueblo las instrucciones de Dios. Durante seis días, hicieron lo que Él les mandó. El séptimo día, cuando oyeron sonar la trompeta, todo

el pueblo gritó. Inmediatamente, los fuertes muros de Jericó comenzaron a agrietarse y desmoronarse. Al final se hundieron por completo, y la ciudad quedó destruida. Solo Rahab y su familia se salvaron.

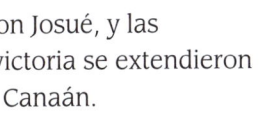

Dios estaba con Josué, y las noticias de esta victoria se extendieron rápidamente por Canaán.

76
Acán desobedece

"¡No se queden con nada de lo que vean! —advirtió Josué a sus tropas antes de entrar en la ciudad—. Todo lo que hay pertenece a Dios".

Acán ignoró la advertencia de Josué. En secreto, se quedó con una ropa muy lujosa y un poco de plata y de oro, y los escondió bajo su tienda. Nadie sabía lo que había hecho.

—Vayan a espiar la ciudad de Hai —dijo Josué a algunos de sus hombres. Ellos volvieron con buenas noticias.

—No vive mucha gente en esa ciudad —dijeron—. Con un pequeño ejército podremos derrotarlos.

Josué les hizo caso, pero los israelitas fueron derrotados.

—¿Por qué has permitido esto? —preguntó Josué a Dios.

—Porque alguien me ha desobedecido —contestó Dios—. Ha robado y ha mentido.

Josué reunió al pueblo. Dios le reveló que Acán era el culpable.

—¿Qué has hecho? —le preguntó Josué.

—Tomé algunas cosas de Jericó y las escondí —contestó él.

—Búsquenlas —ordenó Josué a sus hombres.

—Acán debe ser castigado —dijo Dios—. Debe morir.

77
Josué destruye Hai

"Vuelve a atacar Hai —le dijo Dios a Josué—. Esta vez vencerás, y podrán tomar botín de la ciudad".

Josué eligió cuidadosamente a su ejército.

"Cuando oscurezca, la mitad de ustedes vayan al extremo más alejado de la ciudad y esperen allí —les dijo—. Por la mañana, la otra mitad de nosotros atacará las puertas de la ciudad. El rey de Hai nos perseguirá, y apartaremos a su ejército de las puertas. Entonces tomaremos Hai".

Josué y su ejército avanzaron. El rey y sus tropas salieron corriendo a enfrentarse a los israelitas. Los persiguió hasta el desierto, sin saber que la otra mitad del ejército estaba escondida.

"¡Apunta con tu lanza a Hai!" —dijo Dios a Josué. Este obedeció, y entonces los soldados que habían estado escondidos entraron por las puertas abiertas de la ciudad. Los israelitas habían ganado otra victoria.

78
El sol se detiene

Los israelitas avanzaban por Canaán. Los reyes de las distintas tribus se alarmaron. Sabían que Dios había prometido entregar Canaán a los israelitas. Se reunieron y pensaron en algún modo de juntar sus fuerzas para derrotarlos.

Pero el pueblo de Gabaón quería pactar con los israelitas. Se vistieron con ropas viejas y cargaron sus asnos con odres de vino rotos y pan rancio.

"Hemos venido de lejos —mintieron—. Queremos hacer con ustedes un tratado de paz".

Josué y sus líderes les prometieron la paz. No preguntaron a Dios qué debían hacer. Cuando descubrieron que aquellos hombres eran de Gabaón, se enfurecieron, pero no rompieron su promesa.

Cuando los otros reyes se enteraron del pacto, unieron sus fuerzas y decidieron atacar Gabaón.

Los gabaonitas enviaron un mensaje a Josué: "¡Ven y sálvanos!"

Josué marchó hacia Gabaón y sorprendió al enemigo. Mientras los ejércitos enemigos se retiraban, Dios envió del cielo grandes piedras de granizo, que mataron a muchos soldados mientras huían.

Entonces, en mitad del día, Josué oró a Dios clamando a gran voz: "¡No permitas que el sol se oculte!"

El sol se detuvo en el cielo. No se puso. Brilló durante todo un día hasta que ganaron la batalla. Dios luchaba junto a Israel.

79
Josué sigue luchando

Josué condujo a los israelitas por Canaán. Mientras avanzaba hacia el norte, el rey Jabín de Hazor observaba los progresos de Josué.

"¡Vengan a luchar contra estos israelitas conmigo!" —dijo a algunos de sus aliados. Reunieron un gran ejército, con caballos y carros, y partieron para enfrentarse a los israelitas.

"No tengas miedo —le dijo Dios a Josué—. Mañana a estas horas los habrás derrotado".

Cuando los dos ejércitos se enfrentaron, el del enemigo fue rápidamente derrotado. No hubo sobrevivientes.

Josué condujo a los israelitas de victoria en victoria contra 31 reyes. Canaán había sido capturado. Ahora los israelitas podrían disfrutar de la tierra que Dios les había dado.

80
Dividiendo la Tierra Prometida

Josué era ya un anciano, pero Dios aún tenía un trabajo para él.

"Divide la tierra entre todas las tribus de Israel" —le dijo.

De manera que Josué, junto con un sacerdote y algunos de los líderes de Israel, se puso a distribuir porciones del territorio entre todo el pueblo. Cada tribu descendía de alguno de los doce hijos de Jacob. Ahora, al fin, podían recibir su herencia, tal y como habían predicho Jacob y Moisés.

81
El regalo especial de Caleb

Había pasado mucho tiempo desde que Moisés había enviado a Caleb a espiar la tierra de Canaán. Él y Josué sabían que Dios los ayudaría a vencer a sus enemigos, pero los demás espías habían contado al pueblo historias aterradoras. Como Caleb había creído en Dios, Moisés le había prometido que sería recompensado.

Un día, Caleb fue a ver a Josué.

"Hace 45 años, Moisés me hizo una promesa —le dijo—. ¡Ahora tengo 85 años! Por favor, dame la tierra que se me prometió, para que pueda cederla a mis hijos y nietos".

Josué bendijo a su viejo amigo Caleb. Sabía lo mucho que Caleb amaba a Dios. Le entregó la zona de Hebrón como recompensa especial.

82
Las ciudades de refugio

A medida que el pueblo se establecía en la nueva tierra de Canaán, se consolidaron como nación. Años antes, Moisés había recibido las leyes de Dios para su pueblo. Ahora era el momento de ponerlas en práctica.

"Di a los israelitas que construyan unas ciudades especiales que sirvan de refugio —dijo Dios—. Si alguien mata a una persona accidentalmente, podrá huir a una de esas ciudades y asegurarse que tendrá un juicio justo".

El pueblo eligió ciudades que estaban distribuidas por todo el territorio. Nadie vivía a más de un día de distancia de una ciudad de refugio.

83
Josué dice adiós

Finalmente, tras años de paz, cuando Josué era muy anciano, reunió a todo el pueblo. Sabía que no le quedaba mucho tiempo de vida. Les recordó la bondad de Dios.

—Quiero que recuerden todo lo que Dios ha hecho por nosotros —les dijo—. Ha mantenido todas sus promesas. Pero si lo desobedecen, acabarán muy mal. La elección es de ustedes: servirle o no.

—Obedeceremos a Dios y le serviremos —replicó el pueblo.

Josué tomó una gran piedra y la puso debajo de un roble.

—¡Esta piedra ha escuchado la promesa de ustedes! Que les sirva como recuerdo de esa promesa de servir al Dios vivo.

84
El rescate de los jueces

Josué murió, y lo enterraron. Pero al cabo de no mucho tiempo, ya se habían olvidado de las cosas que Josué les enseñó. No se acordaban de la promesa que habían hecho. Prefirieron adorar a otros dioses, y no guardaron las leyes de Dios.

Dios estaba furioso. Permitió que un rey extranjero derrotara a Israel. Pero cuando el pueblo le rogó que los ayudara, Dios escogió al sobrino de Caleb, Otoniel, como su líder. Otoniel devolvió la paz a Israel, y les recordó que debían amar y servir a Dios.

85
Aod

Cuando murió Otoniel, los israelitas volvieron a desobedecer a Dios. Así que Dios permitió que Eglón, rey de Moab, hiciera un pacto con los enemigos de Israel. Eglón reunió un ejército y capturó Jericó. Los israelitas clamaron a Dios pidiendo socorro, y Dios eligió a Aod para rescatarles.

Cuando el rey Eglón pidió un tributo a los israelitas, Aod fue enviado para llevárselo al rey. Aod era zurdo y tenía un puñal de doble filo. Mientras se preparaba para visitar al rey, ató cuidadosamente el puñal a su muslo derecho, escondiéndolo bajo su túnica.

Aod se inclinó ante el rey, y le entregó el tributo. Despidió a los dos hombres que le habían ayudado a llevar los regalos y susurró: "Tengo un mensaje secreto para su majestad".

Eglón sintió curiosidad. Dijo a sus servidores que se fueran.

Aod se acercó al rey y le dijo: "Tengo un mensaje de Dios para usted".

Sacó su puñal y se lo clavó al rey. Eglón cayó al suelo. En silencio, Aod salió de la sala, cerró las puertas tras él y escapó.

Cuando Aod llegó a las colinas, tocó la trompeta. Los israelitas bajaron corriendo por ellas.

"¡Síganme! —gritó Aod mientras conducía al pueblo a la batalla—. ¡Dios nos ha ayudado a derrotar a nuestros enemigos!"

86
Débora y Barac

Tras la muerte de Aod, los israelitas
dejaron de andar por los caminos
de Dios.

Uno de los reyes que vivieron
en Canaán se llamaba Jabín. Tenía
un ejército grande y feroz bajo el
mando de un hombre llamado Sísara. Equipó a sus tropas con
900 carros de hierro, y durante 20 años oprimió a Israel. Los
israelitas sufrían, y clamaron a Dios.

Débora, una profetisa que servía al Dios vivo, condujo esta vez a
Israel. Un día, Débora envió a buscar a un soldado llamado Barac.

—Tengo un mensaje para ti de parte de Dios —le dijo—. Toma
a 10.000 hombres y vete al monte Tabor. Mientras tanto, yo haré
que el ejército de Sísara y del rey Jabín se acerquen al arroyo de
Cisón. Entonces estarán atrapados, y podrás derrotarlos.

Pero Barac tenía miedo.

—Debes venir conmigo —le dijo.

Débora quedó decepcionada por la respuesta de Barac, pero
estuvo de acuerdo.

—¡Pero ten cuidado! —le dijo—. Como no has seguido las
instrucciones de Dios, será una mujer la que tenga el honor de
derrotar a Sísara.

87
La victoria de Débora

Cuando Sísara se enteró de que Barac conducía el ataque, reunió
a su ejército y esperó.

"¡Anda! —le dijo Débora a Barac—. ¡Ataca! Ese es el plan de
Dios. Hoy derrotaremos a nuestros enemigos".

Barac condujo a las tropas y bajaron corriendo por las colinas.
Atacaron al ejército de Sísara con sus espadas.

Sísara abandonó su carro y huyó de la batalla. Sabía que
su ejército estaba derrotado. Corrió hacia unas tiendas que
pertenecían a un hombre llamado Heber. Aquí estaré a salvo
—pensó Sísara—. Heber es amigo del rey Jabín.

La esposa de Heber, Jael, vio a Sísara. Jael lo escondió bajo unos mantos.

"¡Vigila bien! —le rogó Sísara—. Si alguien viene en mi busca, ¡no le digas que estoy aquí!"

Estaba agotado, y se durmió.

Pero Jael no vigiló. En cambio, cuando estuvo segura de que Sísara dormía, lo mató.

Barac entró arrasando el campamento de Heber. Buscaba a Sísara.

—Yo te diré dónde está —le dijo Jael, y le mostró el cuerpo de Sísara. El rey Jabín había sido derrotado.

—¡Alabado sea el Señor! —cantaron Débora y Barac—. ¡Él ha vencido a nuestros enemigos!

88
Un poderoso héroe

Los israelitas disfrutaron de paz durante un tiempo. Pero luego olvidaron todas las cosas que Dios había hecho por ellos.

Los madianitas los atacaron. Destruyeron las cosechas de los israelitas y mataron su ganado. Los israelitas estaban demasiado débiles como para contraatacar. Se escondieron en las montañas, y como estaban tan asustados, clamaron a Dios pidiéndole ayuda.

"¡Hemos desobedecido a Dios! —advirtió un profeta al pueblo—. Por eso hemos sido atacados por nuestros enemigos".

Mientras tanto, un hombre llamado Gedeón estaba intentando trillar su trigo, fuera de la vista de los enemigos.

De repente, apareció un extraño delante de él.

—¡Dios está contigo, poderoso guerrero! —le dijo.

—¿De verdad? —dijo Gedeón—. Entonces, ¿cómo es que tenemos tantos problemas? ¡Dios se ha olvidado de nosotros!

—Tú puedes librar a Israel de los madianitas —le dijo aquel hombre.

—¿Yo? ¿Cómo voy a poder salvar a Israel? —preguntó Gedeón.

—Yo estaré contigo —contestó el extraño—. Juntos salvaremos a Israel.

Gedeón estaba sorprendido.

—Necesito una señal para comprobar que lo que me dices es cierto —dijo Gedeón, y se fue corriendo a casa.

El desconocido esperó. Gedeón volvió con algunos alimentos.

—Pon esa comida sobre una roca —ordenó aquel hombre, y luego la tocó con su bastón. Inmediatamente, la comida se consumió entre llamas, y el desconocido desapareció.

Entonces Gedeón supo que había estado hablando con Dios.

89
Gedeón y el vellón

Esa noche, Gedeón destruyó los dioses extranjeros que pertenecían a su padre, y construyó un altar para el Dios vivo.

Por la mañana, cuando los habitantes de la zona vieron qué había sucedido, se enfurecieron con Gedeón.

—¡Entréganoslo! —le exigieron a su padre—. ¡Tu hijo debe morir!

—¿De qué lado están ustedes? —les preguntó el padre de Gedeón—. ¿Por qué defienden a los dioses extranjeros?

Entonces la multitud dejó tranquilo a Gedeón.

Los madianitas unieron sus fuerzas a las de los amalecitas. Cruzaron juntos el Jordán y levantaron el campamento.

Al mismo tiempo, Gedeón estaba lleno del Espíritu de Dios. Hizo sonar la trompeta y reunió a los hombres israelitas de todas las tribus, para que acudieran a la lucha.

"Tengo que estar seguro de que me usarás para liberar a Israel

—le dijo Gedeón a Dios—. Esta tarde pondré un vellón de lana en el suelo. Si por la mañana el vellón está húmedo y la tierra seca, sabré que quieres que yo guíe a Israel".

A la mañana siguiente, Gedeón escurrió el vellón, que estaba empapado, pero el suelo alrededor estaba seco.

"No te enfades conmigo, pero es que tengo que estar seguro —le dijo Gedeón a Dios—. Permite que vuelva a dejar fuera el vellón, pero esta vez debe estar seco, y la tierra alrededor húmeda".

A la mañana siguiente, todo el suelo estaba cubierto de rocío, y el vellón de lana estaba seco.

90
El pequeño ejército de Gedeón

El ejército israelita se reunió y levantó su campamento.

"Tienes demasiados soldados —le dijo Dios a Gedeón—. Cuando ganen la batalla, no quiero que haya ninguna duda de que fui yo el que salvó a Israel. Di a todos los que tengan miedo que se vayan a casa".

Se volvieron a sus casas 22.000 hombres, y se quedaron otros 10.000.

"Siguen siendo demasiados —dijo Dios—. Pídeles que se acerquen al río a beber".

Los soldados bebieron. Algunos se arrodillaban para beber, mientras que otros se quedaban de pie y lamían el agua de sus manos, como los perros.

"Usaré a los hombres que se quedaron de pie y lamieron el agua —afirmó Dios—. Di a los otros que pueden irse".

Gedeón obedeció a Dios. Ahora tenía un ejército de 300 hombres.

91
Batalla nocturna

"¡Levántate! —le dijo Dios a Gedeón esa noche—. ¡Ahora es el momento de derrotar a tus enemigos!"

Gedeón tenía miedo.

"No tengas miedo —le dijo Dios—. Acércate al campamento enemigo. Escucha lo que hablan entre ellos, y verás que es el momento de atacar".

Gedeón despertó a su siervo. En silencio, se acercaron al campamento enemigo. Allí vieron a dos soldados conversando.

—¡He tenido un sueño terrible! —decía uno—. Un pan de cebada enorme entraba rodando en nuestro campamento, ¡y embistió con tanta fuerza a la tienda, que se hundió!

—Sé lo que eso significa —dijo el otro—. Dios está de parte del ejército de Gedeón. Nos vencerán.

Gedeón dio gracias a Dios por lo que había oído.

"¡Despierten! —dijo a sus hombres—. ¡Dios ya ha ganado la batalla!"

Dividió a los hombres en grupos reducidos, y entregó a cada soldado una trompeta y una antorcha ardiendo dentro de un cántaro vacío. En la oscuridad, los israelitas rodearon el campamento enemigo. Gedeón dio la señal. Él y sus hombres tocaron las trompetas y rompieron las jarras de barro.

"¡Por el Señor y por Gedeón!" —gritaron.

Los madianitas y amalecitas estaban aterrorizados. Tropezaban y chocaban unos con otros en la oscuridad. Se mataban mutuamente con las espadas, y al fin huyeron a las colinas. Dios había rescatado a los israelitas una vez más.

92
Abimelec en el poder

Gedeón tuvo muchas esposas e hijos. Uno de ellos se llamaba Abimelec. Su madre era una esclava.

Cuando Gedeón murió, Abimelec fue al pueblo natal de su madre, Siquem, y habló con sus parientes: "Ahora que mi padre ha muerto, elíjanme como su líder en lugar de a uno de los setenta hijos de mi padre, mis medio hermanos".

Los parientes de Abimelec estuvieron de acuerdo, y este alquiló una banda de hombres que fueran con él. Entonces fue al pueblo de su padre y mató a todos sus hermanos. Solo el más joven de ellos, Jotam, escapó. Luego Abimelec regresó a Siquem y fue coronado rey.

Cuando Jotam se enteró de esto, se fue a Siquem y subió a la cumbre del monte Gerizim.

"¡Recuerden qué hizo mi padre por ustedes! —gritó—. ¡Piensen en lo que le han hecho a su familia!"

Abimelec reinaba sobre Israel, pero Dios había visto lo que hizo.

93
El castigo de Abimelec

Un recién llegado llamado Gaal llegó a Siquem. Era muy popular, y comenzó a provocar disturbios.

"¿Qué tiene de especial Abimelec? —preguntó—. Si me siguieran, yo derrotaría a Abimelec y a todo su ejército".

Zebul, el gobernador de Siquem, se enteró de la jactancia de Gaal.

"Gaal está creando problemas —advirtió a Abimelec—. Hagamos un ataque sorpresa al amanecer y librémonos de él y de sus seguidores".

Mientras Abimelec se acercaba a Siquem, Zebul fue a ver a Gaal.

"Así que piensas que puedes destruir a todo el ejército de Abimelec —se burló—. ¡Bueno, pues ahora tienes oportunidad de demostrarlo!"

Gaal y los ciudadanos de Siquem lucharon contra Abimelec, pero fueron expulsados de la ciudad.

Al día siguiente, Abimelec volvió a atacar Siquem. Luego siguió adelante hasta Tebes. Los habitantes huyeron de sus hogares y se encerraron en una torre fuerte. Abimelec se acercó a la puerta para pegarle fuego.

Una mujer vio lo que pretendía Abimelec y, levantando una pesada piedra de molino, se la lanzó desde arriba. Golpeó a Abimelec en la cabeza y le hizo una brecha en el cráneo.

"Mátame con tu espada" —rogó Abimelec a su siervo. El hombre obedeció. Cuando los israelitas vieron qué había sucedido, se fueron de aquella ciudad. Dios había castigado a Abimelec por lo que había hecho.

94
Jefté el líder

Entonces los amonitas atacaron a los israelitas. Los ancianos de Galaad fueron a ver a Jefté.

—Sé tú nuestro líder —le dijeron—, y ayúdanos a luchar.

—Si Dios me ayuda a derrotar a los amonitas, ¿seguiré siendo su líder? —preguntó Jefté.

—Lo prometemos delante de Dios —replicaron ellos.

Jefté envió un mensaje de paz al rey amonita, pero este no le hizo caso. Entonces Jefté supo que Dios le conducía a la batalla.

"Voy a hacer un trato contigo —le dijo Jefté a Dios, de una forma muy absurda—. Si me concedes la victoria, ¡sacrificaré lo primero que vea cuando vuelva a casa en triunfo!"

Jefté condujo a la victoria al ejército israelita. Luego se fue a casa. Lo primero que vio fue a su propia hija que danzaba. Cuando Jefté la vio, recordó lo que le había prometido a Dios. Se rasgó las vestiduras y lloró. Supo que había hecho una promesa a Dios que no podría romper.

95
El nacimiento de Sansón

Tras la muerte de Jefté, el pueblo regresó a sus antiguas costumbres, y los filisteos atacaron y vencieron a los israelitas.

Un día, un ángel se apareció a la esposa de un hombre llamado Manoa.

"Sé que no puedes tener hijos —le dijo el ángel—, pero a pesar de todo tendrás uno. Ha sido especialmente escogido por Dios para salvar a Israel de los filisteos. Para demostrar que es especial, nunca deberás cortarle el pelo".

Algunos meses después, la mujer dio a luz un hijo llamado Sansón.

96
El acertijo de Sansón

Cuando Sansón creció, quiso casarse con una mujer filistea.
Sus padres se fueron a hacer los trámites de la boda, y Sansón
los siguió. De repente, mientras Sansón cruzaba una viña, un
león vino corriendo hacia él. Dios llenó a Sansón de su Espíritu,
y le concedió una tremenda fuerza. Agarró con fuerza al león,
matándolo con sus propias manos. Pero no se lo dijo a nadie.

Algún tiempo después, Sansón regresó a la viña. Unas abejas
habían hecho un panal en el cadáver del león. En su interior
había miel.

Durante la fiesta de bodas, Sansón dijo a los filisteos un
acertijo: "Del que devora salió alimento, y del fuerte salió dulzura.
Díganme la respuesta dentro de siete días y les daré un premio. Si
no, me lo tendrán que dar a mí".

Los filisteos no tenían ninguna pista, pero tampoco tenían
intención de darle un premio a Sansón. En su lugar, rogaron a
la esposa de Sansón que lo sonsacara para que le diera alguna
pista. Ella le insistió hasta que, al final, él cedió.

"¿Qué es más dulce que la miel? ¿Y qué es más fuerte que un
león?" —le dijeron ellos.

Sansón estaba furioso, y quería venganza.

97

Sansón traicionado

Sansón odiaba a los filisteos. Pero ellos no le podían tocar debido a su extraordinaria fuerza.

El tiempo pasó, Sansón se enamoró de una mujer llamada Dalila. Los líderes filisteos aprovecharon la ocasión: "Descubre el secreto de la fuerza de Sansón, y te lo pagaremos bien".

Dalila se decidió a descubrir cuál era el secreto.

—Dime el secreto de tu fuerza —le susurró.

—Átame con siete cuerdas de arco, y mi fuerza desaparecerá —contestó Sansón.

Dalila consiguió las cuerdas y ató a Sansón.

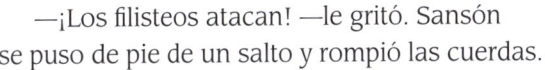

—¡Los filisteos atacan! —le gritó. Sansón se puso de pie de un salto y rompió las cuerdas.

—Me mentiste —afirmó Dalila—. Dime tu secreto.

—Las cuerdas nuevas me debilitarán —replicó él.

Dalila volvió a intentar ese truco, pero Sansón rompió las cuerdas.

"Teje mi pelo en el telar" —le dijo Sansón la próxima vez. Pero rompió el telar.

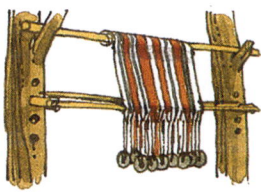

Decidida a no rendirse, Dalila siguió acosando a Sansón. Al final, él ya no pudo soportarlo.

"Si me cortan el pelo —le dijo—, perderé la fuerza".

Dalila se aseguró que Sansón estuviera dormido. Entonces, uno de los filisteos le cortó el pelo. Lo atraparon, le sacaron los ojos y lo metieron en la cárcel. Él no pudo defenderse, porque se había quedado sin fuerzas.

98

La victoria final

Los filisteos estaban encantados. Organizaron una fiesta para dar las gracias a su dios Dagón por haber capturado a Sansón.

"¡Que sea él quien nos divierta!" —dijo el pueblo.

De modo que sacaron de la cárcel a Sansón para que el pueblo se riera de él. Cuando tuvieron bastante, lo ataron entre dos de las columnas del templo. No se dieron cuenta de que el pelo de Sansón había empezado a crecer.

"Déjame apoyarme entre los pilares mientras descanso" —dijo Sansón a su guía, y extendió los brazos.

"No me olvides, Señor Dios —oró Sansón—. Castiga a los filisteos, aunque muera yo también".

Sansón hizo presión y empujó las columnas con toda su fuerza. Dios le devolvió toda su fuerza, y las columnas gigantes se derrumbaron. Los muros cayeron hacia dentro, y el techo se desmoronó. El edificio quedó en ruinas. Todos los que estaban dentro murieron, incluso Sansón.

El río Jordán

Este es un río muy largo, que nace al norte del Mar de Galilea y cruza todo el Valle del Jordán, como unos 100 km, hasta que alcanza el Mar Muerto (el punto más bajo de toda la superficie de la tierra). Los israelitas tuvieron que cruzarlo en algún punto para entrar en Canaán.

Muchos sietes

En la Biblia el número siete simboliza lo completo. Siete sacerdotes, siete días y siete vueltas a los muros de la ciudad recordaron al pueblo que Dios cumpliría plenamente su promesa de entregarles la tierra.

Los odres de vino

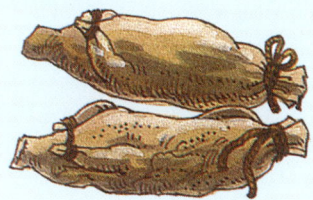

El vino se transportaba en pieles de cabra. El vino nuevo siempre se metía en odres nuevos. Los odres agrietados demostraban que eran viejos, que estaban muy usados, lo cual hacía parecer que los gabaonitas eran pobres.

El botín

Eran los despojos o cosas valiosas que los ejércitos victoriosos robaban de las casas de los vencidos durante la guerra. Dios había prohibido a los israelitas tomar botín en las batallas anteriores, para probar su obediencia. Ahora les permite hacerlo.

El telar

Un telar es una estructura sobre la que se teje la ropa a partir de hilos de lana u otros materiales.

En la época de Sansón, algunos telares tenían fuertes postes de madera clavados al suelo y vigas de madera que los unían entre sí.

Las doce tribus de Israel

Las tribus eran: Judá, Rubén, Gad, Simeón, Isacar, Zabulón, Dan, Aser, Neftalí, Efraín, Manasés, Benjamín. Los otros dos hijos de Israel, o Jacob, eran José y Leví. El territorio de José se dividió entre sus dos hijos, Manasés y Efraín. Los levitas estaban repartidos por todo el país, de modo que cada zona tuviera sus líderes religiosos.

Las ciudades de refugio

Si una persona moría a manos de otra, por accidente, su familia descubriría quién lo hizo e intentaría matarlo como castigo. En la ciudad de refugio, el homicida involuntario estaría a salvo de la ira de los parientes del muerto.

El tributo

Un "tributo" era un regalo de dinero o cosas que los conquistadores exigían a sus víctimas. Si ellas pagaban el tributo, las dejaban en paz.

Trillando el trigo

Gedeón estaba intentando engañar a los madianitas, cultivando su trigo en secreto y trillándolo en una prensa de vino, un pozo excavado en el suelo.

El siervo

Un joven solía acompañar al líder militar al campo de batalla, para llevar su escudo y lanza. Abimelec pidió a su siervo que lo matara

porque le avergonzaba que fuera una mujer la que le hubiera causado la muerte.

Las piedras de molino

Eran piedras muy grandes y redondas, que se usaban para moler el trigo y obtener harina. A menudo eran tan pesadas que las movía un buey que tiraba de ellas.

Los filisteos

Eran uno de los enemigos más temibles y poderosos de los israelitas. Su tierra, llamada Filistea, estaba entre la costa y el territorio israelita.

Los leones

En la época del Antiguo Testamento, en Canaán vivían leones. Acechaban salvajes por los bosques y sabanas. Hoy día ya no quedan.

Las cuerdas de arco

Se hacían con intestino de animal retorcido. Eran fuertes y elásticas, y se usaban para disparar flechas con el arco.

Dagón

Era el dios principal de los filisteos. Era el dios del grano (símbolo de la comida). Algunas personas piensan que Dagón era un dios con forma de pez.

LA HISTORIA DE RUT

Esta es una historia sencilla sobre el amor y lealtad de su personaje principal, Rut, y tiene lugar durante la época de los jueces. Rut se convirtió en la bisabuela del rey David, y en antepasada de Jesús.

La historia de Rut habla de la vida cotidiana en la época en que los jueces dirigían a los israelitas (1150-1000 a.C.). Es importante porque describe las costumbres y forma de vida de personas que vivieron en aquellos tiempos. También nos recuerda que todas las batallas y los fracasos del pueblo sobre los que leemos en los libros de Josué y Jueces solo eran parte de la historia. La mayor parte del tiempo las personas llevaban una vida normal, y muchas intentaban cumplir la Ley de Dios.

Rut provenía de Moab, al este del Mar Muerto. Los moabitas eran descendientes de Lot, el sobrino de Abraham. Rut se había casado con un israelita, cuya madre era Noemí. Tanto Rut como Noemí eran viudas y, cuando Noemí decidió regresar a Israel, Rut se fue con ella en vez de quedarse en su hogar, en Moab. En Israel, Rut conoció a Booz, un pariente de Noemí, que admiró la bondad de Rut hasta el punto de casarse con ella.

Lo más notable de este libro es que apenas menciona a Dios. Pero la confianza que las personas tienen en Él y su ayuda en sus vidas cotidianas son evidentes durante toda la historia.

99
Hambre en Israel

Durante la época en que los jueces gobernaban a Israel hubo
una terrible hambruna en el país. Elimelec abandonó su pueblo
natal, Belén, y tomando a su esposa Noemí y a sus dos hijos fue a
Moab, en busca de comida.

Elimelec murió en Moab. Sus dos hijos se casaron con
mujeres moabitas, pero pronto murieron los dos también. Noemí
se quedó sola, sin nadie que cuidara de ella.

100
Rut y Noemí regresan

Cuando Noemí se enteró de que en Belén ya nadie pasaba
hambre, decidió regresar a su hogar.

—No vengan conmigo —les dijo a sus nueras—. Vuelvan con
sus madres.

Pero Rut y Orfa no querían abandonar a Noemí.

—Nos quedaremos contigo —le dijeron.

—¡Márchense! —les insistió Noemí—. No tengo nada que
ofrecerles.

Orfa se marchó, pero Rut no.

—¡No me pidas que me vaya! —le rogó—. Nunca te dejaré. Iré
a tu país, y tu Dios será mi Dios.

Así que las dos mujeres se pusieron en camino hacia Belén.

101
Rut conoce a Booz

Era el momento del año en que se cosechaba la cebada.

"Permíteme ir a cosechar, a ver cuánto grano recojo" —le dijo Rut a Noemí, porque no tenían qué comer.

Rut trabajó duro, recogiendo todo el grano sobrante. El propietario de los campos se fijó en ella.

—¿Quién es esa mujer? —preguntó a uno de sus hombres.

—Es la nuera de Noemí —respondió el campesino.

El propietario se acercó a conversar con Rut.

—Quédate a espigar en mis campos —le dijo—, y bebe agua todas las veces que tengas sed.

Rut se sorprendió.

—¿Por qué eres tan amable conmigo? —preguntó.

—Porque me he enterado de lo buena que eres con Noemí —replicó él.

Cuando fue la hora de comer, aquel hombre le ofreció alimentos a Rut.

"Asegúrense que Rut recoja bastante grano —le dijo a sus cosechadores—. Dejen caer algo de grano para que ella lo recoja".

Por la tarde, Rut trilló la cebada y se fue a casa. Noemí se sorprendió al ver la cantidad que había recogido y le preguntó: "¿A qué campo has ido?"

Rut se lo explicó, y le habló de la gentileza del propietario.

—Se llama Booz —añadió.

—¡Pero si es pariente nuestro! —exclamó Noemí—. Vuelve a trabajar en sus campos. ¡Que Dios lo bendiga por su bondad!

102
El plan de Noemí

Noemí tenía un plan.

"Booz ha sido muy bueno contigo —dijo—. Nosotras estamos emparentadas con él. Pídele que cuide de nosotras. Es la costumbre".

Rut encontró a Booz durmiendo. Se echó a sus pies y esperó. De repente, él se agitó.

"¿Quién está ahí?" —preguntó.

Rut le explicó por qué había venido.

"Yo cuidaré de ustedes —dijo Booz amablemente—. Pero hay un hombre que es un pariente más cercano que yo. Antes de cuidar de ustedes debo pedirle permiso".

"¿Qué ha pasado?" —preguntó Noemí ansiosamente cuando Rut regresó.

Rut se lo explicó todo.

"Ahora debemos esperar" —dijo Noemí.

Booz fue a las puertas de la ciudad. Encontró al pariente de Rut y le preguntó si quería admitir a Rut en su familia. El hombre dijo que no.

De modo que Booz se casó con Rut y al tiempo ella dio a luz a un hijo, Obed. Hubo una gran alegría en la familia.

"¡Alabado sea Dios!" —le dijeron a Noemí las mujeres, cuando ella acunaba a su primer nieto en sus brazos.

Belén

Este pequeño pueblo israelita estaba en lo alto de una colina, rodeado de una tierra fértil que daba abundantes cosechas. Estaba a 80 km de Moab, situado al este del Mar Muerto y, por consiguiente, no era Israel. Más adelante, Belén sería el lugar donde nacieron el rey David y Jesús.

Las viudas

En aquellos tiempos, si el esposo de una mujer moría y no tenía hijos adultos que cuidaran de ella, esa mujer solía ser muy pobre. Era importante que las viudas jóvenes intentaran volver a casarse.

Las camas

No había camas. Por la noche, la familia se acostaba, todos juntos, sobre alfombras mullidas en el suelo. Se dejaban puesta la ropa, y se envolvían en sus mantos. Por la mañana, se enrollaba la alfombra hasta la hora de acostarse.

La cebada

Este era el cereal que crecía con más facilidad en la tierra y las condiciones climáticas de Canaán. Luego la cebada se convertía en la harina más barata, que comían los pobres.

Booz

Booz pidió a Rut que se quedara en su campo porque quería que recogiera más cebada, pero también para asegurarse que no le sucediera nada malo.

Comida para los pobres

Se permitía a la gente pobre recoger los restos de la cebada tras la cosecha. Esto se llamaba "espigar". La Ley decía que los cosechadores debían dejar espigas a los lados del campo, para que los pobres las recogieran.

El pariente de Rut

Según la ley judía, si un hombre moría sin tener hijos, su hermano o pariente más cercano debía convertir a la viuda en una de sus esposas, para que tuviera un bebé y la familia no desapareciera. Booz y el otro pariente se intercambiaron las sandalias, para demostrar que estaban de acuerdo sobre quién se casaría con ella.

Una boda

Las celebraciones por una boda solían durar a veces hasta una semana, y tenían lugar en casa del novio. La víspera de la boda, el novio y sus amigos iban a casa de la novia a recogerla. Se colocaban guirnaldas de flores sobre la cabeza del novio y de la novia. Luego, los amigos y parientes de ambos se alineaban en las calles mientras pasaba la procesión nupcial. Había banquetes, música, cantos y danzas.

Un nuevo bebé

Cuando nacía el niño, la madre le frotaba los brazos y piernas con sal, y luego lo envolvía en unas tiras de tela apretadas. Pensaban que así los miembros del niño crecerían rectos. A menudo los padres escogían un nombre para el bebé que describiera sus sentimientos o el aspecto del recién nacido.

Al cabo de ocho días, el niño judío era circuncidado. Se trataba de una pequeña operación, en la que se cortaba parte de la piel que cubría su pene. La circuncisión era la señal de que pertenecía al pueblo de Dios.

LOS REYES DE ISRAEL

Hacia el año 1100 a.C., el pueblo de Dios pidió un rey que los gobernara. Samuel, el último de los jueces, era un hombre bueno, sabio y santo. Samuel dijo al pueblo que tener un rey los apartaría de Dios, provocando muchos sufrimientos.

Los israelitas no tuvieron en cuenta la advertencia de Samuel. Hasta aquel momento, Dios había sido su rey. Ahora querían ser como los otros pueblos que vivían alrededor. Insistieron mucho, de modo que Dios dijo a Samuel que les diera lo que pedían. Hizo de Saúl el primer rey de Israel.

El pueblo pensaba que Saúl era un buen rey, hasta que dejó de hacer caso a Dios. Saúl fue sustituido por David, que obedeció a Dios pero cometió algunos errores graves. Bajo el reinado del hijo de David, Salomón, se construyó el primer templo en Jerusalén, y el país se enriqueció mucho. Pero la profecía de Samuel comenzó a cumplirse. Salomón obligó al pueblo a pagar elevados impuestos para poder construir sus edificios y mantener su estilo de vida muy lujoso. A veces trataba mal a su pueblo.

Cuando Salomón murió, hubo una guerra civil y el país se dividió en dos: Israel (las diez tribus del norte) y Judá (las dos del sur). Cada reino tuvo su propio rey. Las cosas fueron de mal en peor. Al final, Israel fue destruido por los asirios cerca del año 722 a.C. Más tarde, Judá fue destruido por los babilonios, cerca del año 597 a.C.

Junto con estos reyes hubo también profetas, como Elías y Eliseo. Fueron personas valientes y santas, que no tenían miedo de decir al pueblo, e incluso a los reyes, cuándo estaban desobedeciendo las leyes de Dios.

Todas las historias en esta sección están sacadas de los libros de 1 y 2 Samuel y 1 y 2 Reyes (la mayor parte de ellas aparecen también en 1 y 2 Crónicas).

103
La oración de Ana

Cada año, Ana y su esposo, Elcana, iban a Silo a adorar a Dios y a ofrecerle un sacrificio especial. La otra esposa de Elcana, Penina, iba con ellos y tenía muchos hijos. Aunque Ana deseaba tener un hijo, no tenía ninguno. Penina se burlaba de Ana, hasta el punto de hacerla llorar, y Ana ni siquiera comía.

Un día, mientras estaban visitando Silo, Ana fue a orar al lugar de adoración.

"Señor —lloró—, te ruego que me des un hijo. Te prometo que, si respondes a mi oración, te entregaré a mi hijo para que te sirva toda la vida".

Elí, el sacerdote, vio la tristeza de Ana y le dijo: "Ojalá Dios responda a tu oración".

Ana regresó a casa. Al poco tiempo, descubrió que estaba embarazada, y cuando dio a luz un niño le puso por nombre Samuel.

104
Ana cumple su promesa

Cuando Samuel creció, Ana lo llevó al lugar de adoración en Silo. El sacerdote Elí estaba allí.

"Vine aquí una vez y elevé una oración especial que Dios ha respondido —dijo Ana a Elí—. Dios me ha concedido un hijo. Ahora mantendré mi promesa y dejaré a mi hijo para que viva aquí contigo y sirva a Dios".

De modo que Samuel se quedó con Elí, y se convirtió en su ayudante. Y Dios cuidaba a Samuel mientras iba creciendo.

105
Los malvados hijos de Elí

Elí tenía dos hijos. Sus nombres eran Ofni y Finees. Ambos eran sacerdotes como su padre.

Ellos eran hombre egoístas. Quebrantaban las leyes de Dios, y no se tomaban en serio el servicio a Dios.

Elí se enteró de lo que estaban haciendo sus hijos.

"¿Por qué son tan desobedientes? —les preguntó Elí—. Irritan a Dios, y Él los castigará".

Ofni y Finees no hicieron caso de la advertencia de su padre. No lo escucharon.

106
Dios habla a Samuel

Samuel se quedó con Elí en el lugar de adoración en Silo. Cada año, Ana venía a visitarlo y le traía alguna ropa que le había hecho.

Una noche, cuando Samuel estaba durmiendo, escuchó una voz:

"¡Samuel! ¡Samuel!" —le llamaba.

Samuel fue donde estaba durmiendo Elí.

—¡Aquí estoy! —le dijo—. ¿Me has llamado?

—¡No, no lo he hecho! —le contestó Elí—. ¡Vuelve a la cama!

Al cabo de un rato, Samuel volvió a escuchar la voz que le llamaba. Volvió a ver a Elí, pero el anciano no le había llamado, y ordenó a Samuel que volviera a dormirse.

Entonces Samuel oyó la voz por tercera vez.

"Es Dios quien te llama —le dijo Elí—. Regresa a la cama. Pero esta vez, si la voz te llama de nuevo por tu nombre, responde: 'Te ruego que me hables, Señor. Te escucho'".

Dios habló con Samuel. Le contó sus planes para el futuro de Israel y de Elí y su familia. Samuel aprendió a escuchar a Dios mientras iba creciendo.

107

Samuel guía a Israel

En Israel había problemas. El pueblo desobedecía las leyes de Dios. Los filisteos capturaron el arca del pacto. Los hijos de Elí murieron en la batalla, y Elí murió cuando se enteró.

Al final, los filisteos devolvieron el arca, temiendo que habían enfurecido al dios de ellos. Poco a poco, los israelitas volvieron a acordarse del Dios vivo, y a arrepentirse por haber adorado a otros dioses. Sentían mucho haber sido tan desobedientes.

Samuel aprovechó la ocasión. Convocó a todo el pueblo de Israel a que se juntara en Mizpa.

"Oraré a Dios con ustedes —les dijo—. Demostrémosle que estamos arrepentidos, y que hemos pecado".

Samuel guió al pueblo en la oración. Ofreció sacrificios a Dios y junto con el resto del pueblo, ayunó.

Los filisteos amenazaron con atacar a los israelitas en Mizpa. Pero Samuel siguió orando.

Dios escuchó las oraciones de su pueblo. Envió una gran tormenta de truenos, que asustó a los filisteos y dio a los israelitas la oportunidad de atacar y derrotar al enemigo.

A partir de ese momento, Samuel se convirtió en el líder de Israel, y juzgó al pueblo con sabiduría.

108
El primer rey de Israel

"¡Queremos un rey! —clamaron los ancianos de Israel cuando se presentaron ante Samuel—. Tú ya eres demasiado anciano y tus hijos no obedecen las leyes de Dios".

Samuel se enfadó, y oró a Dios.

"Yo soy el rey de Israel —le dijo Dios—. Ellos me han rechazado. Permitiré que tengan un rey, pero eso les va a traer grandes desgracias".

Samuel repitió ante el pueblo la advertencia de Dios, pero ellos no hicieron caso.

Un día, un hombre llamado Cis perdió sus asnos en las colinas.

"Ve a ver si los encuentras" —le dijo a su hijo Saúl.

Después de muchos días, Saúl y sus siervos aún no habían encontrado los asnos. Se enteraron de que Samuel estaba cerca, y fueron a verlo para pedirle ayuda.

Dios ya le había dicho a Samuel que iba a encontrarse con el futuro rey de Israel. Cuando Samuel vio a Saúl, supo que aquel era el hombre que Dios había elegido. Tomó un poco de aceite y ungió a Saúl, el primer rey de Israel.

109
Saúl, el rey guerrero

"¡Viva el rey!" —clamó el pueblo de Dios cuando Samuel les presentó a su nuevo líder. Saúl era un hombre fuerte y atractivo.

Mientras tanto, los amonitas atacaron la ciudad israelita de Jabes. Los habitantes de Jabes querían hacer las paces con ellos.

"Con una condición —dijeron los amonitas—. Todos los habitantes de la ciudad perderán un ojo".

Cuando los israelitas oyeron esto, tuvieron miedo. Pero Saúl reunió a todo su ejército y se trasladó hasta Jabes. Sorprendió a los amonitas con la ferocidad de su ataque.

Al principio, Saúl pidió a Samuel que le diera a conocer los planes y deseos de Dios. Pero a medida que Saúl crecía en conocimiento y poder, empezó a tomar el control por sí mismo y ya no esperaba lo que Dios tuviera que decirle.

"¡Has sido un tonto! —le dijo Samuel—. Has desobedecido a Dios. Ahora Él buscará un nuevo rey, un hombre que lo escuche y obedezca".

110
La valentía de Jonatán

Los filisteos seguían atacando a Israel. Un día, el rey Saúl y su ejército se estaban preparando para la siguiente batalla. El hijo de Saúl, Jonatán, se apartó del grupo sin que nadie lo viera, llevándose a su criado.

"Vamos a ver qué hacen los filisteos —le dijo Jonatán a su siervo—. Quizá Dios nos concederá la victoria sobre ellos".

Y subieron a lo alto de las montañas muy rocosas.

A Jonatán se le ocurrió un plan: "Dejaremos que el enemigo nos vea. Si nos dicen: '¡Vamos por ustedes!', nos quedaremos aquí. Pero si dicen: '¡Vengan por nosotros!', sabremos que Dios nos ayudará a vencerlos".

En cuanto los filisteos vieron a Jonatán, lo desafiaron a ir y luchar contra ellos. Jonatán supo que Dios estaba con él. Subió trepando por las rocas, con su criado detrás. El ejército filisteo se asustó al verlo avanzar. Se mataron entre sí con sus propias espadas.

Dios había rescatado a Israel.

111
El hijo menor de Isaí

Después de que el rey Saúl lo desobedeciera, Dios le dijo al profeta Samuel que fuera a Belén.

"Uno de los hijos de Isaí será el próximo rey" —dijo Dios.

De modo que Samuel fue a Belén y organizó una fiesta para todo el pueblo.

Cuando Samuel vio al hijo mayor de Isaí, supuso que seguramente aquél debía ser el elegido por Dios. Pero Dios le dijo: "No, no lo he elegido a él. Tú ves el aspecto exterior de las personas, pero yo veo sus pensamientos y sentimientos".

—¿No tienes algún otro hijo? —le preguntó Samuel a Isaí después de ver a todos sus hijos.

—El más pequeño está cuidando de los rebaños —replicó Isaí.

Cuando Samuel conoció a David, Dios le habló: "¡A este he elegido!"

De modo que Samuel lo ungió con aceite, y el Espíritu de Dios llenó a David.

112
La tristeza del rey

El rey Saúl padecía depresiones. Su mente estaba llena de pensamientos tristes y negativos. Cuando se sentía así, a Saúl le gustaba escuchar música.

—Busquen a alguien que toque el arpa —ordenó.

—Uno de los hijos de Isaí la toca bien —sugirió un siervo—. Es un joven muy agradable, y ama al Dios vivo.

—Que lo traigan ante mi presencia —ordenó Saúl.

A partir de ese momento, David tocó para Saúl. Esto aliviaba los malos momentos del rey. A Saúl le agradó el comportamiento de David, y lo convirtió en uno de sus siervos más importantes.

113
El desafío del gigante

El ejército israelita estaba aterrorizado. Los filisteos tenían un campeón que medía más de tres metros. Su nombre era Goliat.

Un día, David visitó el campamento israelita y vio a Goliat. Lo oyó gritar, y vio cómo los israelitas salían huyendo.

Cada mañana y cada tarde, Goliat desafiaba a los israelitas, pero ninguno de ellos quería luchar.

"¿Cómo se atreve a desafiarnos? —dijo David a los hombres que le rodeaban—. Tenemos al Dios vivo de nuestra parte".

David fue a ver al rey Saúl.

—¡Yo lucharé con el gigante! —le dijo.

—¡Pero si solo eres un muchacho! —le dijo el rey.

—Cuando cuido del ganado de mi padre —le dijo David—,
tengo que luchar con animales salvajes. Dios siempre ha cuidado
de mí.

David tomó su honda. También eligió cinco piedras del arroyo,
y se fue a enfrentarse a Goliat. Cuando este lo vio se burló de él,
pero David le contestó: "¡Tengo al Dios vivo de mi lado!"

Cuando Goliat se acercaba hacia él amenazante, David colocó
una piedra en la honda y la hizo girar alrededor de su cabeza. La
piedra salió volando por los aires y golpeó a Goliat en la frente. El
gigante se derrumbó. ¡El campeón enemigo estaba muerto!

114
Saúl, el rey celoso

Después de derrotar a Goliat, Saúl ascendió a David a una
posición de gran autoridad en su ejército. David condujo a sus
hombres a una serie de victorias. Todo el mundo quería a David.

El pueblo estaba encantado por haber derrotado a los filisteos.
Salieron de sus casas para dar la bienvenida al ejército, que
regresaba.

"¡Saúl mató a sus miles! —gritaban—. ¡Y David mató a sus
diez miles!"

Esta canción enfureció a Saúl. David tenía éxito en todo, y a Saúl ya no le gustaba tanto. Ahora le tenía envidia.

Un día, David estaba tocando el arpa cuando, de repente, Saúl tomó su lanza y la tiró contra David, procurando matarle. Pero David escapó. No le tenía miedo.

115
Jonatán advierte a su amigo

El hijo del rey Saúl, Jonatán, era el mejor amigo de David.

"Prometamos que siempre seremos amigos" —dijo Jonatán a David, y le entregó su espada y su arco.

Pero esto era difícil. El rey Saúl contaba todo a su hijo, y le confesó que pensaba matar a David.

"David, debes esconderte —le advirtió Jonatán—. Hablaré con mi padre. Si cambia de opinión, te lo diré".

El rey Saúl prometió no matar a David. Pero cuando tuvo otra oportunidad, volvió a arrojarle su lanza. Una vez más, David escapó.

—No comprendo por qué quiere matarme tu padre —le dijo David a Jonatán en uno de sus encuentros secretos—. ¿Cuándo podré dejar de esconderme?

—Lo averiguaré —le prometió Jonatán.

Cuando Saúl se enfureció muchísimo porque David no asistió a una celebración especial, Jonatán supo que la vida de David corría peligro.

Fue al campo, a disparar unas flechas, y ordenó a un niño que las fuera recogiendo. Lanzó una flecha a mucha distancia.

"La flecha está por delante de ti" —le dijo al niño.

David lo estaba escuchando. Sabía que Jonatán le había dado una señal: debía huir del rey. Jonatán le había salvado la vida.

116
David el forajido

A David solo se le ocurría un lugar donde poder esconderse del rey Saúl. Fue a ver a los sacerdotes que vivían en Nob.

"Vengo con una misión secreta del rey —les dijo David—. Necesito algo de comida y un arma, si tienes alguna".

Ahimelec dio a David algo especial: pan sagrado. También le entregó la espada de Goliat.

David siguió su viaje. Pero uno de los hombres de Saúl lo había visto.

"Haré que maten a todos los sacerdotes por haber ayudado a David" —gruñó Saúl.

117
David respeta la vida de Saúl

Un día, Saúl y sus hombres estaban buscando a David, que se encontraba escondido en una cueva con sus amigos. Saúl entró en la cueva, pero sin saber que estaban allí.

"Ahora puedes matar al rey" —susurraron los amigos de David.

David no quiso hacerlo. Se acercó en silencio a Saúl y cortó un trozo de su manto. Cuando Saúl salía de la cueva, David le mostró aquel trozo de ropa.

"Ahora, ¿crees que no deseo matarte?" —preguntó David.

Saúl se arrepintió, pero no por mucho tiempo. Se limitó a esperar otra oportunidad para matar a David.

118
La bondad de Abigail

El profeta Samuel murió, y todo el pueblo de Dios se entristeció. David y sus hombres vivían ahora por los campos y montes, escondiéndose del rey Saúl.

Un día, un rico pastor llamado Nabal dio una fiesta. David le envió un mensaje, pidiéndole comida para sus hombres. Recordó a Nabal que había estado cuidando de sus pastores y ganados. Nabal no quiso darles comida.

"¿Por qué tendría que dar comida a David?" —se burló. Tenía fama de ser rudo y desagradable.

David se enfadó. Ordenó a sus hombres que se armaran para luchar.

Pero un criado avisó a la esposa de Nabal, Abigail, de lo que había hecho su esposo. Abigail en seguida preparó alimentos para los hombres de David y, sin decírselo a su marido, fue en busca de ellos.

—No le hagas caso a mi marido —le rogó ella—. Perdónanos.

David aceptó el regalo.

—Vete a casa —le dijo.

Abigail volvió a su hogar. Cuando le dijo a Nabal lo que había hecho, él se enfermó y murió.

David no se olvidó de Abigail. Con el paso del tiempo, le pidió que fuera su esposa.

119
Una visita nocturna de David

Saúl reunió a 3.000 hombres y se fue a buscar a David, que estaba escondido en las colinas.

Los espías de David vigilaban mientras Saúl y su ejército levantaban el campamento. Saúl estaba rodeado por sus tropas, y Abner, el comandante del ejército, estaba a su lado.

—¿Quién vendrá conmigo a ver a Saúl? —preguntó David a sus amigos.

—Yo iré —se ofreció Abisai.

Los dos hombres esperaron a que fuera de noche. Luego,

entraron en silencio en el campamento de Saúl. Todo el mundo dormía. Saúl dormía profundamente, con su lanza clavada junto a él, cerca de su cabeza, y una jarra de agua cerca.

—¡Qué oportunidad! —le dijo Abisai a David—. Deja que mate a Saúl mientras tenemos tiempo.

—¡No lo toques! —le ordenó David—. Sigue siendo el rey elegido por Dios.

Ordenó a Abisai que tomara la lanza y la jarra de agua, y salieron del campamento.

—¡Dime algo, Abner! —gritó David, desde una distancia segura—. ¡No has hecho bien tu trabajo! ¿Dónde está la lanza y la jarra de tu señor?

Saúl reconoció la voz de David. Se dio cuenta de lo que había sucedido, y de que David había vuelto a perdonarle la vida.

"¡Lo siento! —dijo el rey—. ¡Prometo no hacerte daño!"

120
Viviendo con el enemigo

David no creyó que el rey Saúl estuviera arrepentido. Sabía con qué rapidez solía cambiar de opinión.

Antes de mucho tiempo querrá matarme —pensó David.

Tomó a 600 de sus hombres y huyó a la tierra de los filisteos. El rey filisteo Aquis sabía que David y Saúl eran enemigos. Permitió que David se quedara en sus tierras, y le dio un pueblo para que viviera en él. De vez en cuando David atacaba las tierras de alrededor, y le traía el botín al rey Aquis.

Aquis confiaba en David. Prefería tenerlo como amigo que como enemigo. Ahora que David vive con nosotros —pensaba el rey Aquis—, su propio pueblo lo odia. Nunca volverá con ellos.

121
Victoria para los filisteos

El rey Aquis de los filisteos reunió a su ejército para luchar contra los israelitas.

"Tú lucharás conmigo" —le dijo a David.

Entre tanto, Saúl se preparaba para conducir al ejército israelita. Su mejor amigo, Samuel, el profeta, ya había muerto, y no podía aconsejarlo. Saúl intentó hablar con Dios, pero no le sirvió de nada. Desesperado, se disfrazó y acudió a Endor, a ver a una hechicera.

—Debo hablar con Samuel —le dijo.

Tan pronto alguien apareció, ella reconoció al rey Saúl.

—¿Se trata de una trampa? —gritó. Sabía que hablar con los muertos iba en contra de la ley de Dios.

—¡Como has sido desobediente, Dios te ha abandonado! —le dijo Samuel—. Mañana, cuando luches con los filisteos, serás derrotado. Tus hijos morirán, y tú también.

Mientras tanto, los comandantes filisteos estaban molestos. Ellos le dijeron al rey Aquis: "¡No queremos que David luche con nosotros!" En contra de su deseo, el rey Aquis envió a David de vuelta a la tierra de los filisteos.

Al día siguiente, los filisteos lucharon con los israelitas y los vencieron. Tanto Saúl como Jonatán murieron.

Cuando David se enteró de la noticia, se sintió muy triste. Israel había perdido un rey, y él había perdido un amigo especial.

122
David, rey de Judá

Tras la muerte de Saúl, David quiso regresar a su propia tierra.

—¿Debo ir a alguno de los pueblos en el territorio de Judá, donde nací? —le preguntó a Dios.

—Sí —dijo Dios—. Ve a Hebrón.

Vinieron hombres de la tribu sureña de Judá para ungir al rey David. Pero en el norte, Israel no aceptó a David como rey. El único hijo sobreviviente de Saúl, Is-boset, huyó al norte junto con Abner, el general del ejército de Saúl. Abner proclamó a Is-boset rey de Israel.

123
Abner se cambia de bando

Los dos ejércitos estaban situados a ambos lados del estanque de Gabaón. Abner era el líder del ejército de Is-boset, y Joab el del ejército de David.

"¡Hagamos una prueba! —dijo Abner—. Elegiremos a doce de nuestros mejores hombres cada uno, ¡y el bando que gane será declarado el vencedor de la batalla!"

Joab estuvo de acuerdo.

Cuando todos los soldados murieron en aquella lucha, se declaró la guerra. Los ejércitos lucharon con valor, pero los hombres de David eran más fuertes. El ejército de Is-boset fue derrotado.

Abner salió huyendo. Asael, hermano de Joab, le persiguió.

"¡Déjame! —gritó Abner—. ¡No quiero matarte!"

Pero Asael no se daba por vencido. Al final, Abner arrojó su lanza a Asael, que murió instantáneamente.

"Dejemos de luchar unos con otros" —gritó Abner a Joab.

De modo que Joab proclamó el fin de la batalla, pero no olvidó lo que Abner le había hecho a su hermano.

Mientras la guerra seguía adelante, el bando de David cada vez era más fuerte. Abner no respetaba al rey Is-boset, de modo que decidió unirse al ejército de David.

A Joab no le gustó que Abner hubiera cambiado de bando. Seguía odiándolo por matar a Asael, y encontró una oportunidad de acabar con su vida. David se entristeció cuando se enteró de la muerte de Abner. Sabía que había sido un soldado valiente.

124
El asesinato de Is-boset

Cuando Is-boset se enteró de que Abner estaba muerto, sintió pánico. Todo el reino de Israel estaba asustado.

Entonces, un día, dos de los hombres de David fueron a casa de Is-boset. Cuando llegaron era mediodía, y el lugar estaba tranquilo y sin vigilancia. Is-boset estaba dormido en su cama.

Se metieron en la casa y encontraron el dormitorio de Is-boset. Entonces lo acuchillaron y le cortaron la cabeza.

Rápidamente, huyeron a Hebrón.

—Te hemos traído la cabeza de Is-boset —dijeron a David.

Pero David se enfureció.

—¿Cómo se han atrevido a matar a un hombre inocente en su propia cama? —les gritó, y ordenó que los ejecutaran inmediatamente.

Ahora ya no quedaba nadie de la familia de Saúl que pudiera amenazar a David. Tenía el camino despejado para convertirse en el rey de todo Israel.

125
Ataque sorpresa a Jerusalén

Los líderes de Israel querían hacer un pacto. Vinieron a ver a David en Hebrón.

"Hace años éramos una gran nación, y solías luchar con nosotros —le dijeron—. Dios prometió que serías nuestro líder".

Entonces ungieron a David con aceite, y lo proclamaron rey de todo Israel.

Sabiendo que contaba con el apoyo de toda la nación, David reunió a un ejército y marchó contra Jerusalén. Quería convertirla en su capital. La ciudad estaba ocupada por una tribu cananea, la de los jebuseos, que pensaba que estaba a salvo detrás de los fuertes muros de Jerusalén.

"¡Ni siquiera David será capaz de atraparnos aquí dentro!" —se jactaban.

David sorprendió a los jebuseos entrando en la ciudad por el túnel que les llevaba el agua. Capturó la ciudad, llamándola la Ciudad de David.

El reino de David había comenzado, y Dios estaba con él.

126
Danzando en las calles

David quería llevar el arca del pacto a Jerusalén, la capital, como señal de la presencia de Dios. De modo que colocaron el arca sobre un carro nuevo, y la llevaron cuidadosamente por el camino. Todo el mundo se regocijaba.

De repente, uno de los bueyes tropezó. Un hombre llamado Uza extendió su mano y tocó el arca para que no cayera, y murió inmediatamente.

David estaba furioso. Sabía que el arca era sagrada, y que Uza no debía haberla tocado.

"No puedo llevar el arca a Jerusalén" —dijo David. De manera que la dejó en la casa de Obed-edom.

"Dios ha bendecido a Obed-edom por guardar el arca" —le dijo un día alguien. David sabía que debía traer el arca a Jerusalén; entonces Dios bendeciría a toda la nación.

Todos se reunieron el día en que el arca fue llevada a Jerusalén. Todos gritaban y cantaban a Dios. David se unió al pueblo y danzó delante de Dios.

Mical, la esposa de David, lo vio danzar. ¡Vaya tonto! —pensó.

Cuando se acabaron las celebraciones, Mical fue a ver a David.

—¡Hoy te he visto! —se burló—. No te comportaste como un rey.

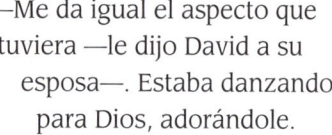

—Me da igual el aspecto que tuviera —le dijo David a su esposa—. Estaba danzando para Dios, adorándole.

127
Los planes divinos para David

David construyó un palacio en Jerusalén. Sus enemigos sabían que Dios estaba con él, de modo que dejaron en paz a Israel.

Un día David pidió ver a Natán, que era profeta. Quería que le aconsejara.

"No me parece bien que el arca de Dios esté en una tienda —le dijo David—. Creo que debería construir un templo".

Esa noche, Natán escuchó a Dios hablarle: "No quiero que David construya un templo. Quiero que convierta a Israel en una gran nación. Prometo que le convertiré en un gran rey, y que nunca dejaré de amarle. Uno de los hijos de David también será un gran rey, y a él lo he elegido para construir el templo".

Natán contó a David todo lo que Dios le había dicho. David estaba sorprendido. Pasó algún tiempo hablando con Dios.

"No sé por qué me has elegido o cuidado de mí —dijo David— ni por qué me has contado tus planes. Pero sé que eres un Dios grande, que siempre cumples tus promesas".

128
David y Mefi-boset

—¿Aún queda vivo algún pariente de Saúl? —preguntó un día David, acordándose de su amigo Jonatán.

—Uno de los hijos de Jonatán, llamado Mefi-boset, aún vive —le dijo Siba al rey—. Pero tiene los pies lisiados, y no puede caminar bien.

—Que lo traigan aquí —dijo David.

Mefi-boset tuvo miedo. Pensaba que David quería matarlo.

—Tu padre fue mi mejor amigo —le dijo David—, y prometí cuidar de su familia. Ven y vive en el palacio, conmigo, y te devolveré las tierras que fueron de tu familia.

Mefi-boset se sorprendió de que un rey tan grande como David quisiera guardar su promesa y ocuparse de él hasta ese punto.

129
El error de David

Era una hermosa tarde de primavera. El ejército israelita estaba lejos, combatiendo, pero David se había quedado en su palacio de Jerusalén. Se levantó y subió a la terraza. Desde donde estaba podía ver la ciudad, y descubrió a una mujer en el patio de una casa cercana. Ella no sabía que él la estaba mirando. Se estaba bañando, y David pensó que era muy hermosa.

—¿Quién es esa mujer? —preguntó David a un criado.

—Es Betsabé —respondió el criado—. Es la esposa de Urías.

David conocía a Urías. Era un soldado de su ejército. Pero en aquel momento a David le daba igual de quién fuera esposa Betsabé: la quería para él.

"¡Que me la traigan!" —ordenó. De modo que Betsabé vino a palacio, y David la trató como a su esposa.

Al cabo de un tiempo, Betsabé envió un mensaje a David: "Estoy embarazada. Y el niño es hijo tuyo".

130
Urías es asesinado

David se encontraba ante un problema. Sabía que había desobedecido la ley de Dios. Intentó esconder lo que había hecho, de modo que envió un mensaje a Joab, en el frente de batalla, pidiéndole que enviara a Urías a su casa.

Urías regresó a Jerusalén. Pasó algún tiempo hablando con David sobre el estado del ejército, pero no fue a su casa con Betsabé. Desesperado, David le permitió volver al combate.

Entonces David tuvo una idea. Escribió una carta a Joab, que dirigía el ejército. "Asegúrate que Urías luche en primera línea, y luego déjalo sin protección. Asegúrate que muera" —decía el mensaje.

Antes de no mucho tiempo vino un mensajero del frente. Urías había muerto. David se sintió aliviado. Ahora nadie sabría lo que había hecho.

Pero Dios lo sabía, y estaba furioso con David.

131

El mensaje de Natán

Al cabo de un tiempo, David se casó con Betsabé y ella tuvo el niño. Pero Dios no había olvidado el pecado de David. Envió al profeta Natán a hablar con él. Natán le contó una historia.

"Había una vez dos hombres —dijo Natán—. Uno de ellos era un rico propietario de ganado, y el otro hombre era pobre y solo tenía una oveja pequeña. Para él, aquella oveja lo era todo. Un día, el rico tuvo invitados a cenar. En lugar de matar una de sus propias ovejas, le robó la ovejita al pobre".

David se enfureció.

—¡Ese rico debe ser castigado! —dijo.

—¡Pero si ese rico eres tú! —dijo Natán—. Dios te ha dado muchas cosas, y sin embargo has tomado a la mujer de otro hombre. Dios te castigará.

David sabía que lo que decía Natán era cierto.

—Lo siento mucho —dijo David—. He pecado contra Dios.

—Él te perdona —dijo Natán—. Pero tendrás que enfrentarte a las consecuencias de tu pecado.

132

La venganza de Absalón

David tuvo muchas esposas e hijos. Sus hijos tenían celos unos de otros. Amnón era el hijo mayor de David. Un día, atacó con violencia a su media hermana Tamar. Absalón, el hermano de Tamar, se enfureció. Odiaba a Amnón. David también estaba enfadado con Amnón, pero no lo castigó.

Pasaron dos años y Absalón seguía sin olvidar lo que había hecho Amnón. Se tomó la justicia por su mano: organizó una fiesta familiar, se aseguró que Amnón bebiera mucho vino, y luego ordenó que lo mataran.

Cuando David supo qué le había sucedido a su hijo mayor, la tristeza lo invadió. Rápidamente, Absalón abandonó el país. David lo echaba de menos, pero prometió no volver a verlo nunca más.

133
Absalón regresa

A medida que pasaban los años, Joab veía cómo echaba de menos David a Absalón. Descubrió un modo de pedirle al rey que hiciera regresar a Absalón a casa.

"Absalón tiene permiso para venir y vivir en Jerusalén" —dijo David.

Pero al cabo de dos años, Absalón seguía sin ver a su padre.

"¿De qué me sirve regresar si no puedo ver al rey? —se quejó a Joab—. Soy un hombre inocente".

David amaba a Absalón, y al final estuvo de acuerdo en volver a verlo. Pero Absalón soñaba con ser rey. Sabía que era fuerte y atractivo, y que la gente lo quería. Pidió permiso a su padre para ir a Hebrón.

Al cabo de poco tiempo, llegó un mensajero hasta David en Jerusalén.

—Absalón ha sido proclamado rey en Hebrón —anunció.

—¡Rápido! Debemos huir de aquí —dijo David a sus hombres— o Absalón nos matará a todos.

Así que huyeron de Jerusalén.

Otro mensajero vino hasta donde estaban.

"Tu amigo Ahitofel se ha unido a Absalón" —dijo.

David lloró, y luego oró: "¡Señor, te ruego que aconsejes mal a Absalón!"

Entonces David habló con Husai: "Regresa a Jerusalén y finge aliarte con Absalón. Entonces, aconséjale que no siga ningún plan que le proponga Ahitofel".

Y así, Husai regresó a Jerusalén.

134
Husai engaña a Absalón

—¡Viva el rey! —gritó Husai, cuando vio entrar a Absalón en Jerusalén.

—¿Qué estás haciendo aquí? —preguntó Absalón, con sospechas—. ¿Por qué no fuiste con David?

—Porque quiero servirte —replicó Husai. Y Absalón le creyó.

—Dime qué crees que debemos hacer ahora —preguntó Absalón a Ahitofel.

—Permite que tome a 12.000 hombres para atacar a David esta noche—dijo Ahitofel—. Mataré a David, y conduciré a sus tropas de vuelta a Jerusalén.

Era un buen plan, pero Absalón no estaba decidido del todo.

—¿Qué piensas tú? —preguntó a Husai.

Husai pensó con rapidez.

—Ahitofel no te ha dado un buen consejo —le dijo—. David ya debe estar escondido. Espera un poco antes de ir tras él. Y debes ser tú mismo el que dirija al ejército.

A Absalón le gustó el plan de Husai. En secreto, Husai advirtió a David.

Cuando Ahitofel se enteró de que Absalón había seguido el consejo de Husai, se fue a su casa y se suicidó.

135
Joab desobedece las órdenes

David preparó a sus hombres para la guerra contra Absalón. Puso a Joab y a Abisai a cargo de todo.

—Quiero luchar con ustedes —les dijo.

Pero los soldados no pensaban que era una idea sabia.

—Si te matan, todo se perderá —le dijeron.

David estuvo de acuerdo, aunque a pesar suyo. Gritó una última orden, que todo el mundo oyó: "¡No hagan daño a mi hijo Absalón!"

Los dos ejércitos se enfrentaron en el bosque. Los soldados de David fueron más fuertes. Absalón huyó por el bosque a lomos de un mulo, esquivando los árboles y con su cabellera suelta. De repente, se le enredó el pelo entre las ramas y salió despedido del mulo.

—Absalón está colgado de un árbol —dijo uno de los soldados a Joab.

—¿Por qué no le has matado? —preguntó Joab—. Te habría recompensado.

Pero el soldado había escuchado la orden de David.

Joab encontró a Absalón y lo mató.

—No le digas al rey que Absalón está muerto —dijo Joab al mensajero que salió corriendo con la noticia de la victoria.

—Yo también iré corriendo hasta el rey —dijo Ahimaas, que era amigo de David.

David estaba esperando noticias de la batalla.

—¡Hemos vencido! —dijo Ahimaas, que llegó primero.

—¿Está vivo Absalón? —preguntó David. Pero Ahimaas no respondió.

—¿Vive Absalón? —preguntó David al otro mensajero.

—Espero que todos tus enemigos acaben como él —replicó el mensajero.

Entonces David supo que Absalón estaba muerto.

—¡Hijo mío, Absalón! —lloró David—. ¡Ojalá pudiera morir en tu lugar!

136
Adonías toma el control

Cuando David ya era anciano, los asuntos de estado ya no le interesaban. Le preocupaba más sentirse cómodo y no pasar frío. Su cuarto hijo, Adonías, vio la oportunidad de llegar al poder.

"Ahora podré ser rey" —se dijo.

Joab apoyó a Adonías. Benaía y Natán, el profeta, siguieron fieles a David.

"¿Te has enterado de que Adonías se ha proclamado rey, y David no lo sabe todavía? —dijo Natán a Betsabé—. Pensaba que David había prometido que tu hijo, Salomón, sería el próximo rey".

Betsabé escuchó a Natán, y estuvo de acuerdo en avisar al rey David.

137
Betsabé advierte al rey David

Adonías y sus seguidores estaban en una fiesta. No invitaron a Salomón. Mientras tanto, Betsabé y Natán esperaban para ver al rey David.

—Adonías se ha proclamado rey —dijo Betsabé—. Joab te ha traicionado y se ha unido a él. Me prometiste que nuestro hijo, Salomón, sería rey.

—Es cierto, majestad —confirmó Natán.

—Mantendré mi promesa —aseguró David a Betsabé—.
Tomen a Salomón y que vaya sobre mi mula a Gihón.
Que Benaía vaya también. Una vez estén allí, unjan a Salomón
como mi sucesor.

Benaía y Natán hicieron como David les pidió.

"¡Viva el rey Salomón!" —clamaba el pueblo.

138
Adonías abandonado

Adonías y sus invitados estaban acabando su fiesta cuando
oyeron el sonido de la trompeta.

—¿Qué es esa trompeta? —preguntó Joab.

—¡David ha proclamado rey a Salomón! —les
anunció un mensajero.

Inmediatamente, los seguidores de Adonías huyeron
y le abandonaron.

Adonías estaba aterrorizado. Le entró pánico, y
huyó corriendo al templo. Se aferró a los cuernos del
altar, porque estaba seguro de que Salomón lo mataría.

"No te haré daño alguno —le dijo el rey Salomón,
mientras Adonías se postraba ante él—. Puedes irte a casa".

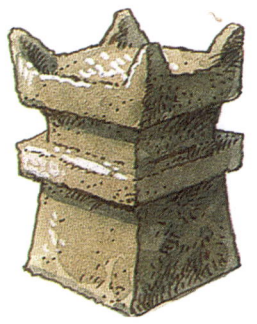

139
Los últimos días de David

David sabía que no le quedaba mucho tiempo de vida. Envió a buscar a Salomón y le habló.

"Voy a morir pronto —le dijo—, y el trono de Israel será para ti y tus descendientes. Recuerda que debes obedecer a Dios y seguirle fielmente. Si haces lo que Dios dice, Él te bendecirá".

Salomón escuchó atentamente.

"Vigila a Joab —le advirtió David—. Recuerda lo que hizo. Es un asesino, así que procura que sea castigado".

Poco tiempo después, David murió. Había gobernado durante 40 años, y bajo su liderazgo Israel se había convertido en una nación fuerte.

140
Salomón se convierte en rey

Salomón era el rey de Israel, pero Adonías aún quería ser rey.

Se acercó a Betsabé, la madre de Salomón, y le pidió que rogara al rey en su nombre.

"Por favor, pídele a Salomón si puedo tomar como esposa a una de las esclavas de mi padre" —le dijo.

Betsabé le comentó a Salomón la petición de Adonías. Pero Salomón no se fiaba de él.

"¿Por qué pides algo a favor de Adonías? —preguntó Salomón a su madre—. ¡Está jugando con nosotros! Debe morir por ser tan malicioso".

Cuando Joab se enteró de que Adonías estaba muerto, huyó. Se escondió en el tabernáculo del Señor. *Aquí dentro nadie me hará daño* —pensó. Pero Benaía encontró a Joab, y tenía órdenes del rey Salomón de matarlo.

Salomón ascendió a Benaía, convirtiéndolo en general de su ejército. Era un fiel amigo y un valiente soldado. Ahora Salomón tenía el control pleno de Israel.

|4|
El extraño sueño de Salomón

Salomón fue a Gabaón a ofrecer algunos sacrificios a Dios. Durante la noche, tuvo un sueño extraño. Mientras Salomón dormía, escuchó a Dios.

—Puedes pedirme lo que desees —le dijo Dios.

—Eres muy bueno conmigo —respondió Salomón—. Me has dado a muchas personas sobre las cuales reinar. Te ruego que me ayudes concediéndome sabiduría para hacerlo.

A Dios le gustó la respuesta.

—Podrías haber elegido la riqueza, el poder o una larga vida —dijo Dios—. Pero en lugar de eso, elegiste la sabiduría. Te daré lo que has pedido, y además riquezas, poder y una larga vida. Si me obedeces, serás el más grande de todos los reyes.

Salomón se despertó, pero recordaba claramente su sueño.

|42
Las dos madres

Un día, dos mujeres vinieron a ver a Salomón. Ambas vivían en la misma casa, y habían dado a luz a dos niños.

—Su majestad —clamaba una de las mujeres—, una noche, esta mujer y yo fuimos a acostarnos junto a nuestros bebés. Durante la noche, su bebé murió, y ella cambió a su hijo por el mío, que estaba vivo. Cuando llegó la mañana, y vi a aquel bebé muerto junto a mí, supe que no era mi hijo.

—¡Eso no es cierto! —exclamó la otra mujer—. Mi hijo está vivo. ¡Es el tuyo el que ha muerto!

—¡Una espada! —ordenó Salomón—. ¡Corten en dos al niño! ¡Entonces, cada mujer tendrá una mitad!

Pero la primera mujer amaba a su hijo.

—¡No le hagan daño! —rogó al rey—. Puede dárselo a ella.

—¡Hagan lo que ordena el rey! —replicó la otra—. ¡Es justo!

De inmediato, Salomón supo cuál era la madre del niño.
Ordenó que se lo entregaran a la primera mujer.

Todo el mundo en Israel quedó asombrado por la sabiduría de
Salomón.

143
Construir el templo de Dios

Bajo el liderazgo de Salomón, los israelitas disfrutaban de paz.
Era el momento oportuno para que Salomón construyera el
templo de Dios.

Envió un mensaje al rey de Tiro.

"Quiero construir un templo a Dios —le dijo—. Los mejores
cedros son los del Líbano. Tala algunos para mí, de manera que
pueda usar su madera. Te pagaré lo que consideres oportuno".

El rey de Tiro se alegró de poder ayudar a Salomón. Le
entregó toda la madera que necesitaba.

Mientras tanto, Dios le dio a conocer a Salomón el diseño
del templo. El rey David ya había comprado el terreno, y ahora
Salomón podía comenzar a construir. Se tallaron las piedras
en la cantera, y se llevaron hasta el lugar. Salomón ordenó
construir el atrio, el lugar santo y el lugar santísimo. Cubrió las

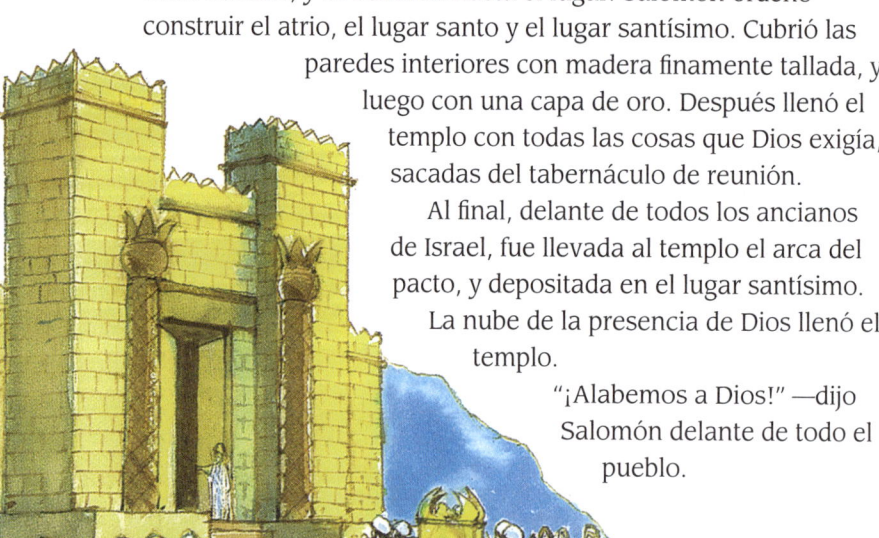

paredes interiores con madera finamente tallada, y
luego con una capa de oro. Después llenó el
templo con todas las cosas que Dios exigía,
sacadas del tabernáculo de reunión.

Al final, delante de todos los ancianos
de Israel, fue llevada al templo el arca del
pacto, y depositada en el lugar santísimo.

La nube de la presencia de Dios llenó el
templo.

"¡Alabemos a Dios!" —dijo
Salomón delante de todo el
pueblo.

144
Dios advierte a Salomón

"He escuchado tus oraciones, y haré que el templo que has construido sea un lugar especial, santo —prometió Dios.

"Pero —le advirtió—si me desobedeces, y no guardas mis leyes, tus hijos no serán reyes, y yo rechazaré el magnífico templo que has levantado".

145
La visita de la reina de Saba

La reina de Saba oyó hablar de la grandeza de Salomón. Decidió que quería verla por sí misma.

Llegó a Jerusalén rodeada de siervos y muchos regalos caros y exóticos para el rey. Vio el deslumbrante palacio que Salomón construyó. Probó la excelente comida y el vino. Se fijó cómo iban vestidos los siervos del rey, y vio a Salomón adorando a Dios en el templo. Conversó con el rey, y le hizo muchas preguntas, y él supo responderlas todas. Ella se sintió impresionada por todo lo que vio.

"En mi país oí hablar de ti —le dijo la reina a Salomón—, ¡pero pensaba que exageraban! Ahora sé la verdad. Eres mucho más poderoso de lo que me habían contado. ¡Alabo a tu Dios por haberte convertido en un rey tan poderoso y sabio!"

146
El poder y la riqueza de Salomón

A medida que la reputación de Salomón se extendía por todo el mundo, cada vez era más rico. Todos los visitantes extranjeros que venían a escuchar la sabiduría de Salomón le llevaban regalos caros. Además, Israel comerciaba con muchas naciones distintas, produciendo más riquezas para Salomón.

Pronto el rey tuvo tanto oro que todos los utensilios de palacio estuvieron hechos de ese metal. No había nada hecho de plata; había tanto oro que la plata carecía de valor. El rey tenía hermosos caballos y carros, y todo un bosque de cedros.

Salomón se hizo construir un trono hecho de oro y marfil, y decorado con leones. Nadie había visto nada tan espectacular nunca.

Pero Salomón no tuvo mucho cuidado, y olvidó las advertencias de Dios. Se casó con mujeres extranjeras, que se inclinaban delante de los ídolos y no conocían al Dios vivo.

147
Salomón desobedece a Dios

Pasaron los años. Salomón envejeció. Vio a sus mujeres que adoraban a sus dioses, y empezó a hacer lo mismo.

Dios vio la desobediencia de Salomón, y se enfadó con él.

"Te advertí —le dijo Dios—, y no me has hecho caso. Arrebataré el reino de Israel de tus hijos, debido a tu desobediencia. Sin embargo, como tu padre siempre me demostró su amor constante, te permitiré ser rey durante el resto de tu vida. Pero tu hijo ya no será rey de Israel, solo gobernará a dos tribus.

148
Grietas en el reino

Los antiguos enemigos, que tenían cuentas pendientes con Israel, comenzaron a fortalecerse y a amenazar la paz que Salomón daba por hecha.

Un hombre llamado Hadad estaba decidido a causarle problemas a Salomón. Había nacido en Edom, y había sido obligado a abandonar su hogar de niño y huir a Egipto. Joab, el general del ejército de David, había invadido Edom, matando a todos los hombres que quedaban allí. Años después, cuando Hadad se enteró de que David y Joab estaban muertos, regresó a Edom, decidido a enfrentarse a Salomón en cuanto pudiera.

Dentro del reino de Israel había un hombre llamado Jeroboam. Era un buen trabajador, y bien capacitado. Salomón le concedió ciertas responsabilidades. Pero lo que Salomón no sabía es que Dios ya había elegido a Jeroboam para un propósito muy especial.

149
Jeroboam huye

Un día, Jeroboam salió de Jerusalén. Mientras iba de camino, se encontró con el profeta Ahías.

De repente, Ahías tomó el manto nuevo que llevaba puesto, se lo quitó y lo rompió en doce trozos.

"¡Tómalos! —dijo mientras le entregaba diez de los trozos a Jeroboam—. Esta es una figura de lo que Dios hará por ti. Cuando haya muerto Salomón, te hará rey sobre diez de las tribus de Israel".

Jeroboam miró los trozos de manto en sus manos.

"El nieto de David solo reinará sobre dos de las tribus —continuó Ahías—. Recuerda seguir a Dios y obedecerle, y Él estará contigo y con tus descendientes".

Cuando Salomón se enteró de lo que había sucedido, procuró matar a Jeroboam. Pero éste huyó a Egipto.

150
El reino se divide

Salomón murió y su hijo, Roboam, le sucedió. Fue a la antigua ciudad de Siquem, esperando que el pueblo le proclamaría rey.

Pero Jeroboam actuó con rapidez. Salió de Egipto y se reunió con la gente de las diez tribus de Israel en Siquem. En lugar de saludar a Roboam como rey, lo enfrentaron.

—Tu padre, el rey Salomón, nos hizo trabajar muy duro. Si quieres que te obedezcamos, prométenos que trabajaremos menos.

Roboam estaba sorprendido.

—Regresen dentro de tres días —les dijo.

Roboam consultó a los ancianos consejeros de su padre.

—Díganme qué debo hacer —les dijo.

—Acepta lo que te dicen —respondieron los ancianos—. Que no tengan que trabajar tanto.

Pero a Roboam no le gustó esta respuesta. Buscó consejo en sus amigos, jóvenes a los que acababa de ascender.

—¡No cedas! —dijeron sus amigos—. Diles que les harás trabajar duro, ¡y que sentirán el látigo si no lo hacen!

A Roboam le gustó la idea. Tres días más tarde, dio su respuesta al pueblo.

"¡No tenemos por qué permitir que nos gobiernes! —gritaron los de las diez tribus del norte—. ¡No eres uno de los nuestros! Volvemos a nuestras casas".

Roboam regresó a Jerusalén. Las diez tribus del norte proclamaron rey a Jeroboam. El reino de Israel ya no estaba unido.

151
Los becerros de oro del rey Jeroboam

Jeroboam estaba preocupado. Su pueblo tenía la necesidad de adorar, pero el templo de Jerusalén estaba ahora en el reino del sur, Judá, controlado por Roboam.

Si la gente va a adorar a Jerusalén, ¿cómo podré estar seguro de que me serán fieles? —pensaba Jeroboam.

Buscó consejo, y rápidamente hizo fabricar dos becerros de oro.

"Estos son sus dioses —dijo al pueblo—. Ya no tienen que ir a adorar a Jerusalén. ¡Pueden adorar aquí!"

Jeroboam colocó las estatuas en dos ciudades estratégicas, y fue allí en persona a adorarlas.

Un día, cuando Jeroboam iba a adorar al becerro, un profeta que había venido de Judá lo retó.

—¡Estás avisado! —gritó—. Dios ha visto lo que has hecho. Uno de los descendientes de David, llamado Josías, ¡destruirá todas las cosas malas que has hecho! Para probarte que este mensaje viene de Dios, tu altar se partirá en dos, y las cenizas se esparcirán por el suelo.

—¡Atrápenlo! —gritó Jeroboam, señalando al profeta. De repente, su mano se quedó paralizada en esa posición. ¡No podía moverla!

Jeroboam oyó un sonido fuerte y grave, y el altar se rompió en dos, y las cenizas cayeron al suelo.

—¡Ayúdame! —suplicó—. Ruega a Dios que pueda volver a mover la mano.

El profeta oró, y la mano de Jeroboam quedó sana. El profeta se marchó. Pero Jeroboam siguió desobedeciendo a Dios.

152
La advertencia del profeta Ahías

El hijo de Jeroboam, Abías, estaba muy enfermo.

"Disfrázate y ve a Silo a ver al profeta Ahías —dijo Jeroboam a su esposa—. Pregúntale qué le sucederá a nuestro hijo".

La esposa de Jeroboam tomó algo de pan, pasteles y miel para entregárselos al profeta, y comenzó el viaje.

Ahías era un hombre anciano, y estaba ciego. Pero Dios le dijo: "La mujer de Jeroboam viene a verte. Vendrá disfrazada, pero te voy a decir las palabras que debes decirle".

La esposa de Jeroboam llegó hasta él.

"Sé quién eres —le dijo Ahías—. Prepárate, porque Dios me ha dado malas noticias. Ha visto la desobediencia de tu marido, y a causa de ella tu familia será castigada. Cuando llegues a casa, tu hijo morirá, y su muerte entristecerá a todos. Pero al morir se librará de un destino peor, porque Dios ha visto que es un muchacho bueno".

La esposa de Jeroboam regresó a casa. Todo sucedió como el profeta le había dicho.

153
Naciones en guerra

Mientras tanto, Roboam establecía su reino de Judá. Fortaleció y fortificó sus ciudades contra posibles ataques. Entregó a cada uno de sus hijos el gobierno de una ciudad, y se aseguró que se casaran con mujeres importantes.

Pero luego empezó a despreocuparse y a olvidarse de Dios. Construyó capillas y altares para otros dioses, y su pueblo lo imitó.

Dios estaba irritado por lo que veía. Permitió que el rey de Egipto atacara a Israel y saqueara el templo y el palacio, llevándose todos los tesoros. Los reinos de Israel y Judá estaban en guerra uno contra otro. La paz entre ambos había terminado.

154
Acab se convierte en rey de Israel

Rey tras rey subieron al trono de Israel. Todos eran parecidos: ninguno obedecía a Dios.

Al fin, Acab llegó a ser rey. Era un hombre malo, y su comportamiento enfadó a Dios más que el de cualquier otro rey que gobernara antes que él. Acab se casó con una mujer llamada Jezabel. Ella era de un país extranjero y adoraba a su dios Baal. Cuando Acab levantó un altar a Baal en el templo, Dios se enfureció. Estaba decidido a terminar con aquella situación.

155
Elías trae malas noticias

Dios eligió a un profeta llamado Elías para dar a conocer las malas noticias.

"Dios me ha ordenado que te diga que durante los próximos años no lloverá, ni siquiera habrá rocío, hasta que yo lo diga" —le dijo Elías al rey Acab.

Elías se fue y esperó a que Dios le dijera qué debía hacer luego.

"Cruza el río Jordán y escóndete —le dijo Dios—. Ve al arroyo de Querit. Allí tendrás agua, y enviaré a unos cuervos para que te lleven comida".

Elías obedeció a Dios. Los cuervos le llevaban de comer. Las palabras de Elías se cumplieron: no llovía. El sol caía con fuerza, el suelo estaba seco y agrietado. Pronto el agua del arroyo se secó.

156
Dios cuida de Elías

El hambre se extendía por el país.

"Ve a Sarepta —dijo Dios a Elías—. Una mujer que vive allí te dará de comer".

Cuando Elías llegó a las puertas de la ciudad, vio a una mujer que recogía leña.

—Por favor, ¿podrías darme un poco de comida y agua? —le preguntó él.

—No tengo suficiente ni para mi propia familia —replicó ella—. Esta leña es para hacer una última comida para mí y para mi hijo, antes de morir de hambre.

—No tengas miedo —le dijo Elías—. Prepara tu comida y dame un poco de pan. Dios te promete que, si haces esto, tendrás harina y aceite durante todo el tiempo que dure la hambruna.

La mujer hizo como Elías le dijo. Su harina y su aceite nunca se acabaron. Elías se quedó en aquella casa durante muchos días.

Algún tiempo más tarde, el hijo de aquella mujer enfermó y murió. La mujer se volvió a Elías.

"¿Viniste aquí para que muriera mi hijo?" —sollozó.

Elías tomó en brazos al niño muerto y lo puso sobre la cama: "Señor Dios —clamó—, ¿por qué has permitido esto? ¡Te ruego que le devuelvas la vida a este niño!"

De repente, el niño volvió a respirar. Elías lo llevó con su madre. La mujer miró a Elías y le dijo: "¡Ahora sé que eres amigo de Dios!"

157
Enfrentamiento en la montaña

El hambre continuaba.

"Habla con el rey Acab —le dijo Dios a Elías—. Entonces permitiré que llueva".

Acab se enfureció.

—¡Tú, el origen de todos los problemas! —exclamó.

—¡No soy yo el que causa los problemas! —respondió Elías desafiante—. Eres tú el que lo has hecho, al no querer obedecer a Dios. Ahora, di al pueblo que vaya al monte Carmelo. Y que vayan también todos los profetas de Baal.

El pueblo se reunió en el monte Carmelo. Elías los retó: "Soy el único profeta del Dios viviente, y hay 450 profetas de Baal. Ellos y yo prepararemos un sacrificio. Que llamen a Baal para que envíe fuego y queme el sacrificio, y yo pediré lo mismo a mi Dios. El Dios que responda enviando fuego, será el verdadero.

Los profetas estuvieron de acuerdo. Durante todo el día, rogaron a Baal que les enviara fuego. No sucedió nada.

"¿Estará dormido el dios de ustedes?" —preguntó Elías.

Entonces Elías construyó su altar y preparó el sacrificio. Además cavó un foso alrededor del altar, y lo empapó todo con agua.

"Señor Dios —exclamó Elías—. Demuestra a todos los presentes que eres el único Dios verdadero".

Inmediatamente, el sacrificio fue consumido por las llamas. Incluso el altar se quemó.

El pueblo se postró en el suelo.

"El Señor es el Dios verdadero" —clamaron.

"¡Detengan a los profetas de Baal y mátenlos!" —ordenó Elías. Entonces se enfrentó a Acab.

"¡Puedes empezar a celebrarlo! —le dijo—. Dentro de poco lloverá".

De modo que Acab se subió a su carro y se fue a palacio.

158
Elías amenazado de muerte

Cuando la reina Jezabel se enteró de lo que había hecho Elías, lo amenazó que lo mataría. Elías estaba aterrorizado, y huyó al desierto.

"Permite que muera" —le dijo a Dios. Estaba agotado, y se durmió.

Un ángel lo sacudió.

"Levántate y come" —le dijo el ángel. Elías alzó la vista, y vio una jarra de agua y un pan recién cocido. Comió y bebió, y volvió a dormirse.

El ángel volvió a despertarle: "Come un poco más, y prepárate para el viaje que tienes por delante".

Elías comió, y luego partió en dirección al monte Horeb. Encontró una cueva, y se metió en ella para pasar la noche.

—¿Qué estás haciendo aquí? —le preguntó Dios.

—He hecho todo lo que he podido para servirte —dijo Elías—. ¡Pero ahora intentan matarme!

—Sube a la montaña —le dijo Dios—, y me verás pasar.

De repente se levantó un viento poderoso. Sacudió con fuerza las montañas, rompiendo las rocas que encontraba a su paso. Pero Dios no estaba en el viento. La tierra se estremeció, tembló con fuerza. Pero Dios no estaba en el terremoto. Luego vino una tormenta de fuego. Pero Dios no estaba en aquel fuego.

Y al final, se oyó un silbido suave. Elías salió de la cueva, porque sabía que era Dios. Oyó una voz que le hablaba. "Vuelve por donde has venido —dijo la voz suave y dulce de Dios—. Unge a Jehú para que sea rey de Israel, y a Eliseo para que te sustituya como profeta".

159
El nuevo ayudante de Elías

Elías encontró a Eliseo arando un campo. Inmediatamente, Elías se quitó el manto y se lo puso a Eliseo por encima de los hombros.

El joven dejó a los bueyes y corrió tras Elías.

—Permite que me despida de mis padres antes de seguirte —le dijo.

Elías contempló a su sucesor.

—Ve a casa y despídete —le dijo.

Eliseo fue a su casa antes de seguir a Elías.

160
La viña de Nabot

Había un hombre llamado Nabot que vivía en Jezreel. Tenía una viña cerca del palacio del rey Acab. Un día, Acab habló con Nabot: "Tu viña sería ideal para hacerme un huerto. Véndemela, y te daré un buen precio. O, si lo prefieres, te daré una viña mejor a cambio de la tuya".

Pero Nabot no quería perder su viña. Había pertenecido a su padre y a su abuelo, de modo que rechazó la oferta de Acab. El rey se enojó. Se tumbó en su cama, enfadado.

"Levanta ese ánimo —le dijo la reina Jezabel—. ¡Eres el rey! Yo te conseguiré la viña de Nabot".

Escribió algunas cartas. Las escribió en nombre de Acab, y las firmó con su sello.

"Organicen un día de ayuno e inviten a Nabot —escribió a los ancianos de Jezreel—. Arreglen todo de manera que dos personas acusen a Nabot de maldecir al rey y a Dios. Luego, apedréenlo hasta que muera".

El plan funcionó. Nabot fue asesinado, y Acab obtuvo la viña.

"Ve a ver a Acab —le dijo Dios a Elías—. Dile que morirá por lo que le ha hecho a Nabot. Todos los miembros de su familia serán castigados".

Elías se lo dijo al rey. Acab rasgó sus vestidos, porque estaba arrepentido y tenía miedo. Dios vio que Acab lo sentía, y le concedió otra oportunidad.

|6|
Elías asciende al cielo

Los profetas Elías y Eliseo sabían que era el último día en que estarían juntos. Elías partió para ir a Betel.

—¡Quédate aquí! —le dijo a su joven amigo.

Pero Eliseo no quiso quedarse.

—No te dejaré —le contestó.

Mientras caminaban, se encontraron con otros profetas.

—¿Ya sabes que Dios va a llevarse a Elías? —le preguntaron a Eliseo.

—Sí —replicó él.

Cuando llegaron al río Jordán, Elías se quitó el manto, lo enrolló y golpeó el agua con él. Inmediatamente, apareció un sendero por en medio del río, y los hombres cruzaron al otro lado.

—Pídeme lo que quieras antes de que me aparte de ti —dijo Elías.

—Quiero el doble de tu fe y poder —dijo Eliseo.

—Si me ves cuando parta de esta tierra, tendrás lo que has pedido —dijo Elías.

De repente, un carro con caballos, todo de fuego, apareció en los cielos. Descendió colocándose entre Elías y Eliseo. Se produjo un torbellino, y Elías ascendió a los cielos.

El manto de Elías cayó al suelo. Eliseo lo recogió. Lo enrolló y golpeó las aguas como había hecho Elías. Volvió a aparecer un camino seco en el río.

"Tienes la fe y el poder de Elías" —le dijeron los profetas que lo estaban observando.

162
El aceite de la viuda

Un día, una viuda pobre vino a ver a Eliseo. Estaba muy preocupada.

—Cuando mi esposo murió, debía algo de dinero a un hombre —le dijo—. Ahora quiere que mis dos hijos sean sus esclavos.

—¿Qué tienes en casa? —le preguntó Eliseo amablemente.

—Nada —respondió la mujer, desesperada—. Solo un poco de aceite.

—Pide a tus vecinos que te den todas las jarras vacías que tengan —ordenó Eliseo—. Ve a casa con tus hijos. Luego, cierra la puerta, ¡y llena de aceite todas las vasijas!

La mujer hizo como Eliseo le dijo. Llenó todas las vasijas con aceite. Cuando las jarras estuvieron llenas, el aceite cesó.

—Ahora, vende el aceite y paga tus deudas. Entonces, tú y tus hijos podrán vivir del dinero que les quede —le dijo Eliseo.

163
El regalo de Eliseo a la mujer rica

Una mujer rica de Sunam invitaba a Eliseo a comer todas las veces que él pasaba por allí, porque sabía que era un hombre que amaba a Dios. También pidió a su esposo que le concediera un pequeño cuarto donde pudiera alojarse Eliseo. El cuarto tenía una cama, una mesa, una silla y una lámpara.

Un día, cuando Eliseo estaba alojado en su casa, le dijo a la mujer: "Siempre has sido muy amable conmigo. ¿Hay algo que pueda hacer por ti?"

A ella no se le ocurrió nada, pero el siervo de Eliseo se había dado cuenta de que la mujer no tenía hijos.

"El año que viene, tendrás a tu bebé en brazos" —prometió Eliseo.

Todo sucedió como él dijo, y un año después la mujer dio a luz a un niño.

164
La muerte del hijo de la mujer rica

Aquella mujer rica amaba profundamente a su hijo. Un día, cuando era un poco mayor, el niño enfermó y murió. De modo que su madre lo llevó a la habitación de Eliseo y lo acostó en su cama. Luego, ensilló un asno y se fue a buscar a Eliseo al monte Carmelo.

"¿Por qué me concediste la felicidad de tener un hijo, si ahora me lo arrebatas?" —lloró.

Eliseo regresó a casa con ella. Fue a su habitación, cerró la puerta y oró a Dios. Puso su boca sobre los labios del niño muerto. Poco a poco, el cuerpo del niño se calentó. Eliseo esperó. El niño estornudó y abrió los ojos. ¡Estaba vivo!

"Aquí tienes a tu hijo" —le dijo Eliseo a la mujer.

165
Naamán es sanado

Las dos naciones de Israel y Aram combatían con frecuencia. El comandante del ejército arameo era un hombre llamado Naamán. Era una soldado valiente, pero padecía lepra.

La esposa de Naamán tenía una esclava israelita.

"Conozco a un profeta en Israel que podría curar a mi señor" —le dijo la esclava.

Naamán fue ante el rey de Aram y le pidió permiso para ir a Israel. El rey se lo concedió, y le escribió una carta al rey de Israel: "Te he enviado a Naamán para que sea sanado de su lepra".

Cuando el rey de Israel leyó la carta, se sintió horrorizado. No quería molestar al rey de Aram, pero sabía que no había ninguna cura para la lepra. Eliseo se enteró del caso de Naamán.

"Envíenmelo" —dijo Eliseo.

Naamán y sus sirvientes fueron a casa de Eliseo, pero este no salió a la puerta. En cambio, le dio un mensaje a Naamán: "Ve a lavarte siete veces en el río Jordán".

Naamán estaba furioso. Esperaba que lo trataran con más respeto. Se volvió para irse.

Uno de sus siervos le dijo: "Señor, hubieras obedecido al profeta si te hubiera pedido que hicieras algo difícil o que exigiera valor. No seas tan orgulloso como para no hacer algo tan sencillo".

Naamán sabía que aquel consejo era sabio. Cuando salió del río, su lepra había desaparecido. Estaba curado.

166
Jehú es ungido rey

Tras la muerte del rey Acab, su hijo Joram fue rey. La reina Jezabel seguía teniendo influencia en Israel. Nadie en la familia de Acab se acordaba de Dios ni le obedecía.

Eliseo tomó aparte a un joven profeta.

"Toma esta botella de aceite, y ve en busca de un hombre llamado Jehú —le dijo—. Háblale a solas, y luego úngelo con el aceite. Proclámalo rey de Israel. ¡Luego huye de inmediato!"

El profeta hizo tal y como le había dicho Eliseo. Vio a unos soldados que estaban sentados juntos. Sabía que Jehú estaba entre ellos.

"Tengo un mensaje para ti" —le dijo.

Cuando estuvieron solos, el profeta vertió el aceite sobre la cabeza de Jehú.

"Dios te ha elegido para ser el rey de Israel. Debes matar a todos los que queden de la familia de Acab, como castigo por su desobediencia".

Luego, el profeta se fue corriendo.

—¿Qué quería? —preguntó uno de los soldados cuando regresó Jehú.

—Me dijo que Dios me ha ungido rey —dijo Jehú lentamente.

Los hombres se quitaron los mantos y tocaron la trompeta.

"¡Jehú es rey!" —proclamaron.

167
El castigo de la familia de Acab

Rápidamente, Jehú reunió a sus tropas y fue en dirección a Jezreel, en busca del rey Joram. Ocozías, el rey de Judá, estaba con él.

Jehú galopó hacia Jezreel. El vigía los vio acercarse.

"¡El hombre que dirige a las tropas conduce su carro como un loco! —informó—. ¡Jehú conduce igual!"

Los dos reyes se acercaron a ver a Jehú.

—¿Has venido en paz? —le preguntó Joram.

—¡No podrá haber paz mientras tú y tu madre nos gobiernen! —gritó Jehú. Y mientras Joram huía, Jehú le clavó una flecha en el corazón.

Ocozías huyó.

"Mátenlo también" —ordenó Jehú.

La reina Jezabel se enteró de lo sucedido. Se pintó los ojos y arregló el cabello. Contempló a Jehú desde una ventana.

—¿Has venido en paz, asesino? —le preguntó.

—¿Quién me ayudará? —pregunto Jehú. Los siervos de la reina miraron abajo, nerviosos—. ¡Arrójenla! —les gritó Jehú.

Los hombres tomaron a Jezabel y la tiraron por la ventana. Ella murió al instante, dejando a Jehú el camino libre para gobernar Israel.

168
Una abuela malvada

Como reina madre, Atalía tenía poder e influencia en Judá. Cuando supo que su hijo, Ocozías, estaba muerto, mató sistemáticamente a toda la familia real, hasta que no quedó nadie con derecho al trono. Entonces ella reinó en Judá durante seis años.

Pero su nieto, Joás, escapó. Fue llevado al templo, donde Atalía jamás podría encontrarlo. Un sacerdote llamado Joiada cuidó de él y le enseñó acerca de Dios.

Cuando Joás tenía siete años, Joiada envió a buscar en secreto a la guardia del palacio y del templo, y les pidió su lealtad. Entonces, colocó la corona sobre la cabeza de Joás, y le entregó una copia de la Ley de Dios.

"Permanezcan cerca de su rey" —ordenó a los guardias, mientras sacaban a Joás al exterior para enfrentarse al pueblo.

"¡Miren al rey de Judá!" —exclamó Joiada.

"¡Viva el rey!" —gritó el pueblo cuando lo vio.

Atalía escuchó el alboroto. Cuando vio que Joás era rey, se rasgó los vestidos, furiosa.

"¡Traición!" —gritó ella.

"¡Debe morir!" —dijo Joiada. Joás era rey, y todo el pueblo se alegró.

169
Joás repara el templo

Joás había prestado atención a todo lo que Joiada le había enseñado acerca de Dios. El templo había quedado olvidado, y necesitaba reparaciones.

"Usen el dinero que les da el pueblo para reparar el templo" —dijo Joás a los sacerdotes. Pero no repararon el templo. Joás convocó a Joiada y a los demás sacerdotes para que le dijeran por qué no progresaba la obra.

"Han estado gastando el dinero en ustedes mismos —dijo Joás—. A partir de ahora, todo el dinero debe destinarse a reparar el templo".

Joiada encontró un gran cofre. Hizo un agujero en su parte superior, y lo puso junto al altar, para que el pueblo metiera en él dinero.

De esta manera, el templo fue reparado, y Joás intentó guiar a su pueblo de vuelta a Dios.

170
Los reyes malvados de Israel

Mientras Joás reinaba en Judá, la familia de Jehú gobernaba en Israel. Su hijo, Joacaz, no obedecía a Dios. Pero cuando los arameos hacían sufrir a Israel, entonces Joacaz se acordaba de Dios. Clamaba a Él en busca de ayuda. Dios escuchaba, y venía al rescate de Israel.

Pero cuando el hijo de Joacaz, Joás, llegó a rey, el pueblo volvió a sus antiguas costumbres. Eliseo murió, y el rey de Aram continuó con sus ataques a Israel.

En Israel, un rey tras otro se negó a obedecer a Dios. Permitieron que fueran hombres malvados los que tuvieran el poder, y dejaron que el pueblo adorara a otros dioses.

Las cosas no podían ser peores. Pero Dios no había olvidado a Israel, ni tampoco las promesas que había hecho.

171
Los asirios toman Israel

Cuando Oseas llegó a rey de Israel, el rey Salmanasar de Asiria atacó a Israel y derrotó al ejército de Oseas. Permitió que Oseas siguiera siendo rey, pero Israel tuvo que pagar grandes impuestos a Asiria.

Desesperado, intentando librarse del control asirio, Oseas hizo un trato con el rey de Egipto, pidiéndole que fuera su aliado, de modo que juntos pudieran derrotar a los asirios.

Cuando se descubrió el plan, el ejército asirio invadió Israel. Salmanasar arrojó a Oseas a la cárcel, y continuó avanzando hacia Samaria. El pueblo se defendió, pero al cabo de un asedio de tres años, fueron derrotados.

Salmanasar capturó al pueblo y los llevó a Asiria. Luego llenó la tierra que Dios había concedido a los israelitas con personas de otros países, que adoraban a otros dioses.

172
Se recompensa la confianza de Ezequías

¡Al final Judá tuvo un buen rey! Ezequías obedeció a Dios. Derrotó a los filisteos, y se negó a entregar a los asirios el tributo que exigían. Los desafió.

Cuando el ejército asirio invadió Israel, Judá esperó. Entonces, el enemigo los atacó, conquistando algunos pueblos clave de Judá.

Ezequías actuó rápidamente, y envió un mensaje al rey de Asiria: "¡Queremos la paz! ¡Di cuál es tu precio!"

El rey de Asiria así lo hizo. Para pagar el impuesto, Ezequías le entregó los tesoros del templo. Pero el rey no estaba satisfecho, y envió a su ejército a Jerusalén.

"¡Ríndanse a Asiria! —gritó el general asirio para que todos le oyeran—. ¡No pueden vencernos! ¡El Dios de ustedes no puede salvarlos!"

Ezequías oró, y envió mensajeros al profeta Isaías, en busca de un buen consejo.

"Dios dice: 'No tengas miedo. Los asirios volverán a su país'" —replicó Isaías.

De repente, el general asirio recibió noticias de un nuevo ataque y se marchó de Jerusalén. Antes de irse, entregó una carta a Ezequías: "¡Necio! ¡No confíes en tu Dios para salvarte!"

Ezequías leyó la carta y volvió a orar: "Demuestra a todo el mundo que tú eres el único Dios verdadero. Líbranos de nuestros enemigos".

"Dios ha escuchado tu oración —dijo Isaías—. Los asirios no entrarán en la ciudad, ni dispararán una sola flecha".

Los asirios levantaron su campamento. A la mañana siguiente, miles de soldados estaban muertos. El rey regresó a su hogar de Nínive.

173
La sombra en el reloj de sol

Ezequías se puso muy enfermo. El profeta Isaías lo visitó.

"Dios ha decidido que te ha llegado el momento de morir —le dijo—. Asegúrate de haber hecho todo lo necesario".

Ezequías volvió el rostro hacia la pared. Con las lágrimas corriéndoles por sus mejillas, oró a Dios: "Señor Dios, te ruego que recuerdes cómo he intentado servirte".

Cuando Isaías salía de palacio, escuchó la voz de Dios que le decía: "Vuelve a entrar y dale a Ezequías un mensaje de mi parte. He visto sus lágrimas y he escuchado su oración. Dentro de tres días me adorará en el templo. Le concederé otros quince años de vida".

Isaías entró corriendo a hablar con el rey.

—¿Cómo puedo estar seguro de eso? —le preguntó el rey a Isaías—. Necesito una señal.

—¿Quieres que la sombra del reloj de sol se mueva diez pasos hacia adelante o diez hacia atrás? —le preguntó Isaías.

—¡Hacia atrás! —exclamó Ezequías—. Siempre se mueve hacia adelante.

De modo que Isaías oró y la sombra del reloj retrocedió diez marcas. Dios le había concedido más tiempo de vida a Ezequías.

174
El malvado rey Manasés

Manasés llegó a rey cuando tenía doce años. Al principio reinó junto a su padre, pero cuando Ezequías murió, tuvo el poder absoluto. Comenzó a adorar a los ídolos y a dioses extranjeros. Oraba al sol, a la luna y a las estrellas, y sacrificó a sus hijos. Luego, trajo al templo de Dios sus ídolos.

Dios estaba furioso con Manasés. Envió profetas a advertirle.

"Recuerda lo que le sucedió a Israel —le dijeron—. Dios dice que nos destruirá, que nos borrará de la faz de la tierra, como una persona lava un plato y luego le da la vuelta".

A Manasés le daba igual, y no les hizo caso.

Los asirios atacaron y tomaron prisionero a Manasés. Lo humillaron y le pusieron un anillo en la nariz, le ataron con cadenas de bronce y lo llevaron a Babilonia.

Entonces Manasés se acordó de Dios.

"¡Siento mucho todas las cosas que he hecho!" —exclamó.

Dios escuchó a Manasés, lo perdonó y le permitió regresar a Jerusalén.

Manasés destruyó los altares e ídolos que había hecho. Ordenó al pueblo obedecer a Dios. Algunos le hicieron caso, pero otros siguieron con sus viejas costumbres.

175
La pena del rey Josías

Cuando el hijo de Manasés, Amón, fue asesinado, el pueblo coronó a Josías como rey de Judá. Él amaba a Dios, e hizo que su pueblo le obedeciera.

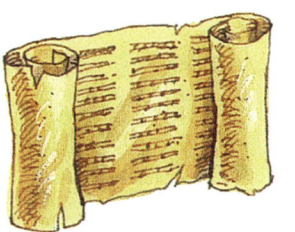

El templo necesitaba ciertas reparaciones. Un día Josías habló con su secretario: "Ve a buscar a Hilcías, el sumo sacerdote. Dile que use el dinero del templo para hacer las reparaciones".

Cuando el trabajo ya había comenzado, Hilcías descubrió un antiguo rollo. Hacía muchos años que nadie lo leía, y contenía las leyes de Dios.

Cuando Josías se enteró de lo que estaba escrito en el rollo, lloró y se rasgó los vestidos.

"Encuentra a alguien que pueda decirme qué quiere Dios que hagamos. Hemos incumplido todas sus leyes. Debe estar muy enfadado con nosotros" —dijo el rey.

Hilcías se apresuró a ir en busca de la profetisa Hulda.

"Dios está enfadado —dijo ella—. Pero ha visto la tristeza del rey. Judá será destruida, pero no mientras Josías esté vivo".

Josías reunió a todo el pueblo en el templo. Leyeron la Ley en voz alta, de modo que todos la escucharan.

—Prometo servir a Dios con todo mi corazón—dijo Josías.

—Nosotros también —declaró el pueblo.

176
El creciente poder de Babilonia

Tras la muerte de Josías, los reyes de Judá volvieron a sus viejas costumbres malvadas. Mientras tanto, había una nueva nación, Babilonia, que cada vez tenía más fuerza y poder. El rey Nabucodonosor conquistaba países y hacía prisioneros.

No pasó mucho tiempo antes de que las tropas babilonias sitiaran Jerusalén. El rey Joaquín se rindió, y el rey Nabucodonosor se los llevó, a él y a su familia, a Babilonia. Despojó al palacio y al templo de todos los tesoros, y se llevó prisioneros a todos los que tenían algún talento especial.

Entonces, Nabucodonosor convirtió al tío de Joaquín, Sedequías, en el rey de Judá, pero ese rey sería como un títere en manos de Babilonia.

177
La destrucción de Jerusalén

El rey Sedequías de Judá intentó rebelarse contra
Nabucodonosor. No hizo caso a los profetas,
que le advertían en contra de tan
grande error.

Una vez más,
Nabucodonosor y el ejército
babilónico invadieron
Judá y marcharon contra
Jerusalén. Acamparon
alrededor de la ciudad
y la sitiaron.

No había forma de
escapar. El ejército babilónico tomó prisionero a Sedequías y lo
llevó ante Nabucodonosor, quien lo sentenció, lo hizo torturar y
se lo llevó a Babilonia.

Entonces, Nabucodonosor ordenó la destrucción de Jerusalén.
Sus hombres derribaron los muros y quemaron el templo.

Jerusalén fue destruida. Judá había sido conquistada, y el
pueblo llevado al cautiverio. El pueblo de Dios ya no viviría en la
tierra que Él le había prometido.

Los sacrificios

En esta época, los israelitas debían subir a Silo tres veces al año para adorar a Dios. Ofrecían sacrificios, generalmente un animal, como parte de su adoración.

Las dos esposas

Era muy frecuente que en aquellos tiempos un hombre tuviera dos esposas. Sin embargo, ese no era el propósito original de Dios, y a menudo provocaba conflictos en la familia.

Los sacerdotes

Los sacerdotes eran hombres que descendían directamente de Aarón, el hermano de Moisés. Cuidaban el lugar de adoración cuando las personas venían a adorar a Dios y a ofrecer sacrificios. Se suponía que debían ser buenos y justos. Los sacerdotes como Elí vivían en el templo, para poder servir a Dios y satisfacer las necesidades de su pueblo en cualquier momento.

La lámpara de aceite

Esta lámpara tan sencilla estaba encendida durante toda la noche, hasta que al amanecer se había consumido todo el aceite de oliva. Esta es una lámpara como la que Samuel llevó para ir a la habitación de Elí cuando Dios lo llamó por la noche.

El ayuno

Ayunar es pasar un tiempo sin comer (quizás un día o una parte del día). La gente ayuna para pasar más tiempo orando en lugar de preparando la comida y comiendo. Es una señal de que aquella persona siente de verdad lo que está diciendo, y que para ella Dios es más importante que cualquier otra cosa.

El cuerno de ungir y el aceite

Cuando se había apartado a alguna persona para una misión especial, como la de ser sacerdote o rey, se le "ungía" derramando sobre su cabeza un poco de aceite.

El aceite de oliva se mezclaba con especias para que tuviera un olor agradable. A menudo se guardaba dentro del cuerno de un animal, que el sacerdote llevaba colgado al cinto.

Los pastores

Un pastor vivía en el campo, cuidando de los rebaños de ovejas y cabras. Llevaba un bastón que tenía un extremo retorcido, para ayudarle a trepar por los montes abruptos y rescatar a los animales perdidos. David era joven, estaba en forma y tenía buena salud porque se ocupaba de los animales, pero parecía demasiado joven como para ser el futuro rey de Israel.

David el músico

A las personas siempre les ha gustado tocar y escuchar música. David era compositor además de cantante y arpista. Escribió muchos cantos religiosos llamados "salmos", algunos de los cuales están incluidos junto a otros en el libro de los Salmos en la Biblia. Estos cantos expresan sus sentimientos hacia Dios y las cosas que sucedieron en su vida.

Hondas y piedras

Los pastores usaban estas armas sencillas para matar a los animales salvajes que atacaban a sus rebaños. El pastor hacía girar y girar la honda de cuero por encima de su cabeza. Cuando soltaba uno de los extremos, la pequeña piedra salía disparada de la honda, golpeando al blanco con gran fuerza.

Las armas

Los soldados israelitas en tiempos de David usaban cuatro armas principales. Los arqueros tenían arcos y flechas; llevaban unas 20 flechas en una aljaba colgada de su hombro.

Algunos soldados usaban hondas para lanzar piedras. La mayoría llevaba una espada corta, guardada en una funda colgada de su cinto.

Los lanceros tenían largas jabalinas que podían lanzar o usar para clavarlas en el enemigo. La mayor parte de las veces, el combate era cuerpo a cuerpo.

El pan especial

El único pan que tenían los sacerdotes se hacía de una forma especial. Una vez a la semana, colocaban doce panes (uno por cada tribu de Israel) sobre una mesa en el templo, como ofrenda a Dios. Los únicos que podían comer ese pan eran los sacerdotes.

Judá e Israel

Israel se componía de doce tribus. Cuando Saúl murió, no estaba claro quién podía dirigirlas. Así que algunas tribus del norte, llamadas "Israel", coronaron a Is-boset, y las tribus del sur, Judá, coronaron a David.

Las pruebas

Cuando dos tribus estaban en guerra, a veces elegían a algunos hombres de cada una para que lucharan en una especie de competencia que evitaba que murieran muchas personas. El grupo que ganaba la competencia ganaba la batalla. El desafío de Goliat (historia 113) fue uno de estas competencias.

Jerusalén

Era una fortaleza pequeña en lo alto de una colina, muy difícil de capturar. Los jebuseos habían excavado un túnel para llevar el agua hasta un pozo dentro de la ciudad desde una fuente que estaba fuera. Ese túnel aún existe hoy día.

Las fiestas

En las fiestas especiales probablemente se comía carne, un alimento que no era habitual. Podía tratarse de carne de cordero o ternera, o quizás de venado, estofada o hervida con hierbas y especias. Había pan para mojar en la salsa, y hortalizas, como cebollas y apios. Para postre había melón, granadas, uvas e higos y miel. Todos los invitados bebían vino.

El cabello largo

En esa época los hombres y las mujeres llevaban el pelo largo. La ley de Israel prohibía a los hombres que se cortaran el pelo a los costados de sus cabezas o se afeitaran la barba.

El poder y la realeza

No existían reglas fijas para saber quién sería rey después de David. Había muchas personas que pedían ese puesto. Adonías reunió un pequeño ejército con la esperanza de que le apoyara mucha gente para poder ser rey. Pero el pueblo seguía amando a David, y aceptaron su elección de Salomón como próximo rey.

La vida de David

David había ayudado a Israel a derrotar a sus enemigos, convirtiéndose en un país rico. Había elegido una nueva capital, Jerusalén, llevando a ella el arca del pacto. A pesar de sus errores y fracasos, amaba a Dios y quería que los demás también lo hicieran.

El altar con cuernos

Adonías huyó a un centro de adoración, donde se agarró a "los cuernos del altar". A nadie se le permitía matar a quien hiciera esto, porque era una señal de que esa persona deseaba la misericordia y ayuda de Dios. Los altares tenían esquinas elevadas, que se parecían a los cuernos de un animal.

La sabiduría

"Sabiduría" significa saber qué es lo más correcto para hacer o decir. En la Biblia hallamos dos libros con dichos sabios: Proverbios y Eclesiastés.

Los cedros

El cedro es un gran abeto con ramas que se extienden mucho a los lados. Solía ser muy común en Palestina, pero ahora quedan muy pocos. Su madera es muy fuerte y atractiva, y se usaba para construir.

Dentro del templo

Había dos habitaciones. La primera, el lugar santo, tenía un altar forrado de oro sobre el que se quemaba el incienso; una mesa para el pan especial "de la presentación" que se colocaba allí cada semana; y además había diez candeleros. La segunda habitación, el "lugar santísimo", solo contenía el arca del pacto. Las paredes de ambas habitaciones estaban cubiertas de paneles de madera de cedro, recubierta de oro y decoradas con flores talladas, árboles y querubines.

El comercio

Los comerciantes llevaban lana, lino, ropas, aceite de oliva, grano y ovejas y cabras desde Israel a Egipto, Arabia y algunos países del Oriente. A cambio volvían con especias, oro, piedras preciosas, caballos, carros y alimentos exóticos. Incluso traían monos y babuinos, ¡que los ricos tenían como mascotas!

Los becerros de oro

Muchas tribus usaban el becerro de oro como símbolo de su dios. Representaba la fertilidad y la fuerza. Es posible que Jeroboam quisiera que el pueblo pensara en ellos como manifestaciones de la presencia del Dios invisible, como el arca del pacto en Jerusalén. Pero desdichadamente, las personas empezaron a adorar las estatuas en lugar de a Dios.

El aceite de la viuda

Aquella mujer era viuda. No era fácil que una viuda encontrara trabajo, de manera que dependía de la bondad de otras personas. Dios demostró cuánto se interesaba por ella y por Elías garantizándoles que nunca se quedarían sin el aceite y la harina que necesitaban para hacer pan.

Hacer pan

Generalmente, el pan tenía forma de tortas planas, no de barra alargada ni de hogaza redonda.

Los milagros

A veces Dios hace cosas que parecen imposibles. El milagro del aceite de la viuda (historia 162) se parece al de Jesús, que alimentó a 5.000 personas con cinco panes y dos peces.

Los profetas

A menudo vivían o trabajaban juntos, en grupo, para ayudarse mutuamente. A veces un profeta muy conocido, como Elías, era su líder.

Las viñas

Las uvas eran una parte importante de la dieta israelita, tanto como fruta fresca, como pasas o bien convertidas en vino. Seguro que Nabot trabajó duro en su viñedo, y posiblemente ese era el modo principal en que él y su familia obtenían beneficios económicos.

La enfermedad

En la época de Eliseo no había hospitales. Los médicos usaban pomadas hechas con la resina de los árboles y mezcladas con hierbas. El aceite de oliva y el vino también se mezclaban con hierbas para preparar medicinas. Muchas personas morían bastante jóvenes.

Isaías

El Antiguo Testamento contiene un extenso libro de Isaías (ver historias 181, 182). Puede que Isaías formara parte de la familia real. Contribuyó a que los habitantes de Judá permanecieran fieles a Dios en un momento muy difícil.

La Ley de Dios

Se suponía que los reyes de Judá debían reinar siguiendo la Ley de Dios, de modo que a Joás le entregan una copia para que lo recuerde. Probablemente estaba escrita en un rollo, y puede que fuera una copia de los Diez Mandamientos o un resumen de ellos.

El antiguo rollo

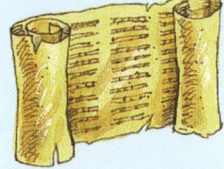

Muchos piensan que se trataba de Deuteronomio, que ahora es el quinto libro del Antiguo Testamento. Contiene muchas de las leyes sociales y religiosas que Dios entregó a Moisés.

Babilonia

Babilonia estaba al sur de Asiria. Los babilonios derrotaron a los asirios, y en ese momento eran la superpotencia mundial. Nabucodonosor, rey de Babilonia, construyó grandes palacios y puertas impresionantes. Uno de los palacios tenía en el techo una serie de jardines escalonados que se llamaron "los jardines colgantes", y que se convirtieron en una de las siete maravillas del mundo.

LOS PROFETAS

Esta sección narra la historia de algunos de los profetas
elegidos especialmente para dar a conocer el mensaje
de Dios a su pueblo. La palabra "profeta", en el
Antiguo Testamento, significa "llamado por Dios".

Durante años, los profetas rogaron al pueblo: "Vuélvanse a Dios y
guarden sus leyes". El pueblo se había alejado de Dios, y como
resultado ellos se habían vuelto egoístas y llenos de avaricia, olvidando
cuidar de los enfermos, los pobres, las viudas, los huérfanos y los
refugiados de otros países. El mensaje de los profetas era duro: Si el
pueblo de Dios no hacía lo que Él les pedía, su país sería destruido. Los
profetas no eran populares, aunque también prometían que Dios
permitiría al pueblo comenzar de nuevo en el futuro.

Las historias que veremos son las de profetas que vivieron en
épocas distintas, y que provenían de circunstancias diferentes. Sus
historias a veces se superponen con los acontecimientos descritos en las
secciones de los reyes de Israel, y todas ellas nos llevan al terrible
momento en que sus profecías se cumplieron, y Jerusalén y Samaria
fueron destruidas.

También encontramos aquí la historia del profeta Jonás. Su mensaje
iba destinado a personas fuera de las fronteras de Israel y Judá: Dios
ama a todo el mundo, y quiere que se aparten de sus malos caminos y
conozcan su amor y misericordia.

178
¡Están advertidos!

El pueblo de Dios en Israel tenía todo lo que deseaba, pero había dejado de obedecer las leyes de Dios. De modo que Dios eligió a Amós para advertirles. Amós era un pastor de Judá. También cuidaba de las higueras.

"Amós —le dijo Dios—, quiero que vayas a Israel para dar un mensaje a mi pueblo".

De manera que Amós fue a Betel.

"¡Tengan cuidado! —dijo a las naciones que rodeaban a Judá—. Dios ha visto sus pecados. Ha visto lo crueles y violentos que son.

"¡Tengan cuidado! —dijo a su propio pueblo, en Judá—. Dios ha visto lo que hacen. No son diferentes de otras naciones. Aunque conocen las leyes de Dios, no las obedecen".

Entonces habló al pueblo de Israel.

"¡Tengan cuidado! Ignoran la Ley de Dios y adoran a los ídolos. Tienen mucho dinero y posesiones, pero engañan a los pobres. Fingen con grandes gestos cuando adoran a Dios, pero para ustedes no significa nada. No crean que escaparán al castigo de Dios".

179
Amós, el problemático

Dios concedió a Amós una visión: "Vi a Dios mismo que estaba de pie junto a un muro bien construido. Sostenía una plomada en su mano, para demostrar lo recto que era. Y Dios sostenía la plomada delante de su pueblo. Sabe lo desviados que están, y cómo le han desobedecido. Él los castigará".

El sacerdote Amasías se enfureció al oír lo que decía Amós. Le escribió una carta al rey: "Amós está creando problemas. Dice que a ti te matarán, que Israel será conquistada y el pueblo llevado al exilio".

Luego fue a ver a Amós.

"¡Fuera de aquí! —le dijo—. ¡Vuelve a tu país! ¡Ve a darles mensajes de parte de Dios a los tuyos!"

180
El esposo amoroso

Luego Dios escogió a otro hombre, Oseas, para que fuera su mensajero.

"Tu vida será una cuadro vivo que pueda ver mi pueblo en Israel —le dijo Dios—. Quiero que te cases con una mujer que te haga daño y te entristezca. Te abandonará y se olvidará de ti. Pero tú seguirás amándola".

De modo que Oseas se casó con Gomer, y tuvieron hijos. Pero ella lo abandonó por otro hombre. Al final, ella se convirtió en esclava.

"Ahora ve y rescata a tu mujer —le dijo Dios—. Cómprala y sácala de la esclavitud. Vivan juntos, y sigue amándola".

Oseas pagó el precio para recuperar a su mujer, y la amó.

"Yo amo al pueblo de Israel igual que tú amas a Gomer —explicó Dios—. Me han herido, me han entristecido. No me han hecho caso, y me han abandonado por otras cosas. Serán castigados, pero yo seguiré amándolos".

181
La visión de Isaías

Un día, un hombre llamado Isaías estaba en el templo y tuvo una visión de Dios.

Muy por encima de Isaías había un trono magnífico. En él estaba sentado el propio Dios, grande y majestuoso, y maravilloso más allá de toda imaginación. Iba vestido con las ropas de un rey, que eran tan largas que llenaban todo el templo.

Isaías alzó los ojos. Vio unas extrañas criaturas que tenían seis alas. Los serafines volaban rápidamente por todo el templo, clamando unos a otros: "¡Santo! ¡Santo! ¡Dios, el Señor Todopoderoso, es santo!"

Cada vez que hablaban, todo temblaba, y la habitación se llenaba de humo. Entonces, Isaías se dio cuenta de que estaba en la presencia del Dios santísimo.

"¡Ayúdame!—clamó—. ¿Qué puedo hacer? ¡Soy un pecador, y vivo entre gente pecadora!"

Uno de los serafines se acercó volando al altar y tomó un carbón encendido con unas tenazas, y luego se aproximó a Isaías. Tocó sus labios con el carbón encendido y le dijo: "Tu culpa ha sido borrada. ¡Dios ha perdonado tus pecados!"

Entonces, Isaías escuchó la voz de Dios.

—¿Quién será mi mensajero?

Isaías no lo dudó.

—¡Yo lo seré! —dijo—. Aquí estoy. Envíame a mí.

182
El rey futuro

Dios envió a Isaías a su pueblo con un mensaje: "Dios ha visto todas las cosas malas que han hecho. Nadie se escapará del castigo de Dios. El fin se acerca".

La mayor parte del pueblo no le hizo caso. Los reyes no quisieron escuchar lo que el profeta tenía que decirles.

"Apártense de su maldad —dijo Isaías al pueblo de Judá—, y díganle a Dios que están arrepentidos antes de que sea demasiado tarde".

Nadie quería escuchar las malas noticias. Pero Isaías también traía buenas noticias: "Dios se acordará de nosotros. Sucederá algo maravilloso. Nacerá un niño, y su venida será como una gran luz para todo el mundo. Será llamado Príncipe de Paz. Nacerá en la familia del rey David, y el Espíritu del propio Dios estará con Él".

Después Isaías dijo al pueblo: "Ese niño será rechazado por su pueblo. Sufrirá y morirá, pero con su muerte pagará el precio de nuestros pecados, para que seamos perdonados. Esperen y verán".

Isaías estaba seguro de que Dios enviaría a un Salvador para su pueblo.

183
El mensajero de Dios

Jeremías fue otro de los profetas. Apenas era un muchacho cuando escuchó a Dios hablarle por primera vez. Como su padre era sacerdote, él también estaba destinado a serlo. Pero Dios tenía otros planes para él.

—Te he conocido desde antes de que nacieras —le dijo Dios—. Fue entonces cuando te escogí para que fueras mi mensajero.

Jeremías estaba sorprendido.

—¡Pero si soy solo un niño! —respondió—. ¡No sé cómo ser profeta!

—Yo estaré contigo —le respondió Dios—. Te rescataré de tus enemigos.

De repente, Jeremías sintió que una mano le tocaba los labios.

—Acabo de poner mis palabras en tu boca —le dijo Dios.

Ante los ojos de Jeremías empezó a aparecer una visión. En ella vio un caldero rebosante de un líquido abrasador, hirviente. El caldero se inclinaba hacia el sur, y el líquido ardiente estaba a punto de derramarse.

Dios le explicó: "El pueblo de Judá ha sido desobediente. Adoran a los ídolos, y no obedecen mis leyes. Serán destruidos por un enemigo que vendrá del norte. Ahora, Jeremías, prepárate para decirles mi mensaje. No les gustará, y se enfadarán contigo. Pero recuerda que no te dejaré".

184
La arcilla en el torno

Pasaron los años. Jeremías seguía advirtiendo al pueblo de Judá acerca del desastre que ocurriría si no se volvían a Dios. Pero nadie quería escucharlo.

Un día, Jeremías escuchó la voz de Dios: "Acércate a la casa del alfarero. Observa lo que hace, porque quiero darte un mensaje".

Jeremías fue a ver al alfarero, y lo observó mientras colocaba sobre el torno una masa de arcilla mojada. La arcilla comenzó a girar en el torno, mientras el alfarero, con cuidado, la rodeaba con sus manos, presionándola para que la arcilla subiera y adoptara la forma de un jarro. Pero de repente, el torno dejó de girar. El jarro se estropeó por completo. El alfarero volvió a amasar la arcilla, colocó la masa de barro en el torno y volvió a empezar.

"Aprende del alfarero —le dijo Dios a Jeremías—. Tengo tanto poder sobre el pueblo de Judá como lo tiene ese alfarero sobre

la arcilla. Permitiré que el pueblo de Judá sufra, para que al final acabe siendo algo útil y perfecto".

185
Las palabras del rollo

Durante muchos años, Jeremías había advertido al pueblo del desastre inminente. Pero ellos seguían negándose a volverse a Dios. Incluso cuando los babilonios atacaron Judá desde el norte, nadie se tomó en serio el mensaje de Jeremías.

"Compra un rollo —le dijo Dios a Jeremías—, y escribe todo lo que te he dicho. Quizá cuando el pueblo lo oiga, verán qué malvados han sido, y podré perdonarlos".

Jeremías se lo dictó todo a Baruc, que escribió sus palabras en el rollo.

"Lleva este rollo al templo —dijo Jeremías—. A mí me han prohibido que vaya allí. Ve un día especial, cuando haya mucha gente. Léeles todo lo que has escrito. Quizá entonces entiendan lo que han hecho, y le pidan perdón a Dios".

186
El rey Joacim quema el rollo

Baruc fue al templo y leyó el rollo. El pueblo escuchó todas las cosas que Dios le había dicho a Jeremías que sucederían. Al final, uno de los secretarios del rey, Jehudí, se enteró y le dijo: "Ven y léeme ese rollo, a mí y a mis amigos".

De modo que Baruc fue hasta los aposentos de los secretarios en el palacio real. Les leyó las palabras de Jeremías. Los hombres escucharon, y oyeron las advertencias de Dios. Ellos sintieron mucho miedo.

"Debemos decírselo al rey —decidieron—. Tú y Jeremías deben esconderse".

Jehudí, el secretario del rey, llevó el rollo ante el rey Joacim. Era invierno, y el rey estaba sentado junto al fuego. Jehudí extendió el rollo y lo leyó. Solo había leído unas pocas columnas

cuando el rey Joacim le ordenó que se detuviera. El rey tomó un cuchillo, rompió el rollo en diversas partes y lo arrojó al fuego, hasta que quemó todo el rollo. El rey y sus consejeros no se preocuparon en lo más mínimo.

El rey envió a sus hombres a buscar a Jeremías y a Baruc, pero ellos se hallaban bien escondidos.

"Comienza de nuevo —le dijo Dios a Jeremías—. Escribe otro rollo. Yo castigaré a Joacim por haberse negado a escucharme".

187
Dos cestas de higos

Nada podía impedir que los babilonios atacaran Judá. Capturaron a los funcionarios, constructores y artesanos y se los llevaron a Babilonia. El rey Nabucodonosor de Babilonia pidió a Sedequías que fuera el rey de Judá.

Las personas que quedaron en Jerusalén pensaron que se habían escapado del castigo de Dios. Estaban satisfechos de sí mismos. Pero las personas prisioneras recordaron las palabras de advertencia que les habían dado los profetas. Pensaban: ¡Ojalá las hubiéramos escuchado! Estaban arrepentidos por haber desobedecido a Dios.

Jeremías también se quedó en Jerusalén. Un día estaba cerca del templo, cuando Dios le dijo:

—Mira esas cestas de higos. ¿Qué ves?

—Una de ellas está llena de higos frescos —contestó Jeremías—. La otra está llena de higos podridos. ¡Nadie los podrá comer!

—Piensa en los higos —dijo Dios—. El pueblo que está cautivo en Babilonia es como los higos frescos. Yo los cuidaré hasta que llegue el momento en que puedan regresar. Pero los higos podridos son como el rey Sedequías y todos los que se han quedado en Jerusalén. Son tan malos que no se salvarán.

188
Bajo asedio

Ahora, la ciudad de Jerusalén estaba asediada por los babilonios. El rey Sedequías encarceló a Jeremías en el patio del palacio.

"¿Por qué sigues insistiendo en que Dios quiere que nos rindamos a los babilonios?" —le preguntó.

Jeremías le explicó que Dios le había mostrado lo que iba a suceder, pero Sedequías no le creyó.

En medio de toda esa confusión, Dios habló a Jeremías: "Tu primo Hanameel vendrá a verte. Querrá que le compres un campo, y debes decirle que sí".

De manera que, cuando Jeremías recibió la visita de Hanameel, le compró el campo, e hizo que firmaran los papeles y los sellaran ante testigos. Pero Jeremías tenía algunas dudas. ¿Por qué comprar tierras después de que Dios le había dicho que todo iba a ser destruido?

—Señor Dios —dijo Jeremías—, ya sé que para ti no hay nada imposible, pero ¿por qué querías que comprara ese campo?

—Ese campo es una señal de lo que sucederá —le dijo Dios—. Jerusalén será destruida, porque mi pueblo se ha negado a escucharme. Pero te prometo que volverán a vivir aquí algún día, y una vez más se comprarán y venderán tierras. Yo cuidaré de mi pueblo. Yo les daré buenas cosas, y seré su Dios.

189
Jeremías en la cárcel

El rey Sedequías seguía sin querer hacer caso a Jeremías, pero le envió un mensaje: "Ora a Dios a por nosotros".

Entonces los egipcios atacaron a los babilonios y los hicieron retirarse de Jerusalén, dejando de asediarla.

"No creas que se han acabado nuestros problemas —dijo Jeremías—. Esto es lo que Dios ha dicho que sucederá: los egipcios dejarán de atacar, y cuando los babilonios vuelvan a Jerusalén nos destruirán".

Ahora que se había acabado el asedio, Jeremías era libre de abandonar la ciudad. Decidió ir a ver el campo que había comprado.

—¿Por qué te vas de la ciudad? —preguntó el capitán de la guardia—. ¡Traidor! ¡Vas a unirte a los babilonios!

—¡Eso no es cierto! —exclamó Jeremías. Pero el soldado no le hizo caso; Jeremías fue azotado y arrojado en la cárcel.

Pasaron días y días, y Jeremías seguía encerrado. Pasó tanto tiempo que Jeremías pensó que el rey se había olvidado de él. Entonces, Sedequías envió a buscarlo.

—¿Tienes algún mensaje para mí de parte de Dios? —preguntó el rey Sedequías.

—Sí —replicó Jeremías—. Tu ciudad será destruida por los babilonios. Ahora, sácame de la cárcel. ¡No he hecho nada malo!

El rey Sedequías sacó a Jeremías de la prisión.

190
En el fondo del pozo

Jeremías seguía advirtiendo a las personas del desastre inminente.

"Dios ha dicho que nos sometamos a los babilonios —decía—. Si lo hacemos, viviremos".

Algunos de los soldados le hicieron caso, porque no querían combatir.

—Jeremías está desanimando a los soldados —dijeron algunos oficiales al rey—. ¡Debe ser ejecutado!

—Hagan lo que quieran —dijo Sedequías.

De modo que los oficiales tomaron a Jeremías y lo metieron en el fondo de un pozo profundo que estaba vacío. Jeremías se hundió en el barro del fondo. Mientras estaba sentado en la oscuridad, pensaba que iba a morir.

—Su majestad —dijo Ebed-melec, uno de los oficiales del rey, cuando se enteró de lo sucedido—. Jeremías morirá si lo dejamos dentro del pozo. Estos hombres actuaron con maldad contra él.

Sedequías estaba cansado.

—Sáquenlo antes de que muera —ordenó.

Ebed-melec encontró una cuerda y sacó a Jeremías del pozo a la luz.

| 9 |
El ataque babilonio

—¡Quiero saber la verdad! —dijo el rey Sedequías—. ¿Qué me sucederá?

—Se lo he dicho muchas veces —dijo Jeremías—, pero no me escuchan. A menos que se entreguen a los babilonios, ustedes y sus familia morirán.

—¡Pero tengo miedo! —se quejó Sedequías—. ¿Qué me harán si me rindo?

—Si obedeces a Dios, vivirás —le aseguró Jeremías.

Pero Sedequías no lo escuchó. Los babilonios volvieron a sitiar Jerusalén, y Sedequías intentó huir. Los babilonios lo capturaron. Saquearon el templo, pegaron fuego a los edificios y destruyeron los muros. Encadenaron a los habitantes y se los llevaron a Babilonia. Solo dejaron atrás a unas cuantas personas pobres para que cultivaran los campos.

Un capitán de la guardia de Babilonia vio a Jeremías que estaba encadenado.

"Todo esto sucedió exactamente como tú dijiste, porque tu pueblo no le hizo caso a su Dios —dijo el capitán—. Te dejaré libre. Puedes venir conmigo a Babilonia o quedarte aquí. Eres libre para decidir".

Entonces Jeremías supo que Dios había cumplido su promesa. Él lo había rescatado. Jeremías se quedó; quería vivir en su propia tierra, Judá, con la gente pobre.

192
Dios envía a Jonás

Jonás era un profeta, uno de los mensajeros especiales de Dios.
Un día, escuchó a Dios que le hablaba: "Quiero que vayas a
Nínive, la capital del Imperio Asirio —le dijo Dios—. He visto las
cosas malas que hacen sus habitantes, y sé lo desobedientes que
son. Quiero que vayas allí y prediques mi mensaje".

Jonás no quería ir a Nínive. En lugar de ello, huyó en la
dirección opuesta, hacia el puerto de Jope. Encontró un barco que
navegaba a Tarsis, pagó su pasaje, subió a bordo y se escondió.

193
Jonás en el mar

Jonás se metió bajo cubierta y cayó en un profundo sueño.

Fuera, el cielo se oscureció y, de repente, el viento cambió
de dirección. El mar empezó a agitarse, y las olas a golpear el
barco. Los marineros estaban muy asustados. Pensaban que iban
a ahogarse todos. Arrojaron su cargamento por la borda, para
aligerar el barco. Se aferraron unos a otros mientras clamaban a
sus dioses.

"¡Ayúdennos! ¡Sálvennos!" —gritaban. Pero la
tormenta seguía rugiendo.

El capitán se dio cuenta de que
no veían a Jonás. Fue bajo cubierta
para despertarlo.

"¡Despierta! —vociferó,
sacudiendo a Jonás—.
¿Cómo puedes dormir
cuando vamos a morir
todos? ¡Ora a tu Dios
para que nos salve!"

"¡Esta tormenta
es culpa de alguien!
—se dijeron los
marineros—. Vamos
a descubrir al
culpable".

Echaron suertes, y salió elegido Jonás.

—¿Qué has hecho? —le preguntaron en medio del viento tormentoso.

—He huido del Dios vivo —replicó Jonás—. Del Dios que hizo la tierra y el mar.

—¿Cómo podemos hacer que cese la tormenta? —le preguntaron.

—¡Arrójenme al agua! —dijo Jonás—. Todo esto es culpa mía. Ninguna otra cosa los podrá salvar a ustedes y al barco.

Los marineros se sintieron horrorizados. No querían que Jonás se ahogara. Intentaron volver a la costa remando, pero el viento y las olas cada vez eran más fuertes.

Los marineros oraron al Dios vivo.

"¡Perdónanos por matar a este hombre!" —clamaron, y arrojaron a Jonás por la borda al mar.

Inmediatamente, la tormenta cesó. Los marineros cayeron de rodillas. Habían visto el poder del Dios vivo.

194
Dentro del gran pez

En cuanto Jonás cayó al agua, del fondo del mar salió un gran pez que se lo tragó.

Dentro del pez estaba oscuro. Jonás empezó a reflexionar. Pensó en el modo en que se había comportado, en cómo había intentado huir de Dios. Estaba asustado, y no sabía qué estaba pasando. Se sentía como si lo hubieran enterrado vivo.

"Ayúdame —le dijo a Dios—. Me has lanzado a lo profundo del mar. Puedo sentir las corrientes que dan vueltas a mi alrededor.

Oigo las olas rugiendo por encima de mi cabeza. Pero estoy seguro de que tú puedes salvarme".

De repente, Jonás sintió que salía despedido cuando el pez lo vomitó en la playa. Jonás estaba solo. Había pasado tres días y tres noches dentro del pez.

195
El amor de Dios por su pueblo

Jonás fue a Nínive.

"¡Les advierto! —proclamó—. ¡Dios ha visto la maldad de ustedes! Dentro de cuarenta días destruirá Nínive".

El pueblo escuchó las palabras de Jonás, y creyó su mensaje.

"¡Todos debemos ayunar y orar! —dijo el rey—. Quizás Dios vea que estamos arrepentidos y nos perdone".

Dios observaba a los habitantes de Nínive.

—No los destruiré —dijo.

Jonás estaba furioso.

—¡Sabía que los perdonarías! —dijo, enfadado—. ¡Por eso no quería venir a Nínive! Estas personas no merecen ser perdonadas. ¡Valdría más que me mataras a mí!

Jonás se hizo un refugio fuera de la ciudad, todavía enfadado. Dios hizo crecer una calabacera que le dio sombra a Jonás. Estaba contento. Pero al día siguiente, Dios permitió que un gusano se la comiera. La calabacera se murió, y Jonás quedó expuesto a los fuertes rayos del sol.

—¿Por qué no me matas? —decía Jonás.

Entonces Dios le habló.

—¿Por qué estás tan enfadado? ¡Escucha! Yo fui el que hizo crecer la calabacera, y el que hizo que se secara. Se trata solo de una calabacera, pero tú estás furioso. Intenta comprender cómo me siento yo respecto a los miles de personas que viven en Nínive. Casi ni saben distinguir el mal del bien, pero yo las conozco y las amo, porque yo fui quien las creó. No quiero que mueran. Jonás, no debes estar enfadado porque elegí salvarlos.

Las higueras

Crecían hasta alcanzar los 12 metros de altura. A veces sus frutos se prensaban en tabletas o "tortas". La madera de la higuera se usaba para hacer ataúdes.

Las visiones

A veces Dios habló a los profetas por medio de sueños. En ocasiones, Dios usaba las cosas de la vida diaria para comunicar su mensaje a los profetas.

La plomada

Es un trozo de cordel que tiene un peso en un extremo. Los constructores la colgaban de lo alto de las paredes para comprobar que estaban rectas.

Los serafines

Su nombre significa "los que brillan". Es posible que fueran los mismos "seres vivientes" que vio Juan, el amigo de Jesús.

Los rollos

Los rollos eran largas tiras de pergamino hechas de la piel limpia y estirada de animales como las vacas, las ovejas o las cabras. Se estiraba bien la piel, se le quitaba el pelo, se secaba y se volvía a raspar para que la superficie quedara limpia. Luego se enrollaban hasta que alguien los necesitara.

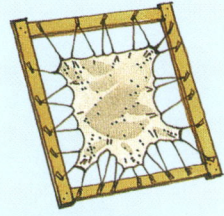

Los secretarios

Había pocas personas que supieran leer y escribir. Las personas como Baruc escribían cartas y documentos oficiales para otros. En épocas posteriores a estos personajes se les llamó escribas, y se convirtieron en expertos en la ley judía.

El asedio

A menudo los ejércitos acampaban alrededor de las ciudades a las que asediaban, para asustar a los habitantes e impedir que fueran en busca de alimentos o agua. De este modo se debilitarían y serían fáciles de derrotar.

La cárcel

Los que cometían un delito por lo general tenían que pagar una multa o ser castigados con azotes, pero no iban a la cárcel. Probablemente la celda de Jeremías era una habitación dentro del cuartel del palacio donde vivían los soldados, los cuales se ocupaban de cualquier problema o incumplimiento de la ley.

El pozo

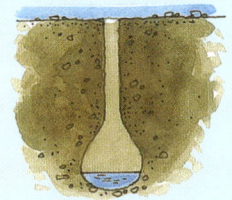

Se usaba para guardar el agua de lluvia bajo tierra, y era muy hondo. Era imposible salir de la cisterna sin una cuerda o escalera. Los pozos o cisternas solían tener la forma de una cebolla, más ancha en la parte de abajo, con un túnel recto y estrecho hasta la superficie. Se necesitaron 30 hombres para sacar a Jeremías del barro pegajoso del fondo.

Barcos y tormentas

El barco era bastante pequeño, y se movía mediante velas y remos. En el Mar Mediterráneo a menudo había fuertes tempestades; el apóstol Pablo naufragó por causa de una de ellas.

El pez

La historia no nos dice qué pez fue. La palabra empleada solo indica que era "grande", y cuando Jesús se refiere más tarde a esta historia, habla de un "gran pez" o "monstruo marino". Pero la idea central de la historia es que Dios rescató a Jonás de una muerte segura, a pesar de que él había hecho lo malo.

LA HISTORIA DE JOB

En la Biblia no hay otro libro parecido al de Job. En su mayor
parte está escrito como un poema largo. No se sabe con
seguridad quién lo escribió ni cuándo. Incluso la ciudad donde
sucede la historia, Uz, no se conoce con certeza. Sin embargo,
este libro contiene un claro mensaje de parte de Dios.

Job es un libro muy importante. La historia es sencilla. Job es un
hombre que ama a Dios y siempre ha guardado sus leyes. Es rico, y
tiene una familia grande y feliz. Tiene todo lo que pueda desear. Un día,
tras una serie de terribles desastres, lo pierde todo. Luego se enferma.
Sus sufrimientos han comenzado.

Job es un hombre que conoce y ama a Dios. A pesar de que su vida
está en ruinas, no deja de acudir a Dios para adorarlo. Job se niega a
echar la culpa a Dios por sus problemas, pero sus amigos lo acusan de
que se echa la culpa él mismo. En aquella época, las personas creían
que Dios recompensaba a alguien entregándole riquezas y haciéndolo
feliz. Pensaban que también era cierto lo contrario: que cuando Dios se
enfadaba con alguien, lo castigaba y lo hacía sufrir. Pero Job creía que sus
pecados no merecían un castigo tan grande.

La historia de Job formula una pregunta frecuente: ¿Por qué a la
gente buena le pasan cosas malas? Job y sus amigos no tienen una
respuesta directa a esa pregunta, pero hacia el final del libro, comienzan
a entender que Dios es más misterioso y mucho más grande que los
problemas de Job y sus preguntas. Al final, Dios devuelve a Job toda su
riqueza, y este comienza una nueva vida.

196
Los problemas de Job

Job era un hombre rico. Era propietario de miles de ovejas y camellos, y de cientos de asnos y bueyes. Tenía una familia grande y feliz. También era una buena persona. Sentía reverencia hacia Dios y lo obedecía.Un día el enemigo de Dios, Satanás, se acercó a Dios.

—¿Dónde has estado? —le preguntó Dios.

—Merodeando por la tierra —repuso el diablo.

—¿Has visto a Job? —preguntó Dios—. Es un hombre realmente bueno. No hay nadie como él.

—Para él es muy fácil ser bueno —se burló Satanás—, porque le has dado muchas cosas. Si se le quita todo lo que tiene, seguro que no seguiría siendo tan obediente. Sería como cualquier otra persona.

—Llévate todo lo que tiene —le dijo Dios—, pero no le hagas ningún daño.

Satanás se fue de la presencia de Dios y comenzó a trabajar. Hizo que del cielo cayeran rayos que mataron a las ovejas y a sus pastores. Vinieron ladrones y se llevaron los camellos, y un tornado mató a los hijos de Job.

Job estaba hundido, pero siguió adorando a Dios.

—¡No te adoraría si se enfermara y sintiera dolor! —afirmó Satanás, furioso.

—Ya veremos —dijo Dios—. Pero no lo mates.

Entonces el cuerpo de Job se cubrió de dolorosas llagas.

—¡Maldice a Dios y muérete! —le dijo su esposa.

—No —contestó Job—. Hemos disfrutado de las buenas cosas que Dios nos dio, y ahora debemos aceptar el dolor y el sufrimiento.

197
Los amigos de Job

Job tenía tres amigos. Cuando se enteraron de sus problemas, vinieron a verlo. Al principio, quedaron sorprendidos. ¡Parecía tan distinto! Se rasgaron los vestidos y lloraron, porque sentían mucho lo que le pasaba a Job. Nadie sabía qué decir, de modo que se sentaron junto a él, en silencio, durante siete días.

Al final, Job habló.

—¿Por qué tuve que nacer? —exclamó—. Lo que más temía es lo que me ha sucedido.

—Bueno... —dijo Elifaz—. Por lo que yo sé, nadie sufre lo que te está sucediendo si no ha hecho algo terrible. Debes haber pecado. Ve y dile a Dios lo que has hecho, y entonces volverás a estar bien.

—¡Pero si no he hecho nada malo! —dijo Job.

—¡Vaya! Pues si no admites haber cometido un terrible pecado, ¡no me extraña que sigas padeciendo! —dijo Bildad—. Piensa en el modo en que ha actuado Dios en el pasado. ¿No ves que no permite que los buenos padezcan?

—Que yo pueda recordar, ¡no he hecho nada malo! —replicó Job—. Le pediré a Dios que me diga qué he hecho, si es que he pecado, y por qué estoy sufriendo.

—¡Puede que hayas hecho algo tan terrible que aún tengas que sufrir mucho más! —respondió Zofar.

—¡No me ayudan en nada! —exclamó Job—. Sé muy bien lo que he hecho y lo que no he hecho. Algún día sabremos la verdad.

Pero aunque Job oraba intensamente a Dios, no recibía respuesta.

198
Dios habla a Job

De repente, Dios le habló.

—Me has preguntado por qué sufres. Ahora, deja que yo te pregunte algo: ¿Dónde estabas cuando puse los cimientos de este mundo? ¿Has estado en el lugar donde guardo la nieve y el granizo? ¿Eres capaz de lanzar un rayo de fuego a través del cielo? ¿Le has concedido alguna vez fuerza a un caballo, o has enseñado a volar al halcón?

—No sé qué decir —dijo Job. No tenía respuestas.

—Pero debes responderme —continuó Dios—, porque te has cuestionado qué te está pasando. Yo hice al hipopótamo y al cocodrilo. Son salvajes y peligrosos, y todo el mundo les teme. Sin embargo, crees que puedes hablarme como a un igual, ¡pensando que puedes entender todo lo que hago!

Job se sentía muy pequeño. Se dio cuenta de lo grande que es Dios. No necesitaba saber por qué estaba sufriendo. Sabía que Dios no lo abandonaría.

—Dije cosas que no comprendo —dijo Job—. Hay cosas que son demasiado maravillosas para que yo las entienda.

—Tus amigos estaban equivocados —le dijo Dios—. No sufrías debido a ningún pecado. Deben pedirte que los perdones.

Job perdonó a sus amigos. Entonces, Dios lo bendijo. Le concedió mucho más de lo que tenía al principio, y Job disfrutó de una larga y próspera vida.

Riqueza

En los tiempos bíblicos, la riqueza de una persona se evaluaba según el número de ovejas, camellos, asnos y bueyes que poseía. Job tenía 500 yuntas de bueyes, 500 asnas, 7000 ovejas y 3000 camellos. Job era un hombre muy rico.

La bendición de Dios

La personas de esta época creían que todo lo bueno viene de Dios. Por tanto, si tenías riquezas y una vida feliz significaba que Dios te había bendecido. Si sufrías por algo, Dios te estaba castigando. El libro de Job nos enseña que no es tan sencillo. A veces tienen que pasar cosas malas para ayudar a las personas a ver lo que realmente importa en la vida. Jesús dijo que la riqueza que tenemos en la tierra no vale nada cuando morimos.

Familia

Para el pueblo judío, tener hijos era una señal de la bendición de Dios. Job tenía siete hijos y tres hijas.

La Biblia habla de varias mujeres que no podían tener hijos. Estas mujeres estaban muy tristes hasta que Dios las bendijo: Sarah tuvo a Isaac, Rebeca tuvo a Esaú y Jacob, Raquel tuvo a José y Benjamín, la esposa de Manoa dio a luz a Sansón, Ana tuvo a Samuel; el hijo de Elisabet se llamó Juan, y se le conoce como Juan el Bautista.

El enemigo de Dios

Satanás es el nombre que recibe el diablo. Significa "el que acusa a alguien". Es un espíritu maligno que se opone a Dios y al pueblo de Dios. En la historia del Huerto del Edén aparece como una serpiente.

El poder de Satanás

El escritor de Job nos enseña que Satanás no puede hacer todo lo que quiere. Es como un perro con una correa larga: Dios le impide que haga todo el daño que desea.

La muerte

Cuando alguien moría, toda la familia se ponía de luto. A veces las familias ricas pagaban a plañideras profesionales para que lloraran y se lamentaran con ellos. Tras la muerte de

alguien, su cuerpo se lavaba y vestía con ropas especiales, y se le enterraba directamente. Los ricos tenían tumbas excavadas en la roca; los pobres eran enterrados en cuevas.

Los amigos

Durante unos días estuvieron callados. Pero cuando hablaron, fue para ofrecer a Job razones muy bien construidas, no el consuelo, amor y respaldo que Job necesitaba.

El sufrimiento

La personas han luchado siempre con la cuestión de por qué sufren buenas personas. Job aceptó todo lo que le sucedió: "El Señor ha dado; el Señor ha quitado". No podemos entender todo lo que pasa en el mundo, y no debemos tratar de reducir a Dios a nuestro propio nivel.

Dios es grande

Dios ha creado todas las cosas, incluso al cocodrilo y al hipopótamo, y solo Él comprende todo lo que pasa. Job anima al pueblo de Dios a que confíen en Él incluso cuando las cosas van mal. Dios es sabio y poderoso, pero también es misterioso, demasiado misterioso para que las personas que Él ha creado puedan entender todo lo que Él es, o lo que ha hecho o hará en el futuro.

EL EXILIO Y EL REGRESO

Desde la corte del rey Nabucodonosor en Babilonia, esta sección se inicia hablando de la historia de Daniel. Todo lo que habían predicho los profetas se había cumplido. Cerca del año 587 a.C., Jerusalén y su templo fueron destruidos, y la mayor parte de los habitantes fueron llevados a Babilonia. Se conoce esta época como "el exilio".

Babilonia estaba situada a unos 1450 km de Judá, y la mayor parte de los prisioneros tuvieron que hacer el viaje a pie. El pueblo israelita comenzó una nueva vida, en una tierra extranjera, con costumbres distintas. Algunos de ellos, como Daniel y sus amigos, fueron elegidos para trabajar en el palacio real. Otros, como el profeta Ezequiel, animaban al pueblo recordándole que Dios no los había abandonado.

Al cabo de cincuenta años, los persas derrotaron a los babilonios. (El libro de Ester nos enseña cómo era la vida en Persia.) El nuevo rey, Ciro, permitió que muchos de los cautivos israelitas regresaran a su país si lo deseaban. Algunos de los hijos y nietos de los que habían salido de Jerusalén decidieron regresar. Cuando llegaron, comenzaron a reconstruir el templo en ruinas, y a reparar las murallas.

La vida era difícil. Jerusalén estaba en ruinas. A algunas de las personas que llevaban tiempo viviendo allí no les gustaban los recién llegados, e intentaron impedir que reconstruyeran la ciudad. Pero con la ayuda de Esdras y Nehemías, se acabó la obra del templo y se repararon las murallas de la ciudad.

Después de que Esdras leyera ante el pueblo la Ley de Dios, todos volvieron a dedicarle sus vidas, y esperaron a aquel nuevo rey anunciado por los profetas, al que Dios enviaría. Cuatrocientos años después, en el Nuevo Testamento, hallamos descrito el nacimiento de ese rey: Jesús.

199

Una dieta especial

Cuando el rey Nabucodonosor conquistó Jerusalén, se llevó a Babilonia a muchos cautivos israelitas. Pidió a Aspenaz, su funcionario principal, que eligiera a algunos jóvenes para educarlos y formarlos como consejeros del rey.

"Quiero a los mejores —le dijo el rey—. Elige a los que estén sanos, sean inteligentes y aprendan rápido".

Cuatro de los jóvenes elegidos habían vivido en el palacio real de Judá. Uno de ellos se llamaba Daniel. Ahora, Daniel y sus amigos estaban bien cuidados. Se les ofreció comida y bebida de la propia mesa del rey. Pero Daniel no era feliz. No quería comer aquellos alimentos que Dios les prohibía.

"¡Si no están fuertes y sanos, el rey me ejecutará! —dijo Aspenaz—. Ha sido él mismo quien ha elegido su dieta".

Daniel tuvo una idea. Habló al guardia: "Mis amigos y yo solo comeremos vegetales y beberemos agua —le dijo—. Hazlo durante diez días. Si entonces ves que estamos débiles y enfermos, comeremos lo que nos des".

Diez días más tarde, Daniel y sus amigos estaban más sanos que los demás jóvenes. Dios los bendijo y les concedió capacidades especiales, y Daniel podía interpretar visiones y sueños.

Al cabo de tres años de formación, los cuatro jóvenes fueron presentados a Nabucodonosor. El rey quedó sorprendido por su inteligencia y sabiduría. En seguida los puso a trabajar.

200

El sueño de Nabucodonosor

El rey Nabucodonosor estaba preocupado. Su mente estaba repleta de pensamientos extraños y sueños que le parecían muy reales. Quería conocer su significado.

—Dinos lo que has soñado, y nosotros te lo explicaremos —le dijeron sus sabios.

El rey negó con la cabeza.

—No, díganme lo que soñé y lo que significa, ¡o haré que los maten a todos!

—¡Es imposible! —exclamaron ellos—. ¡Nadie en este mundo podría hacer eso!

Nabucodonosor estaba furioso, y ordenó la ejecución.

Arioc, el capitán de la guardia del rey, fue a cumplir la orden.

"¿Por qué ha ordenado algo así?" —le preguntó Daniel.

Cuando Arioc se lo explicó, Daniel pidió ver al rey, y le rogó que le concediera tiempo para que pudiera decirle el significado de su sueño.

"Ora a Dios" —le dijeron sus amigos.

Durante la noche, Dios mostró a Daniel el sueño y su significado. Al día siguiente, Daniel fue a ver al rey.

—Su majestad, solo Dios puede decirle el significado de su sueño —comenzó Daniel—. Usted vio una gran estatua, con la cabeza de oro, el pecho y los brazos de plata, el vientre y los muslos de bronce, las piernas de hierro y los pies de hierro y barro. Una extraña roca destruyó la estatua al golpearla. Entonces, las partes de la estatua se separaron, y la roca se convirtió en una montaña que llenó toda la tierra.

"Esto es lo que significa —continuó Daniel—. Todo lo que usted tiene le ha sido dado por Dios. Usted es la cabeza de oro. Después de usted, vendrán otros reinos poderosos, pero Dios establecerá un reino que será mayor que todos ellos".

El rey Nabucodonosor quedó asombrado.

—¡Tu Dios es el Dios verdadero! —le dijo.

201
La estatua de oro

Nabucodonosor no tardó mucho en olvidarse del Dios de Daniel.

Entonces, construyó una enorme estatua. Estaba hecha de oro, y la colocaron en un llano, para que todos pudieran verla. Entonces Nabucodonosor llamó a todas las personalidades importantes del reino y las convocó delante de la estatua.

De repente, apareció un mensajero.

"Esta es una orden real —declaró el heraldo—. Cuando oigan el sonido de la música, deben inclinarse y adorar la estatua del rey Nabucodonosor. Todo el que se niegue a hacerlo, ¡será arrojado al horno de fuego!"

Empezó a sonar la música, y todo el mundo se inclinó para adorar la estatua.

202
En el horno

"Majestad —dijeron al rey Nabucodonosor algunos astrólogos—. No todo el mundo ha obedecido tu decreto. Hay tres judíos: Sadrac, Mesac y Abed-nego, que se niegan a adorar la estatua".

El rey se puso furioso. Envió a buscar a los tres hombres. Ellos eran los amigos de Daniel, y se les había concedido cargos de gran responsabilidad.

—¿Es cierto que no quieren obedecerme? —les exigió.

—Si nos arrojas al fuego —respondieron los tres hombres—, nuestro Dios será capaz de rescatarnos. Pero si no lo hace, no adoraremos a otro que no sea Él.

Lleno de rabia, el rey ordenó que calentaran el horno a su máxima temperatura, y que ataran a los tres hombres y los arrojasen al fuego.

Nabucodonosor contempló cómo los metían en el horno.

"¡Veo a cuatro hombres caminando entre el fuego! ¡Sáquenlos!" —dijo admirado el rey.

Los tres hombres salieron del horno, completamente sanos y salvos.

"¡Alabemos al Dios vivo! —exclamó Nabucodonosor—. ¡Nadie debe decir nada contra el Dios de estos hombres!"

203
La escritura en la pared

Pasaron los años. En Babilonia reinaba un nuevo rey
que se llamaba Belsasar. Un día, celebró una magnífica
fiesta. Invitó a todos sus nobles, y ordenó que se
sirviera el vino en las copas de oro y plata que
Nabucodonosor había sacado del templo de
Jerusalén. Los invitados comieron y bebieron.
Alzaron sus copas y exclamaron: "¡Alabemos a
los dioses de plata y de bronce!"

De repente, aparecieron los dedos de una
mano que se deslizaban sobre una de las
paredes. La fiesta se interrumpió. Belsasar, con
miedo, temblaba mientras los dedos de aquella mano comenzaron
a escribir en la pared. Aterrorizado, se derrumbó en el suelo.

Los dedos escribieron estas palabras: "MENE, MENE, TEKEL,
UPARSIN".

"Quien sea capaz de decirme el significado de estas palabras,
será la persona más poderosa de toda esta tierra después de mí"
—prometió el rey.

Todos los magos y los sabios examinaron la escritura. Nadie
pudo decirle el significado. Entonces, la reina madre se acordó de
Daniel, y enviaron a buscarlo.

—Dime lo que significa y te recompensaré —dijo el rey.

—No quiero ninguna recompensa —dijo Daniel—. Dios ha
enviado su mano a escribir en esa pared porque ha observado tu
maldad. Tu reino será tomado por los medos y los persas.

Belsasar supo que Daniel le había dicho la verdad. Esa noche,
el ejército persa atacó y Belsasar fue asesinado.

204
El plan contra Daniel

Cuando Darío el persa llegó a ser rey, convirtió a Daniel en uno
de sus tres administradores más importantes. Daniel trabajaba
mucho, y Darío estaba tan impresionado que quería poner en
sus manos el gobierno de todo el reino. Los otros oficiales tenían
envidia de Daniel. Querían provocar su ruina. Pero por mucho

que lo intentaban, no podían encontrar ninguna falta en lo que hacía Daniel.

"¡No hay nada que hacer! —se susurraban unos a otros—. La única manera en que podremos encontrarle un defecto a Daniel es en algo que tenga que ver con su Dios".

Lentamente, se fue desarrollando una idea en ellos. Fueron a ver al rey Darío.

"Su majestad, ¡que viva por siempre! —le dijeron—. Todos pensamos que debería emitir un decreto. Durante los próximos treinta días ningún habitante podrá orar a otro que no sea usted. Si lo hace, deberá ser arrojado al foso de leones".

Darío se sintió halagado. Le gustaba la idea. Incluso la puso por escrito, convirtiéndola en ley. Ahora, ni siquiera el rey podía alterarla.

205
Daniel y los leones

Daniel se enteró del decreto, pero tal y como era su costumbre, siguió subiendo a sus aposentos tres veces al día, a arrodillarse ante Dios y orar a Él.

Los hombres que estaban celosos de Daniel lo observaron orar, y luego fueron a ver al rey.

—Su majestad —le dijeron—, ¿estamos de acuerdo en que todo el que desobedezca a su decreto debe ser arrojado al foso de los leones?

Darío asintió.

—Es un decreto que no puede ser alterado —dijo.

—Pues Daniel no obedece esa ley —le dijeron.

Darío estaba horrorizado. Sabía que había caído en una trampa. Intentó pensar desesperadamente en una manera de librar a Daniel, porque sabía que era un buen hombre.

—Pero la ley no se puede modificar —dijeron los hombres.

Darío no tenía elección. Ordenó que Daniel fuera arrojado al foso de los leones.

"Ojalá tu Dios pueda salvarte" —le dijo a Daniel.

Esa noche, Darío no consiguió dormir. En cuanto amaneció, regresó al foso de los leones.

—¡Daniel! —le llamó—. ¿Te ha salvado tu Dios de los leones?

—¡Sí lo ha hecho! —gritó Daniel desde el foso—. Envió a un ángel para impedir que las fieras me hicieran daño.

—¡Saquen a Daniel del foso! —ordenó Darío, contento de ver a Daniel vivo—. Castiguen a aquellos hombres que intentaron que muriera.

Así, Daniel siguió siendo fiel a Dios el resto de su vida.

206
Una visión de Dios

Ezequiel era sacerdote. Cuando Nabucodonosor atacó Jerusalén, lo tomaron prisionero, y luego se estableció con otros exiliados judíos a las orillas del río Quebar, en Babilonia.

Un día, Ezequiel tuvo una gran visión de Dios. Primero, vio una nube de tormenta que se le acercaba. Los rayos centelleaban alrededor de la nube, rodeándola de brillante luz. En el centro, había un fuego que brillaba con un intenso calor, y dentro del fuego Ezequiel vio cuatro extrañas criaturas con alas que volaban por el cielo a la velocidad del rayo.

Entonces Ezequiel vio a las cuatro criaturas moviéndose por la tierra, y cada una tenía dos ruedas de cristal de las que salía fuego. El sonido de sus alas era como la marcha de un ejército o el rugido de una catarata.

Entonces, Ezequiel oyó una voz. Las criaturas abatieron sus alas. Sobre un trono de zafiro, Ezequiel vio una figura de aspecto humano. Brillaba con un intenso fulgor, como el fuego, y con todos los colores del arco iris.

Ezequiel cayó al suelo. Sabía que estaba en la presencia de Dios.

"¡Levántate! —dijo la voz—. Te he escogido para que seas mi mensajero a los israelitas. Debes darles a conocer mi mensaje, a pesar de que no querrán escucharlo".

207
La obediencia de Ezequiel

Desde el momento en que Ezequiel tuvo su primera visión de Dios, su misión fue la de llevar el mensaje de Dios a su pueblo.

"Debes advertirles" —le dijo Dios.

La gente contemplaba a Ezequiel mientras este dibujaba un plano de Jerusalén sobre un ladrillo de arcilla. Entonces dibujó ejércitos, arietes para derribar puertas y rampas, y soldados atacando.

"Raciona tu comida" —dijo Dios. Ezequiel comía solo un poco cada día. El pueblo entendió que Jerusalén sería sitiada.

"Córtate el pelo —le dijo Dios—, y sepáralo en tres montones. Esa será una figura de lo que le sucederá a mi pueblo. Quema uno de los montones sobre el dibujo del ladrillo, y corta otro con la espada".

Ezequiel hizo lo que Dios le mandó, y luego tomó el tercer montoncito de cabello y lo arrojó al aire. Desapareció en medio de una ráfaga de viento. Él encontró unos cuantos cabellos en el suelo, y los guardó en su manto, como si fueran algo precioso.

Dios no permitiría que todo su pueblo fuera destruido. Cuidaría de algunos de ellos, y volvería a llevarlos al hogar.

208
Ezequiel y los huesos secos

Ezequiel comprendió el mensaje de Dios: Su pueblo sufriría y moriría, pero Dios protegería a algunos de ellos, y los devolvería a su hogar, Jerusalén.

Diez años después, Jerusalén había sido totalmente destruida, y el pueblo de Dios en Babilonia estaba a punto de perder las esperanzas. Entonces, Ezequiel tuvo otra visión. Estaba de pie en medio de un valle seco, sin vida. El suelo estaba repleto de huesos humanos.

—¿Crees que estos huesos pueden resucitar? —le preguntó Dios.

—Solo tú sabes eso —respondió Ezequiel.

—¡Háblales! —le dijo Dios—. ¡Diles que puedo hacer que resuciten!

Ezequiel habló: "¡Dios puede hacerlos vivir! —les dijo—. Él volverá a reunirlos, Él les dará aliento de vida".

Un sonido retumbante resonó por todo el valle y, uno por uno, los huesos se movieron y se encajaron para formar esqueletos. Poco a poco, los huesos se sujetaron con músculos y tendones, y fueron envueltos en una nueva piel. Luego, se hizo el silencio.

"¡Ordena al viento que dé respiración a estos cuerpos!" —dijo Dios.

Ezequiel habló al viento, y los cuerpos empezaron a respirar. Se levantaron, y formaron un gran ejército.

"Yo insuflaré nueva vida en mi pueblo —dijo Dios—. Haré todo lo que les he prometido. Entonces, todos sabrán que yo soy Dios".

209
De vuelta a Jerusalén

Durante años, los cautivos israelitas habían vivido en Babilonia. Pero ahora el Imperio Babilónico había llegado a su fin. Ciro, rey de Persia, estaba al mando.

Un día, Ciro emitió un decreto sorprendente para el pueblo judío: "Sé que Dios me ha puesto sobre muchas personas y muchas naciones. Me ha ordenado que reedifique el templo de

Jerusalén. De manera que cualquiera de ustedes puede elegir regresar a esa ciudad para ayudar en la obra. Los que prefieran ayudar de otra manera, pueden ofrecer oro, plata o ganado".

Todo el mundo se emocionó. ¡Se estaban cumpliendo las promesas de Dios! Así, un grupo de personas emocionadas, guiadas por Zorobabel, se preparó para la partida.

"Les devolveré todo lo que Nabucodonosor sacó del templo —dijo Ciro—. Son cosas que no me pertenecen. Tienen que volver con ustedes".

Cargados con todo lo que les habían dado, el pueblo de Dios comenzó el largo camino a casa.

210
Reconstruyendo el templo

Cuando el pueblo de Dios regresó de Babilonia, primero fueron a sus pueblos natales. Unos pocos meses después, se encontraron todos en Jerusalén para reconstruir el templo. Jesúa y Zorobabel reconstruyeron el altar. Aunque el templo seguía en ruinas, querían demostrarle a Dios que lo ponían por encima de todas las cosas, ofreciéndole un sacrificio.

Luego empezaron a trabajar en el templo. Contrataron a canteros y a carpinteros. El pueblo entregaba de su oro y plata. Compraron madera de cedro de Tiro y Sidón, a cambio de comida, vino y aceite.

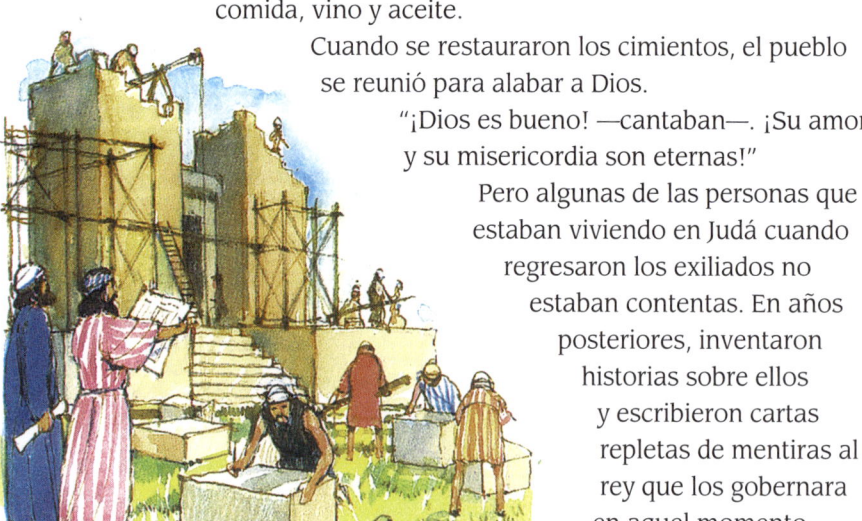

Cuando se restauraron los cimientos, el pueblo se reunió para alabar a Dios.

"¡Dios es bueno! —cantaban—. ¡Su amor y su misericordia son eternas!"

Pero algunas de las personas que estaban viviendo en Judá cuando regresaron los exiliados no estaban contentas. En años posteriores, inventaron historias sobre ellos y escribieron cartas repletas de mentiras al rey que los gobernara en aquel momento.

"¡No se rindan! —animaban los profetas Hageo y Zacarías—. ¡Sigan construyendo!"

Entonces el gobernador Tatnai escribió al rey Darío: "Los judíos dicen que el rey Ciro les dio permiso para reedificar el templo. Le ruego que consulte los archivos reales para ver si eso es cierto o no".

"No detengan la reconstrucción" —ordenó el rey Darío.

De modo que la obra continuó y al cabo de muchos años, el templo estuvo acabado.

211
Ester es coronada reina

En la tierra de Persia vivía el rey Asuero (Jerjes). Era tremendamente rico y tenía todo lo que pudiera comprar el dinero. Un día, envió a buscar por todas las provincias de su reino a las mujeres más hermosas, para poder elegir a una como su reina.

Una de esas mujeres se llamaba Ester. Era muy hermosa, y era descendiente de los cautivos judíos que los babilonios se habían llevado de Jerusalén. La había criado su tío Mardoqueo, porque sus padres habían muerto, y cuando se la llevaron a vivir al palacio junto con las demás jóvenes, su tío le advirtió: "No les digas que eres judía".

Ester tampoco les dijo que su tío era Mardoqueo.

Después de un año de tratamientos de belleza, las jóvenes fueron llevadas ante el rey. Cuando Asuero vio a Ester, le entregó una corona.

"¡Tú serás mi reina!" —le dijo.

212
Maquinaciones en palacio

Un día el tío de Ester, Mardoqueo, escuchó a dos de los funcionarios del rey Asuero que planeaban matar al rey.

Cuando Mardoqueo contó a Ester lo que había oído, Ester se lo dijo al rey y los funcionarios fueron ejecutados. Pero aunque el incidente figuró en los archivos reales del palacio de Asuero, nadie recompensó a Mardoqueo.

En aquellos días, el rey concedió grandes poderes a un hombre llamado Amán. Todo el mundo se inclinaba ante Amán cuando lo veían pasar, menos Mardoqueo.

Amán estaba enfadado. Odiaba a Mardoqueo. Quería venganza, y no solo contra él, sino contra su pueblo, porque sabía que Mardoqueo amaba al Dios vivo.

"Su majestad —le dijo Amán al rey—, ¿se da cuenta de que los judíos, que viven por todo su Imperio no obedecen sus leyes? Creo que debería emitir un decreto para que mueran en determinado día dentro de once meses".

El rey estuvo de acuerdo, y ordenó a sus secretarios que escribieran el decreto. Entregó a Amán su anillo.

"Haz como creas conveniente" —le dijo.

213
Ester arriesga su vida

Mardoqueo se rasgó los vestidos cuando se enteró de aquel decreto. Dio un mensaje a la sierva de Ester: "Dile a Ester que ruegue por misericordia al rey. Puede que ni siquiera ella sobreviva. Quizá Dios planeó que ella fuera reina para poder salvar a su pueblo".

"Ayunen y rueguen por mí —dijo Ester—. Haré lo que pueda, incluso si debo morir".

Al día siguiente, Ester fue a ver al rey. Él le hubiera entregado hasta la mitad de su reino, si ella se lo hubiera pedido.

"He preparado un banquete para ti y para Amán. Te ruego que vengas" —le dijo.

El rey aceptó. Cuando Amán recibió la invitación, se alegró mucho. Pasó junto a Mardoqueo, que no se inclinó. Amán estaba furioso.

"¡Construye una horca y pídele al rey que cuelgue en ella a Mardoqueo!" —se burlaron sus amigos.

214
Mardoqueo recompensado

Esa noche, el rey Asuero no pudo dormir.

"Léeme la historia de mi reino" —le dijo a uno de sus sirvientes.

El siervo leyó. Llegó al punto en que Mardoqueo había denunciado el plan para matar al rey.

—¿Cómo lo recompensé? —preguntó el rey.

—No se le recompensó —dijo el siervo.

Entonces Amán llegó al palacio. Quería pedirle al rey su autorización para ahorcar a Mardoqueo. Pero Asuero quería un consejo.

—¿Cuál crees que es la mejor recompensa para un hombre con quien el rey esté complacido? —le preguntó.

Amán sonrió para sí. Estaba seguro de que el rey hablaba de él.

—Que lo vistan con una ropa real —le dijo Amán—, y que monte uno de sus caballos por las calles mientras proclaman, de modo que todos puedan oírlo: "¡Así es como el rey recompensa a los que le complacen!"

—¡Excelente! —dijo el rey—. Te ruego que hagas eso con Mardoqueo.

Aman se sintió morir. Obedeció al rey, pero tan pronto pudo, se fue a su casa.

"¡Tienes grandes problemas! —exclamaron sus amigos—. El rey está contento con Mardoqueo. ¡Te castigará!"

Amán no tuvo tiempo de pensar. Llegaron los criados para llevarlo al banquete de Ester.

215
El enemigo es descubierto

Comenzó el banquete.

—¿Qué te gustaría que te regalara, reina Ester? —preguntó Asuero.

—Majestad —respondió Ester—, le ruego que salve a mi pueblo. Alguien desea destruirlo, y todos ellos morirán.

—¿Quién quiere destruir a tu pueblo? —preguntó el rey.

—¡Amán! —dijo Ester señalándolo.

Amán estaba aterrorizado. El rey lo contempló furioso.

—¡Ten misericordia, reina Ester! —rogó Amán. Pero sabía que no tenía escapatoria.

—Amán ha construido una horca para matar a Mardoqueo —dijo un criado.

—¡Que sea Amán el que muera en ella! —dijo el rey—. ¡Llévenselo!

Ester le contó toda la historia al rey.

—Te ruego que no permitas que maten a mi gente —le rogó.

—No puedo deshacer el decreto de Amán, pero puedo permitir que los judíos luchen con sus enemigos y se defiendan —replicó el rey.

Entonces, Asuero concedió a Mardoqueo todo el poder que le había dado a Amán. Los judíos se habían salvado. Cada año, después de aquel incidente, se reunieron para recordar cómo Dios había empleado a la reina Ester para salvarlos.

216
Esdras vuelve a Jerusalén

Más de sesenta años después de que el primer grupo de exiliados volviera a Jerusalén, salió otro grupo tras ellos. Esdras, su líder, era un sacerdote y un buen maestro. Había estudiado la Ley de Dios y la conocía bien.

El rey Artajerjes de Persia había concedido a Esdras el permiso para regresar. Escribió: "Decreto que puedes volver con todos los que quieran acompañarte. Toma una copia de la Ley de Dios, y mis tesoreros te darán lo que necesites. Debes enseñar al pueblo la Ley de Dios, y presentarme informes".

Esdras estaba sorprendido. Ordenó al pueblo que se preparara.

"No le he pedido al rey protección para el viaje —les dijo—, porque le he dicho que Dios cuidará de nosotros. De modo que ayunemos y oremos antes de partir".

Cuando llegaron a Jerusalén, se encontraron con los primeros que habían vuelto a esa ciudad. Algunos de sus líderes se acercaron avergonzados a Esdras.

—Desde que volvimos, algunos de nuestro pueblo se han casado con personas que no creen en el Dios vivo.

—¿Qué? —exclamó Esdras rasgándose las ropas. Cayó de rodillas y oró a Dios—. Lo siento de verdad. ¡Nunca aprendemos! ¡Siempre cometemos los mismos errores! Te ruego que nos perdones.

Algunas personas escucharon lo que Esdras decía. Sabían que tenía razón. Un gran conjunto de hombres, mujeres y niños se le unieron, orando a Dios junto a él.

"Hemos pecado —dijeron—. Perdónanos y enséñanos cómo podemos obedecerte".

217
Nehemías pide ayuda

En Babilonia vivía un fiel siervo de Dios que se llamaba Nehemías. Era el copero del rey Artajerjes.

Un día Hanani, su hermano, le trajo noticias de Jerusalén.

"Los muros de la ciudad siguen estando en ruinas" —le informó.

Nehemías lloró cuando oyó estas noticias. Se negó a comer, y se puso a orar: "Señor Dios, te ruego que escuches mi oración. Sé que nosotros, tu pueblo, te hemos desobedecido. Siento profundamente todas las cosas malas que hemos hecho. Sé que si nos llevaron al exilio fue a causa

de nuestra desobediencia. Pero tú también nos prometiste que los que te fueran fieles volverían a Jerusalén. Te ruego que me permitas regresar allí".

Nehemías fue a ver al rey Artajerjes.

—¿Por qué pareces tan triste, Nehemías? —le preguntó Artajerjes.

Nehemías sabía que Dios estaba con él, de modo que le contó al rey lo que había dicho Hanani.

—Le suplico que me permita regresar a Jerusalén —le dijo—. Si está de acuerdo en permitírmelo, le ruego que me ofrezca protección para el viaje y los materiales para reconstruir las puertas y las murallas de la ciudad.

Dios respondió la oración. Artajerjes accedió a las peticiones.

218
Reparando los muros de la ciudad

Nehemías no contó a nadie los planes que tenía para reconstruir las murallas de la ciudad. Tres días después de llegar a Jerusalén, se acercó de noche a ver cómo estaban. Todo lo que quedaba de los muros eran montañas de ruinas, y las puertas estaban quemadas.

Al día siguiente, fue a ver a los funcionarios de la ciudad y les explicó sus planes, y les hizo saber que el rey Artajerjes le había concedido permiso.

El pueblo comenzó a trabajar de inmediato. Se organizaron en diversos grupos, cada uno de los cuales trabajaba en una sección diferente del muro.

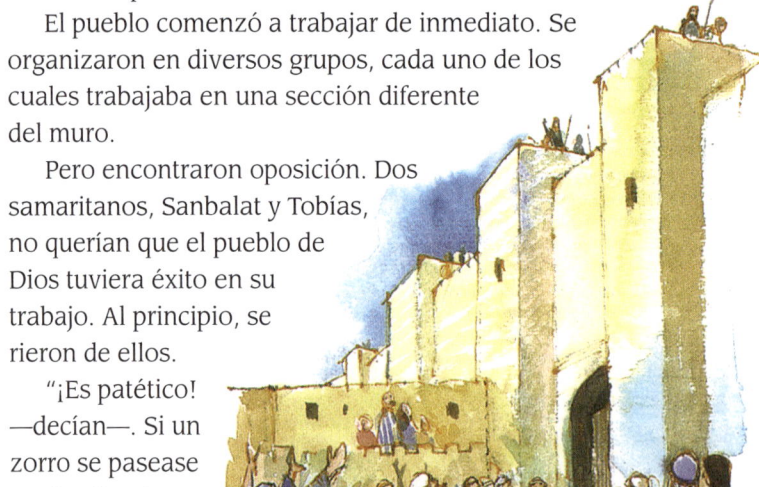

Pero encontraron oposición. Dos samaritanos, Sanbalat y Tobías, no querían que el pueblo de Dios tuviera éxito en su trabajo. Al principio, se rieron de ellos.

"¡Es patético! —decían—. Si un zorro se pasease por lo alto de esos muros, ¡se vendrían todos abajo!"

Luego, hicieron planes para reunir a un ejército y atacarlos.

Nehemías seguía orando. Ordenó a los trabajadores que se armasen, y que siguieran trabajando. Incluso cuando Sanbalat y Tobías conspiraron para asesinarle, Nehemías siguió orando.

Cuando las murallas estuvieron listas, se colocaron las nuevas puertas. Todo el pueblo se reunió. Los muros de Jerusalén se habían reconstruido en 52 días.

219
Nehemías y los pobres

Mientras la obra seguía adelante, se produjo una gran discusión entre el pueblo. Algunos de los exiliados que habían vuelto eran ricos y otros pobres. Los ricos prestaban grandes sumas de dinero a los pobres, pero cuando no podían devolver el dinero, los ricos se quedaban con sus tierras.

"Al quedarse con nuestros campos, no sabemos cómo obtener el dinero para pagar la deuda —le dijeron a Nehemías—. Entonces nos vemos obligados a vender a nuestros hijos como esclavos".

Cuando Nehemías se enteró de esto, se enfadó muchísimo. Hizo que el pueblo se reuniera.

"Lo que están haciendo va en contra de la Ley de Dios —les gritó—. Todos somos miembros de la misma familia. No debemos hacernos daño unos a otros. Devuelvan a su dueño todo lo que no les pertenezca".

El pueblo le hizo caso a Nehemías. Él tenía razón; era su líder, y todos lo respetaban. Trabajaba tan duro como cualquiera de ellos, y siempre usaba su posición de liderazgo en beneficio del pueblo.

220
Esdras lee al pueblo la Ley de Dios

Una vez que terminaron la obra en las murallas, Nehemías reunió al pueblo.

Esdras se subió a una plataforma elevada de madera en la

plaza, delante de la puerta por donde entraba el agua. Llevaba los rollos que contenían la Ley de Dios, y los leyó en voz alta. Todo el mundo le escuchaba y le entendía. Comenzaron a llorar cuando se dieron cuenta de lo desobedientes que habían sido.

"No lloren —les dijo Nehemías—. Hoy es un día especial. Hoy debemos estar contentos, porque hemos escuchado y comprendido la Ley de Dios. Vayan y compartan unos con otros lo que tienen".

Día tras día el pueblo escuchaba a Esdras mientras les leía la Ley de Dios. Recordaban cómo Dios había cuidado de su pueblo desde que salieron de Egipto. También se acordaban de su desobediencia.

"Lamentamos todas las cosas que hicieron nuestros antepasados para enojarte —le dijeron a Dios—. Estamos arrepentidos de nuestros pecados".

221
Las festividades

Era el momento de dedicar a Dios las nuevas murallas de Jerusalén. El pueblo se reunió. Los cantores levitas alabaron a Dios con cánticos, algunos de ellos tocando el arpa.

Nehemías dio instrucciones y los cantores formaron dos coros. Cada uno de los dos fueron en procesión por lo alto de las murallas, en direcciones opuestas, mientras el pueblo los seguía.

Se reunieron todos en el templo de Dios. Cada hombre, mujer y niño cantó a Dios. Todos estaban contentos, llenos de regocijo. Sabían que Dios había cumplido sus promesas.

222
Dios promete un rey especial

El pueblo se fue acostumbrando al estilo de vida en Judá. Se olvidaron del exilio, y de lo agradecidos que estuvieron al volver de él. La nueva vida no era todo lo buena que esperaban que fuese, y a veces les resultaba difícil.

"Adorar a Dios es aburrido —se quejaban—. A la gente que no se preocupa de Dios le va tan bien como a nosotros. No es justo".

Dios dio a Malaquías un mensaje para ellos: "Yo los amo, igual que siempre lo he hecho, desde el principio. Recuerden cómo un hijo obedece a su padre. ¡Piensen en cómo un siervo respeta a su señor! Bien, pues yo soy su Padre y su Señor.

"¡Pero cuidado! ¡Dios mismo viene a habitar entre ustedes! Esperen al mensajero que le preparará el camino. El que viene lo hará para juzgar y para salvar. Será como un horno que purifica la plata y el oro, destruyendo toda la suciedad que los contamina. ¡Y las personas que sirvan a Dios y hagan lo correcto se llenarán de gozo en aquel día!"

Después de que el profeta Malaquías hablara estas palabras de Dios, no hubo más profetas hasta después de cuatrocientos años.

Los alimentos prohibidos

En Babilonia, la primera porción de todos los alimentos la ofrecían a los ídolos. Los babilonios también comían cerdos y caballos, alimentos que los judíos tenían prohibidos, y preparaban todas las demás carnes de manera que no seguían las leyes judías sobre los alimentos. Así que Daniel eligió no comer los alimentos que fueran impuros.

Los sueños

En la Biblia, Dios a veces hablaba mediante sueños.

Los reyes persas

A diferencia de los asirios o babilonios, el gobierno de los persas era más amable y más tolerante. Ciro se opuso a la persecución y permitió una variedad de culturas y creencias diferentes. Dejó que los judíos exiliados regresaran a Jerusalén, y mandó reconstruir el templo de Jerusalén. También ordenó el regreso de los utensilios robados del templo.

El horno

Pudo ser un horno destinado a cocer el barro, o uno donde se fundiera el metal, con un agujero en el techo y una puerta abierta en uno de los lados.

La temperatura máxima

El calor del horno se regulaba con unos fuelles que insuflaban el aire en la caldera. Se manejaron siete fuelles a la vez, para que la temperatura llegara al máximo. La temperatura

subió tanto, que los soldados que empujaron al horno a los tres hombres murieron por el calor.

Los astrólogos

Los astrólogos creen que las estrellas controlan las vidas de las personas, y que muestran lo que sucederá en el futuro. La Biblia afirma que Dios es el único que tiene control.

La ley

Los persas tenían una norma que decía que una ley no podía cambiarse. Usar la frase: "Es como la ley de los medos y los persas", sigue significando que algo nunca puede cambiarse.

Los leones

La caza del león era el pasatiempo favorito en esa parte del mundo. Los leones se encerraban en fosos, y cuando el rey quería cazar desde su carro soltaban a los leones.

Una visión de Dios

A Dios no se le puede ver porque no tiene cuerpo. Las personas que tenían visiones de Él solían ver luces, nubes o fuego, que representan lo que es Dios: pureza y poder. Ezequiel cayó al suelo porque se dio cuenta de semejante poder.

La reconstrucción

La madera de cedro la transportaban en barcos a lo largo de la costa desde el Líbano, y luego hasta Jerusalén en carros. Los carpinteros la cortaban y pulían para forrar las paredes interiores del templo. Los maestros canteros usaban cinceles y sierras para cortar los bloques de piedra caliza que usaban para levantar las paredes.

El anillo con el sello

Era un anillo que dejaba una señal especial sobre la cera fresca o la arcilla. Era la señal de la autoridad del rey y le concedía tanto poder a Amán como tenía el propio rey.

La petición de la reina

Ester era hermosa, y parece ser que Asuero la amaba. Las mujeres y los hombres en Persia usaban aceites para protegerse la piel y perfumes para ahuyentar los insectos y oler bien. Algunas mujeres se pintaban las uñas, se teñían el pelo y llevaban los labios pintados, además de usar sombra en los ojos.

La horca

En Persia, algunos delincuentes eran ejecutados haciendo que los atravesaran unas estacas. Otras veces eran muertos con una espada, y se colgaba de la horca los cuerpos para que todos lo vieran.

Los opositores

Los que intentaron detener los trabajos esta vez fueron los samaritanos, los amonitas y los árabes. Ninguno de ellos quería tener una fuerte ciudad judía que amenazara su control de la región.

Las murallas en ruinas

El pueblo que había regresado a Jerusalén más de sesenta años antes había reconstruido el templo. Pero Jerusalén podía ser atacada fácilmente, porque no tenía muros ni puertas.

El rey Artajerjes

Este rey persa no solamente permitió que más exiliados judíos regresaran a Jerusalén con Esdras, ayudó a Nehemías a volver con los materiales para reconstruir las puertas y las paredes de la ciudad.

Las personas con deudas

La Ley de Moisés decía que cuando los judíos prestaran dinero a otros judíos, no debían pedirles intereses. Pero el pueblo había dejado de obedecer esta ley, enriqueciéndose a expensas de los demás. Las personas que no tenían mucho dinero tenían que vender sus casas y tierras para devolver el préstamo.

Recordar el éxodo

Los judíos recordaban el éxodo, cuando Moisés sacó de Egipto a los israelitas, como un acto significativo del poder de Dios en favor de ellos. Cuando más tarde las cosas empeoraron, se acordaron de que Dios no cambia; Él los ayudaría de nuevo si se lo pedían.

Los pobres

Nehemías dijo al pueblo que ellos formaban parte de la familia de Dios y que deberían tratar a otros con respeto y amabilidad. Dios envió a muchos profetas con un mensaje similar. Dios no quería la adoración del pueblo si ellos no actuaban con impar-cialidad, justicia y bondad, y se preocupaban por las personas necesitadas.

Los levitas

Descendientes de Leví, uno de los hijos de Jacob, los levitas eran los ministros del templo que organizaban la adoración y los cánticos, y cuidaban de los enseres del templo. Mataban los sacrificios y actuaban como músicos.

Alrededor del muro

El pueblo caminó por la parte superior de las murallas antes de ir al templo, como señal de que Dios tenía el control de toda la ciudad. Sabían que las murallas no bastaban para protegerlos: necesitaban a Dios en primer lugar.

La fiesta de Purim

Los judíos celebran un día de fiesta para conmemorar cuando la reina Ester salvó al pueblo del exterminio. El festival cae generalmente en febrero o marzo. Se lee en voz alta el libro de Ester y, cada vez que se menciona el nombre de Amán, las personas dan zapatazos.

EL NUEVO TESTAMENTO

El Nuevo Testamento se compone de los últimos 27 libros de la Biblia. Incluye los cuatro Evangelios, que hablan de la vida y enseñanza de Jesús, y los Hechos de los apóstoles, que narra la historia de cómo empezó y creció la iglesia cristiana. También incluye una colección de cartas y una visión llamada el Apocalipsis, de Juan. Una parte del Nuevo Testamento fue escrita por personas que habían conocido a Jesús durante su vida en este mundo o por personas que habían hablado con ellas, y el resto por seguidores cercanos de Jesús que habían comprendido su mensaje.

Hechos de los apóstoles

Este libro narra las actividades de los seguidores de Jesús durante los primeros 30 años de la iglesia primitiva, tras la venida del Espíritu Santo. Fue escrito por Lucas. Narra cómo los apóstoles, y sobre todo Pablo, llevaron el mensaje de Jesús a otros países del Imperio Romano. Las buenas noticias sobre Jesús iban destinadas a todas las personas del mundo (ver historias 293-333, La iglesia primitiva).

Los cuatro Evangelios

Los cuatro primeros libros del Nuevo Testamento fueron escritos por Mateo, Marcos, Lucas y Juan, algunos años después de la muerte y resurrección de Jesús. Los primeros seguidores de Jesús dijeron lo que habían oído y visto de forma oral, pero estos informes escritos sobre la vida de Jesús y sus enseñanzas formaron parte importante en la comunicación del evangelio, que significa "buenas noticias" (ver historias 223-292, Las buenas noticias).

Mateo y Juan fueron dos de los doce apóstoles de Jesús, personas a las que Él eligió para que trabajasen junto a Él; Marcos era un amigo íntimo de Pedro, que también fue apóstol; y Lucas era un gentil (un no judío) muy culto, que era médico, amigo del apóstol Pablo. Fue también el autor de los Hechos de los apóstoles (ver arriba a la derecha).

Los primeros tres Evangelios son muy parecidos, y en algunas partes usan palabras casi idénticas. Se piensa que el primero que se escribió fue el Evangelio de Marcos, y que Mateo y Lucas se basaron en él o en la misma fuente. Pero cada Evangelio es diferente, porque todos contemplan a Jesús desde un punto de vista distinto.

Donde vivió Jesús *Él vivió en Nazaret, en la región de Galilea. Es un pueblo situado al norte del país, a cierta distancia de Jerusalén, la capital. En Nazaret, por lo general, había personas muy normales que vivían muy normalmente. En esa ciudad Jesús aprendió a ser carpintero. Muchos de sus habitantes eran granjeros y pescadores. Nadie esperaba que el Mesías viniera de un lugar tan alejado de todo.*

MESÍAS

Esta es la palabra hebrea que significa "elegido", y muchos de los judíos del Antiguo Testamento creían que Dios había prometido enviar a un rey, descendiente de David, que traería libertad al pueblo de Dios. Los seguidores de Jesús creían que Él era ese "elegido". La palabra griega para Mesías es "Cristo".

El idioma *Aunque el propio Jesús hablaba en arameo, los escritores de los Evangelios escogieron el griego, un idioma hablado en todo el país y por los territorios mediterráneos, donde nacieron las primeras iglesias de gentiles. Esto quería decir que todo el mundo podía leer el mensaje.*

La cartas

La mayoría de las cartas del Nuevo Testamento las escribió Pablo, un hombre que se había opuesto violentamente al mensaje de Jesús, hasta que su vida (y su nombre) cambió por completo (historia 302). Después de ese episodio, llevó sin temor el mensaje cristiano tanto a judíos como a gentiles. Incluso cuando estaba en prisión escribió cartas a cristianos, para ayudarlos a comprender más acerca de Jesús, y enseñarles a vivir en santidad. Escribió para guiar a los pastores de las iglesias y para animarlos, sobre todo en medio de las persecuciones, cuando

El Apocalipsis

Este es un libro difícil de entender. Es una visión escrita por Juan. Está lleno de símbolos y significados ocultos. Escrito en un momento en que los cristianos eran perseguidos y asesinados todo a lo largo y ancho del Imperio Romano, este libro habla de una gran lucha entre el bien y el mal, y narra cómo el poder de Dios triunfará al fin, cuando habrá "un nuevo cielo y una nueva tierra" (ver historias 360-365, Una visión de lo que sucederá).

los cristianos eran azotados o asesinados por creer en Jesús. Hay otras cartas que escribieron Pedro, Juan y Judas. La Epístola (o carta) a los Hebreos no está firmada (ver historias 334-359, Cartas a las iglesias).

El templo de Herodes *En la época de Jesús, todos los judíos venían a adorar a Dios al templo de Jerusalén, sobre todo cuando se celebraban las grandes festividades religiosas. Se llamaba al templo "la casa de Dios".*

EL PACTO

"Pacto" es otra palabra para decir "testamento". El Antiguo Testamento habla del pacto de Dios con su pueblo especial, los judíos. Pablo dice que el "nuevo pacto" con Dios por medio de Jesús significa que todo el mundo puede conocer a Dios, quien les perdona sus pecados y les promete vida después de la muerte, si ponen su fe en Jesús.

EL MUNDO DEL NUEVO TESTAMENTO

Roma

ITALIA

GRECIA

MACEDON

• Filipo

• Tesalónica

• Corinto   • Atenas

MALTA

CRETA

ISRAEL EN LOS TIEMPOS DEL
NUEVO TESTAMENTO

EL GRAN MAR
(Mediterráneo)

Capernaum

Caná   MAR DE
GALILEA

• Nazaret

• Naín

GALILEA

Cesarea •

Río Jordán   DECÁPOLIS

SAMARIA

Jope •

Lida •

Emaús   Jericó

JERUSALÉN   † Betfagé

• Betania

Belén

MAR
MUERTO

JUDEA

GALACIA

Troas

Pérgamo

Tiatira

Sardis

Esmirna

Filadelfia

Éfeso

Laodicea

Mileto

Colosas

Antioquía
de Pisidia

Listra

Derbe

CILICIA

SIRIA

Antioquía

CHIPRE

Sidón

Tiro

Damasco

GALILEA

Jerusalén

JUDEA

EL MAR MEDITERRÁNEO

EGIPTO

EL NUEVO TESTAMENTO

LAS BUENAS NOTICIAS

Durante cientos de años, las personas del Antiguo Testamento
habían estado esperando al "elegido" o Mesías, que Dios
enviaría para salvar a su pueblo. Los seguidores de Jesús
creían que Él era esa persona especial. Las historias en
esta sección hablan de que en realidad Jesús es el Mesías.

El nacimiento de Jesús estuvo señalado por unos acontecimientos
especiales. Las personas que fueron testigos de ese suceso supieron
que Dios había elegido a aquel bebé para una misión fuera de lo
normal. Cuando tenía unos treinta años de edad, Jesús comenzó a
enseñar al pueblo que Dios los amaba. Para complacer a Dios, tenían
que amarse unos a otros y cuidarse mutuamente. Las multitudes
seguían a Jesús por dondequiera que iba, porque les hablaba de Dios y
su reino mediante historias sencillas en vez de darles incontables reglas
que cumplir. También les mostró el amor de Dios sanando a personas
que tenían todo tipo de enfermedades, y demostró el poder de Dios
haciendo milagros.

Pero Jesús tuvo enemigos. Algunos de los líderes religiosos lo
juzgaron y consiguieron que le ejecutaran por "delitos" religiosos.
Después de dar su vida voluntariamente por nuestros pecados, tuvo
lugar la gran maravilla: Jesús resucitó de los muertos. Ahora sus
seguidores ya no tenían dudas de que Jesús era el propio Dios con
forma humana. Había venido a rescatar al mundo de las consecuencias
de su maldad, y a ayudarlos a conocer a Dios. Estas son las historias que
hallamos en los cuatro Evangelios: Mateo, Marcos, Lucas y Juan.

223
Zacarías y el ángel

Zacarías y su esposa Elisabet vivían en una zona de Judea repleta de colinas. Eran un matrimonio anciano ya, que amaba a Dios y le obedecía. Pero a veces se sentían tristes porque no habían tenido hijos.

Un día, Zacarías salió de su casa para ir al templo. Era sacerdote y le tocaba trabajar en el templo ese día. Se juntó con los demás sacerdotes, y echaron suertes para decidir quién tendría la misión especial, que solía ser una sola vez en la vida, de encender el incienso. Esta vez le tocó a Zacarías.

Él entró en el templo y prendió el incienso, que comenzó a arder. El pueblo estaba fuera, orando.

De repente, en medio de la oscuridad, apareció una figura. Era un ángel, y Zacarías se quedó aterrorizado.

—No tengas miedo —dijo el ángel—. Dios ha escuchado tus oraciones. Tendrás un hijo llamado Juan, y el Espíritu de Dios estará con él de una forma especial. Traerá alegría a muchas personas. Les enseñará el camino a Dios, de modo que todos estén preparados para Él.

—¿Podrá ser cierto algo así? —preguntó Zacarías.

—Mi nombre es Gabriel —dijo el ángel—, y estoy siempre en la presencia de Dios. Como no has creído mi mensaje, no serás capaz de hablar hasta que se haya cumplido todo lo que te he dicho.

Fuera del templo, la gente estaba empezando a preguntarse por qué tardaba tanto Zacarías. Cuando salió al fin, Zacarías intentó hablarles del ángel. Movió los brazos y pronunció las palabras moviendo los labios, pero no podía hablar.

Entonces regresó a su casa. Pronto, Elisabet se dio cuenta de que estaba esperando un hijo.

224
El mensaje de Gabriel

En la aldea de Nazaret, en Galilea, vivía una joven llamada María. Estaba prometida para casarse con José, el carpintero del lugar.

Un día, mientras María estaba ocupada en casa, la sorprendió un visitante muy especial: el ángel Gabriel.

—María —le dijo el ángel—, ¡Dios está contigo!

María estaba preocupada y confusa.

—Dios está complacido contigo, y te ha elegido para tener a su Hijo. Lo llamarás Jesús. Él será rey, ¡y su reino será eterno!

—¿Cómo sucederá esto? —preguntó María.

—El Espíritu de Dios vendrá sobre ti, de modo que a tu hijo se le llamará Hijo de Dios. Dios es capaz de hacer cualquier cosa. ¡Hasta tu pariente, Elisabet, está esperando un hijo! ¡Para Dios no hay nada imposible!

—Quiero servir a Dios —dijo María—. Que suceda todo lo que me has dicho.

Y el ángel se fue.

225
María visita a Elisabet

María se fue de Nazaret para visitar a Elisabet. Era un largo viaje hasta las colinas de Judea.

Cuando Elisabet escuchó la voz de María, sintió que su hijo se movía en su vientre. ¡Estaba muy emocionada!

—¡Dios te ha bendecido de un modo especial! —le dijo a María—. Y lo mismo hará con tu hijo. Has creído en Dios, y Él te bendecirá por eso.

—¡Dios es grande! —dijo María—. Solo soy una mujer normal y corriente. Es Dios el que ha hecho grandes cosas.

Y al cabo de tres meses, María volvió a su hogar en Nazaret.

226
Nace Juan

Ocho días después de que Elisabet diera a luz, hizo circuncidar al bebé y le puso nombre, como era costumbre.

—¡Debes llamarle Zacarías, como su padre! —le dijeron sus parientes.

—¡No! —contestó Elisabet—. Su nombre es Juan.

—¿Juan? —preguntaron sus amigos—. No conoces a nadie que se llame Juan. Tampoco hay nadie en tu familia con ese nombre. ¿Tú que piensas, Zacarías?

Zacarías hizo gestos con las manos, pidiendo una tablilla para escribir y un punzón. Escribió: "Se llama Juan".

En cuanto hubo escrito esas palabras, Zacarías habló por primera vez desde su encuentro con Gabriel.

—¡Alabado sea Dios! —gritó—. Dios hará lo que nos prometió hace tanto tiempo: ¡enviará un Salvador al mundo! ¡Y mi hijo ha sido elegido para anunciar su venida!

Todos estaban muy asombrados. ¿Qué significaba todo aquello?

227
El sueño de José

José no supo qué hacer cuando se enteró de que María estaba esperando un niño. No quería que nadie murmurara contra ella ni la tratara mal. Pero no estaba seguro de si debía casarse con ella. Pensó con tristeza: Quizá será mejor que anule nuestro compromiso sin hacer mucho alboroto.

Pero una noche, mientras dormía, José tuvo un sueño extraño. Un ángel se le apareció y le dijo: "José, no te preocupes en cuanto a María. Está esperando un hijo muy especial, el Hijo de Dios, que será el Salvador del mundo. Debes llamar al niño Jesús".

Cuando José se despertó, recordaba lo que el ángel le había dicho, de modo que siguió adelante con el compromiso y se casó con María.

228
El viaje a Belén

César Augusto, el emperador romano, mandó hacer un censo de la población para aumentar los impuestos. Ordenó que todos los habitantes del Imperio fueran al pueblo de donde provinieran sus antepasados para contarlos allí. Como José pertenecía a la familia del rey David, tuvo que ir con María hasta Belén.

José y María salieron de su hogar en Nazaret y comenzaron el viaje, cruzando Galilea y Samaria, hasta el pueblo judío de Belén. Era un viaje muy largo.

229
El bebé de María

Cuando José y María llegaron a Belén, había acudido tanta gente a incluir sus nombres en el registro, que el pueblo estaba repleto.

María estaba cansada del viaje. José intentó encontrar un lugar donde hospedarse. Fue de casa en casa buscando una habitación donde poder dormir. Todo estaba ocupado. No quedaban estancias ni siquiera en la posada. Al final, encontraron un refugio en un lugar donde dormían los animales, un establo.

Mientras estaban en Belén, nació el bebé de María. Ella lo envolvió cuidadosamente en tiras de tela y lo depositó suavemente en el heno de un pesebre, porque no había ningún otro lugar.

230
El rey de los pastores

Esa noche, en las colinas que rodeaban Belén, un grupo de pastores cuidaba a sus rebaños.

De repente, una brillante luz atravesó el cielo nocturno. Un ángel apareció en medio de la luz. Los pastores cayeron al suelo, apretándose unos a otros, para protegerse. Estaban aterrorizados.

"¡No tengan miedo! —dijo el ángel—. He venido a darles buenas noticias. La noticia más maravillosa que jamás se haya oído. Esta noche, en Belén, ha nacido un niño, que es el Salvador del mundo. ¡Vayan a verlo! Lo encontrarán envuelto en tiras de tela, durmiendo en un pesebre".

Mientras los pastores escuchaban las palabras del ángel, el cielo de repente se iluminó con gran intensidad, y se oyó el canto de cientos de ángeles, que cantaban y alababan a Dios.

"¡Gloria a Dios en las alturas! —cantaban—. ¡Y paz en la tierra!"

Cuando se fueron los ángeles, los pastores se miraron unos a otros.

"Vamos a Belén a ver al niño" —exclamaron, y bajaron corriendo por las colinas.

Encontraron el lugar donde estaban refugiados José y María. Vieron al pequeño bebé, durmiendo en el pesebre, y supieron que lo que el ángel les había dicho era cierto.

"¡Alabado sea Dios! —dijeron a todos los que se iban encontrando por el camino de regreso—. ¡Esta noche hemos visto y oído cosas asombrosas!"

231
Los sabios

La noche en que Jesús nació, algunos sabios que vivían muy lejos, en el oriente, vieron una extraña estrella en el cielo.

Los sabios estudiaron sus mapas para descubrir qué podía significar aquella estrella. Sacaron la conclusión de que había nacido un rey, de modo que decidieron seguir la estrella. No sabían adónde les podría llevar.

Al final, los sabios llegaron a Jerusalén. Fueron al palacio del rey Herodes.

"¿Dónde está el nuevo rey? —le preguntaron—. Hemos venido a presentarle nuestros respetos, a darle la bienvenida y adorarlo".

Cuando Herodes se enteró de que los sabios buscaban a un nuevo rey, se preocupó mucho. Convocó una reunión con todos sus consejeros.

—Hace años, los profetas anunciaron que Dios enviaría un nuevo rey —les dijo—. ¿Afirmaron dónde iba a nacer?

—En Belén —contestaron los consejeros.

Herodes pensó con rapidez.

"Vayan a Belén —dijo a los sabios—. Si encuentran al rey, díganmelo para que yo también pueda ir a adorarlo".

232
Regalos para el rey

De manera que los hombres sabios fueron a Belén. Siguieron la estrella hasta que llegaron a una casa. Entraron en ella y encontraron a María con el niño. Los sabios se inclinaron para adorar a Jesús, el nuevo rey. Le hicieron unos regalos especiales: oro, incienso y mirra.

Pero durante la noche, los sabios tuvieron un sueño extraño. Cuando despertaron, estaban convencidos de que Dios les había advertido que no volvieran a ver a Herodes. Se fueron a su tierra, evitando pasar por Jerusalén.

233
La huida a Egipto

Entonces José también tuvo un sueño extraño, en el que se le apareció un ángel.

"¡Despierta! —le dijo el ángel con urgencia—. ¡Herodes planea matar a Jesús! ¡Toma a tu familia y llévatelos a Egipto!"

José no perdió el tiempo. Despertó a María y a Jesús. Se fueron de noche en dirección a Egipto.

Herodes no tardó mucho en darse cuenta de que los sabios lo habían engañado. Estaba furioso.

"¡Todos los niños menores de dos años deben morir!" —ordenó. Nada ni nadie podía resistirse al rey Herodes.

234
Perdido en Jerusalén

Cuando el rey Herodes murió, José y María regresaron a Nazaret. Como todos los judíos, iban a Jerusalén, como cada año, a celebrar la fiesta de la Pascua.

Cuando Jesús tenía doce años fue, junto a José y María y otro grupo de personas de Nazaret, a la festividad en Jerusalén. Al final de la celebración, regresaron a casa.

Cuando José y María llevaban caminando un día, descubrieron que Jesús no estaba en el grupo. Le buscaron entre sus amigos y parientes, pero nadie sabía dónde estaba. Todos pensaban que estaba con otras personas.

José y María volvieron a Jerusalén y estuvieron buscando tres días. Al final, fueron al templo. Allí estaba Jesús, rodeado de maestros y expertos en la Ley. Él los escuchaba y les hacía preguntas. A veces comentaba algo, y todos estaban sorprendidos por sus respuestas. ¡Entendía tantas cosas!

—¿Dónde has estado? —preguntó María—. Tu padre y yo hemos estado muy preocupados por ti.

—¿No saben que estaría en la casa de mi Padre? —replicó Jesús. Pero no entendieron lo que quería decir.

Regresó con ellos a su casa. Era un buen hijo. A medida que crecía, María recordaba todas las cosas especiales que le habían sucedido.

235
Juan el Bautista

Cuando el hijo de Elisabet y Zacarías, Juan, creció se fue a vivir al desierto. Un día, Juan supo que era el momento de comenzar a hacer la obra que Dios le había encomendado.

Él comenzó a hablar a la gente acerca de Dios. Venían multitudes a escucharlo.

"Dejen de hacer las cosas que están mal y vuélvanse a Dios —les decía Juan—. Vengan y participen del bautismo como señal de que están arrepentidos y de que Dios los ha perdonado".

Las personas venían para que Juan las bautizara.

"No basta con haber nacido en la misma familia que Abraham —les decía—. ¡No basta con ser un miembro del pueblo escogido por Dios!"

El pueblo estaba sorprendido.

—Entonces, ¿qué podemos hacer? —preguntaban.

—Si tienen dos túnicas, o mucha comida, compartan lo que tienen con los que no tienen nada. Si son recaudadores de impuestos, no engañen a nadie. Si son soldados, traten bien a los demás.

—¿Será Juan el Salvador que viene de Dios? —se susurraban unos a otros.

Juan los oyó.

—Yo los bautizo con agua. Pero viene alguien que es mucho más poderoso que yo. ¡Él los bautizará con el Espíritu de Dios!

Un día, Jesús vino a ver a Juan. Quería ser bautizado. Cuando Jesús salió de las aguas, el Espíritu de Dios descendió sobre Él en forma de paloma.

Entonces una voz que venía del cielo dijo: "Tú eres mi Hijo, a quien amo mucho. Estoy satisfecho de ti".

236
Jesús en el desierto

El Espíritu de Dios condujo a Jesús al desierto, y allí se quedó con Él. Durante muchos días, Jesús no comió nada, y estaba hambriento.

—¡Prueba que eres el Hijo de Dios! —le dijo Satanás, el enemigo de Dios—. Di a una piedra que se convierta en pan.

—La vida consiste en algo más que en pan —replicó Jesús, citando la Palabra de Dios.

Entonces el diablo llevó a Jesús a un lugar muy elevado. Desde allí, se veían todos los reinos y países extendidos a sus pies.

—Yo estoy a cargo de este mundo —susurró el diablo—. Si me adoras, te daré todo esto.

—Dios ha dicho que solo debemos adorarlo a Él —replicó Jesús.

Entonces el diablo llevó a Jesús a Jerusalén. Se pusieron en el punto más alto del templo.

—Ya sé lo que ha dicho Dios —dijo el diablo—. Ha dicho que enviará a sus ángeles que bajen del cielo para protegerte. Veamos una demostración del poder de Dios: ¡salta desde aquí arriba!

Jesús no quiso hacerle caso.

—¡La Ley de Dios dice que no debemos tentarlo! —le contestó.

Al final, el diablo dejó tranquilo a Jesús. Había intentado que Jesús hiciera algo malo, pero Él no había cedido.

237
Los cuatro pescadores

Jesús regresó a Galilea. Mientras viajaba por la región, predicaba a la gente.

"He venido a traerles buenas noticias de parte de Dios —les decía—. ¡Dejen de hacer el mal y hagan lo que complace a Dios!"

Un día, Jesús caminaba junto al Mar de Galilea y contemplaba a los pescadores que echaban al agua sus redes. Se fijó sobre todo en dos de ellos. Eran dos hermanos, llamados Simón y Andrés.

"¡Vengan y síganme! —les gritó Jesús por sobre las olas—. Seguirán siendo pescadores, ¡pero de personas, no de peces!"

De inmediato, Simón y Andrés dejaron sus redes y siguieron a Jesús. Luego Jesús vio a Jacobo y a Juan sentados en una barca con su padre Zebedeo, remendando las redes.

"¡Vengan y síganme!" —les dijo Jesús.

Jacobo y Juan salieron de la barca y le siguieron.

Estos cuatro fueron los primeros discípulos de Jesús. Él los acompañó a sus hogares en Capernaum. Mientras estuvieron allí, Jesús enseñó en la sinagoga. Venían a Él multitudes de personas y Él sanaba a todas las que estaban enfermas.

238
El mejor vino

Un día, Jesús y algunos de sus discípulos fueron invitados a una boda en el pueblo de Caná de Galilea. La madre de Jesús, María, también estaba invitada. Fue una gran fiesta, pero antes de que acabaran las celebraciones, se quedaron sin vino.

María fue a ver a Jesús y le contó lo que pasaba.

"Yo solo puedo hacer lo que mi Padre desea" —replicó Jesús.

María no entendía lo que estaba diciendo Jesús, pero sabía que los ayudaría.

"Hagan todo lo que les pida" —susurró a los siervos.

Jesús vio seis grandes tinajas de agua, que estaban vacías.

"Llénenlas de agua" —dijo.

Los criados hicieron lo que Jesús les pedía.

"Ahora pueden servir su contenido".

Cuando los criados vertieron el agua, vieron que se había convertido en vino. Lo ofrecieron al que dirigía la ceremonia. Cuando aquel hombre lo probó, quedó sorprendido.

"¡Extraordinario! —comentó a la novia—. Por lo general, la gente sirve el peor vino al final, cuando sus invitados han comido y bebido mucho y ya no lo aprecian. Pero este vino es especial, y lo han guardado para el final".

Los discípulos de Jesús vieron lo que había hecho y empezaron a darse cuenta de que Él era alguien muy especial.

239
Las buenas noticias

Por toda Galilea había ya muchas personas que habían visto cómo Jesús sanaba a los enfermos, y lo habían oído hablar del modo en que Dios amaba y se preocupaba por su pueblo.

Entonces, Jesús volvió a su pueblo natal de Nazaret. El día de reposo acudió a la sinagoga, como siempre hacía cuando estaba en casa. Se levantó para leer de las Escrituras. Alguien le entregó el rollo que contenía las palabras del profeta Isaías.

"El Espíritu de Dios está sobre mí —leyó Jesús—. Él me ha elegido para llevar buenas noticias a los pobres, a libertar a los que están encadenados, a dar vista a los ciegos, a ayudar a los que sufren y a decir a todo el mundo que ya ha llegado la bendición de Dios".

Jesús enrolló el manuscrito y se sentó.

—Estas palabras fueron escritas hace cientos de años. ¡Hoy se han cumplido!

Las personas reunidas allí murmuraban unas a otras.

—Pero si no es nadie especial. ¡Si es el hijo de José!

—Si así es como piensan —les dijo Jesús—, no verán nada especial en este pueblo.

La gente de Nazaret estaba furiosa. Se sentían insultados. Sacaron a Jesús del pueblo, llevándole a las colinas a empujones. Planeaban arrojarlo por un barranco. Pero Jesús, sencillamente, pasó entre todos ellos y se fue.

240
El hombre en la camilla

Cuando Jesús visitó Capernaum, se juntó una multitud de personas en una casa para oírlo hablar de Dios. Había más gente apretada junto a la puerta intentando oírlo.

Entonces vinieron cuatro hombres a ver a Jesús, llevando a un amigo que estaba acostado en una camilla. No se podía mover, porque era paralítico. Los cuatro hombres querían que Jesús le ayudara, pero no podían acercarse a la casa debido a la gran cantidad de gente.

Estaban tan desesperados que subieron por las escaleras exteriores que llevaban al techo de la casa, y una vez allí hicieron un agujero en el techo. Cuando el agujero fue lo bastante amplio, bajaron por él al hombre en su camilla, y observaron cuando llegó delante de Jesús.

Jesús miró a aquellos cuatro hombres. Se dio cuenta de lo seguros que estaban de que podría ayudar a su amigo. Entonces le habló al paralítico.

"Hijo mío —le dijo—, tus pecados son perdonados".

Los expertos religiosos que escuchaban a Jesús se sorprendieron.

¿Cómo se atreve a decir que perdona los pecados? —pensaban—. ¡Solo Dios puede hacer eso!

Jesús sabía lo que estaban pensando, así que, mirando al paralítico, le dijo: "¡Levántate, toma tu camilla y vete a tu casa!"

Inmediatamente, el hombre se puso de pie. Todos vieron lo que había sucedido, y quedaron sorprendidos.

"¡Alabado sea Dios! —dijeron—. ¡Nunca hemos visto nada parecido!"

241
Mateo, recaudador de impuestos

Jesús caminaba junto al Mar de Galilea. Multitud de personas lo seguían para escuchar lo que decía.

Un recaudador de impuestos llamado Mateo había colocado su mesa junto al lago. Recogía dinero para los romanos. Mateo le decía a las personas cuánto debían pagar. La gente no se fiaba de los recaudadores.

Jesús pasó por delante de la mesa de Mateo. Se detuvo, le hizo señas y dijo: "Sígueme".

Mateo dejó lo que estaba haciendo y siguió a Jesús. Esa tarde, lo invitó a su casa a cenar. También invitó a algunos de sus amigos, que eran también recaudadores, a cenar con ellos.

Cuando los fariseos vieron quién era el invitado de Mateo se disgustaron.

"¿Por qué se junta Jesús con gente tan desagradable?" —preguntaron a los discípulos.

242
Los doce discípulos

Aunque por todas partes donde iba Jesús se reunían muchas personas, tenía doce seguidores especiales que eran sus discípulos o "alumnos".

Un día, Jesús les dijo: "La misión de ustedes es ir por los pueblos y hablar a las personas de Dios. Les concederé mi poder y autoridad".

Entonces les dio algunas instrucciones.

"No viajen solos, sino de dos en dos. No hace falta que lleven provisiones. Si llegan a un lugar donde la gente no quiere escucharlos, márchense en seguida".

Los discípulos fueron de aldea en aldea. Dijeron a las personas que se arrepintieran de sus pecados y vivieran de acuerdo con el nuevo estilo de vida que ordenaba Dios, y sanaron a los que estaban enfermos.

243
Viviendo como Dios desea

Un día, había tanta gente siguiendo a Jesús que Él subió a lo alto de una colina. Se sentó y comenzó a enseñarles cómo vivir como Dios quiere.

"Las personas que tienen la verdadera felicidad no son orgullosas, sino que saben lo mucho que necesitan la ayuda y el perdón de Dios —dijo Jesús—. Si siguen los caminos de Dios, serán como la sal, que se esparce por toda la tierra, o como una luz que brilla con fuerza para que el mundo la vea".

La gente lo escuchaba. Entonces, Jesús comenzó a hablar sobre la Ley de Dios, aquella Ley que los fariseos conocían tan bien. Pero Jesús les expuso la Ley de Dios de una forma nueva.

"Si alguien les hace daño, no intenten vengarse —dijo Jesús—. Apártense de su camino para ayudar a quien lo necesite. La Ley de Dios dice que debemos amar a los que son nuestros amigos o parientes, pero ¡amen también a sus enemigos! Dios quiere que seamos distintos. Si Dios es perfecto, ¡nosotros también debemos intentar serlo!"

244
Cómo orar

"Procuren —decía Jesús— no hacer grandes demostraciones cuando oren, de modo que los vean y piensen qué buenos son. Dios ve todas las cosas. De manera que deben hablarle tranquilamente, sin hacer un gran espectáculo".

Jesús enseñó a sus discípulos una pauta para que oraran a Dios.

"Comiencen hablando con Dios —explicó Jesús—digan: 'Padre nuestro'.

"Dios es santo —continuó—, así que pidan que su nombre sea tratado como es digno, y que llegue pronto el reino de Dios. Pidan a Dios las cosas que necesitan para cada día, como el pan. Entonces pidan perdón a Dios, y al mismo tiempo perdonen a todos los que puedan haberlos ofendido. Pídanle ayuda para no hacer nada que vaya en contra de lo que dice su Ley".

Jesús acabó con una advertencia.

"Recuerden: si no perdonan a los demás, Dios no podrá perdonarlos".

245
No se preocupen

Jesús hablaba de cosas que interesaban a todo el mundo.

"¡No se preocupen por nada! —dijo—. No se preocupen por la comida, la bebida o la ropa que visten. Fíjense en las aves

del campo. No tienen graneros donde almacenar la comida. Sencillamente dependen de Dios para el alimento. ¿No creen que Él cuidará de ustedes como cuida de las aves? ¡No van a vivir más por mucho que se preocupen! Y en cuanto a la ropa, miren los hermosos lirios que nacen en el campo. ¡No trabajan, ni se hacen la ropa! Dios los ha hecho hermosos. Si colocan a Dios en primer lugar, Él se asegurará que tengan todo lo que les haga falta".

246
Las dos casas

Algunas de las personas que escuchaban a Jesús querían vivir de una forma que agradara a Dios. Pero a otros no les gustaba lo que oían, de modo que Jesús les narró una historia.

"Si me hacen caso, obedeciendo a lo que les digo, serán como un hombre sabio que construyó su casa sobre una roca. Antes de comenzar a trabajar, se aseguró que los cimientos de su casa fueran fuertes, basados en la roca. Entonces, cuando la lluvia golpeó la casa, y el viento sopló a su alrededor, la casa no se movió.

"Si no hacen caso de las cosas que les enseño, serán como un hombre necio, que construyó su casa sobre la arena. Cuando el viento sopló y la lluvia cayó con fuerza sobre su casa, como no tenía buenos cimientos, se vino abajo.

247
Jesús y el oficial romano

Jesús volvió a Capernaum, y la gente lo siguió. De repente, corrió hacia Él un centurión romano. Estaba angustiado, y se acercó apresuradamente a Jesús.

—Te ruego que me ayudes —le pidió—. Uno de mis siervos está muy enfermo, no se puede mover y tiene un gran sufrimiento.

—Iré y lo sanaré —dijo Jesús.

—Señor, no merezco que entres en mi casa —dijo el centurión rápidamente—. Sé que si tan solo ordenas que mi siervo sea sano, se curará. Yo soy centurión, y sé lo que es tener poder y autoridad. Ordeno a mis hombres que vengan y vayan como yo quiero, y ellos me obedecen. Tú tienes un poder y una autoridad muy distintos, que provienen de Dios.

Jesús quedó sorprendido por las palabras del centurión.

—Aún no había encontrado a nadie que tuviera tanta fe como tú. ¡Ve a casa! Todo lo que crees sucederá, y de hecho ya ha sucedido.

El centurión fue a su casa. Su siervo estaba curado. Se había recuperado exactamente en el momento en que Jesús se lo dijo.

248
El único hijo de la viuda

Jesús y sus discípulos salieron de Capernaum y fueron al pueblo de Naín, seguidos por una gran multitud. Mientras se acercaban a las puertas del pueblo, otro grupo de personas salía de él. Era un entierro.

Llevaban el cuerpo de un joven sobre una camilla. La madre del joven caminaba tristemente tras ella. Estaba llorando, porque no tenía a nadie más, ya que su marido había fallecido.

Cuando Jesús vio a la mujer, se entristeció mucho.

"No llores" —le dijo.

La procesión se detuvo. Jesús se acercó a la camilla sobre la que estaba el cuerpo, y lo tocó.

"Joven —le dijo—, ¡levántate!"

Inmediatamente, el joven se levantó y comenzó a hablar. Jesús lo tomó de la mano y lo llevó hasta su madre.

Todo el mundo estaba sorprendido.

"¡Alabado sea Dios! —dijeron—. ¡Dios ha enviado a alguien importante para ayudarnos!"

Cada vez había más gente que oía hablar de Jesús.

249
La historia del sembrador y la semilla

Jesús regresó al Mar de Galilea. Se sentó en una barca y habló a las multitudes que lo observaban desde la orilla.

"Un granjero decidió sembrar unas semillas —comenzó Jesús—. Tomó una cierta cantidad de semillas, y las fue lanzando a derecha e izquierda. Algunas cayeron en el camino, y los pájaros se las comieron rápidamente. Otras cayeron en un suelo que estaba lleno de piedras. Las semillas crecieron rápido, pero no sobrevivieron mucho tiempo. Cuando el sol cayó sobre las plantas, se secaron, porque no tenían buenas raíces. Otras semillas cayeron entre espinos, y no pudieron crecer bien. Pero hubo semillas que cayeron en buena tierra, y comenzaron a crecer. Eran plantas fuertes y sanas, y al final produjeron una buena cosecha".

Más tarde, cuando los discípulos estaban a solas con Jesús, le preguntaron: "¿Qué significa esa historia?"

"El granjero es como una persona que habla de Dios a las demás. La semilla es el mensaje que les lleva. Algunos de los que oyen el mensaje son como la semilla que cayó en el camino. Escuchan hablar de Dios, pero se olvidan rápidamente de Él. El suelo pedregoso es como los que intentan obedecer a Dios, pero dejan de hacerlo cuando las cosas se ponen difíciles. Las personas que siguen a Dios, pero que se preocupan por el dinero o por cualquier problema, son como el suelo con espinos. Su fe se ahoga pronto. Pero las personas parecidas a la buena tierra, donde la semilla puede crecer fuerte y sana, son las que tendrán vidas fructíferas que Dios podrá emplear".

250
Los secretos del reino de Dios

Jesús narró muchas historias para explicar cómo es el reino de Dios.

"El reino de Dios es como un tesoro escondido en un campo —les dijo Jesús—. Un día, un hombre lo encuentra por casualidad.

Vuelve a enterrarlo rápidamente, y de regreso a casa vende todo lo que tiene para poder comprar aquel campo".

La gente lo escuchaba. Algunos de ellos lo entendieron: El reino de Dios es más valioso que todas las demás cosas.

"O también —continuó Jesús— el reino de Dios es como un hombre que compra y vende perlas. Un día, descubre una perla tremendamente valiosa. De manera que vuelve a su casa y vende todas sus posesiones, para poder comprarla".

251
La tormenta en el lago

Una tarde, Jesús pidió a sus amigos que lo llevaran al otro lado del lago, así que izaron las velas.

Jesús estaba cansado. Las multitudes lo habían seguido todo el día. Fue a la popa de la barca, se acostó y apoyó la cabeza en un cojín. Pronto se durmió profundamente.

De repente, el viento cambió de dirección y el mar se agitó mucho. Grandes olas chocaron contra la barca, llenándola de agua. Los amigos de Jesús estaban convencidos de que iban a ahogarse. Pero Jesús seguía dormido.

"¿No te importa que muramos todos?" —le gritaron, despertándole.

Jesús se puso de pie. Le habló al viento, que dejó de soplar. Le habló al mar y le dijo: "¡Quieto!"

Y el mar dejó de removerse.

Jesús contempló a sus asustados discípulos.

"¿De qué tienen miedo? ¿No creen en mí?"

Los amigos de Jesús lo contemplaron. No tenían idea de que tuviera tanto poder.

"¿Quién es? —se preguntaron unos a otros—. ¡Incluso el viento y las olas obedecen sus órdenes!"

252
La hija de Jairo

Cuando Jesús volvió a Capernaum, las multitudes salieron a recibirlo.

Jairo, el gobernante de la sinagoga, se acercó corriendo a Jesús. Todo el mundo lo conocía. Se arrodilló a los pies de Jesús.

"Te ruego tu ayuda —exclamó—. Mi hija se está muriendo. Solo tiene doce años. ¡Por favor, ven a ayudarla!"

Jesús siguió a Jairo mientras se abría paso entre la multitud.

Uno de los siervos de Jairo vino corriendo hasta ellos.

"Señor —le dijo—, es demasiado tarde. Su hija acaba de morir. No moleste más a Jesús".

Jesús miró a Jairo y le dijo: "No te asustes por lo que acaban de decirte. Sigue creyendo, y tu hija se pondrá bien".

Cuando llegaron a casa de Jairo, la gente ya estaba fuera llorando y lamentándose.

"¡Dejen de llorar! —les dijo Jesús, con firmeza—. La pequeña no está muerta: solo duerme".

Jesús entró en la casa con el padre y la madre de la niña, y con Pedro, Jacobo y Juan. Entonces, Jesús tomó la mano de la niña.

"Pequeña, ¡levántate!" —le dijo. Inmediatamente, ella volvió a respirar y se levantó.

"Denle algo de comer" —dijo Jesús. Jairo y su mujer estaban impresionados, pero Jesús les dijo que no contaran a nadie lo que había sucedido.

253
Un visitante importante

Mucha gente oyó hablar de Jesús y de las cosas sorprendentes que hacía y las historias tan estupendas que enseñaba.

Una de esas personas era un hombre llamado Nicodemo. Era fariseo, miembro de un importante concilio religioso: el sanedrín. Quería hablar con Jesús, por lo que le visitó de noche.

—Maestro —dijo Nicodemo respetuosamente—, es evidente

que Dios está contigo, porque si no, no podrías hacer tantas cosas maravillosas.

Jesús observó a Nicodemo. Sabía que quería saber más acerca de Dios.

—Para ver el reino de Dios, debes nacer de nuevo —le dijo.

—¡Pero eso es imposible! —dijo Nicodemo.

—No puedes nacer otra vez del vientre de tu madre —dijo Jesús—, pero Dios puede concederte una vida completamente nueva, mediante el poder de su Espíritu Santo.

—¿Cómo? —preguntó Nicodemo.

—Creyendo en el Salvador que Dios ha enviado al mundo. ¿Sabes? Dios ama a todo el mundo. Quiere salvar a las personas de sus pecados y darles una vida que dure para siempre. De modo que Dios ha enviado a su único Hijo al mundo para enseñar a las personas cómo pueden ser amigas de Dios. Todo el que crea en el Hijo de Dios no morirá, ¡sino que vivirá para siempre!

254
La mujer junto al pozo

Durante los tres años que Jesús pasó hablando a las personas acerca de Dios, caminó muchos kilómetros. Una vez atravesó Samaria, pero cuando llegó a la aldea de Sicar se detuvo para descansar. Se sentía cansado y sediento, así que se sentó junto al pozo. El sol calentaba con fuerza porque era mediodía.

Una mujer samaritana, cargada con una tinaja, caminó hacia él.

—Por favor, ¿puedes darme agua? —preguntó Jesús.

La mujer lo miró.

—Tú eres judío, ¿no es cierto? —le dijo—. Y yo soy samaritana. ¿No sabes que nuestros pueblos están enemistados? ¿Cómo es que me pides de beber?

—Si supieras quién soy, ¡serías tú la que me pidieras de beber! —dijo Jesús—. Yo no te daría agua de un pozo, sino el agua viva de Dios, ¡para que nunca volvieras a tener sed!

—¡Eso me gustaría! —replicó la mujer—. Me evitaría tener que venir al pozo todos los días.

—Regresa y dile a tu marido lo que te he dicho, y luego vuelve.

—No tengo marido —contestó ella.

—Eso es cierto —dijo Jesús—. Pero has estado casada cinco veces, y ahora vives con alguien, aunque no te hayas casado con él.

La mujer estaba sorprendida. Se olvidó del cántaro de agua y corrió de vuelta a la aldea.

"¡Rápido! —iba diciendo a todas las personas que se fue encontrando—. Vengan a conocer a un hombre muy especial. ¡Sabe todo lo que he hecho! ¿Podría ser el Salvador que ha prometido Dios?"

255
La muerte de Juan

La mayoría pensaba que Juan el Bautista era uno de los mensajeros especiales de Dios, pero había ciertos personajes importantes a quienes no les gustaba lo que decía. No querían oír nada sobre arrepentirse delante de Dios por las cosas mal hechas.

Cuando Juan le dijo a Herodes, gobernador de Galilea, que no debía estar viviendo con Herodías, la esposa de su hermanastro, él se enfureció. Quería matar a Juan, pero tenía miedo de que el pueblo se alborotara. Así que Herodes arrestó a Juan y lo metió en la cárcel.

Algún tiempo después, el día de su cumpleaños, Herodes celebró una fiesta. La hermosa hija de Herodías se levantó y danzó ante él. Herodes, encantado, le dijo: "¡Pídeme lo que quieras!"

La joven no sabía qué pedir. Se fue a consultar con su madre, quien le dijo: "Pide la cabeza de Juan el Bautista en una bandeja".

Herodes estaba horrorizado. En lo profundo de su ser, sabía que Juan era un buen hombre. Pero todos sus invitados habían escuchado su insensata promesa. No podía negarse, de modo que ordenó la ejecución inmediata de Juan.

256
Comida para todos

Un día, Jesús cruzó el Mar de Galilea y subió a las colinas con sus amigos. Una gran multitud lo siguió hasta allí, y Él les enseñó acerca del reino de Dios.

Jesús contempló a toda aquella gente. Eran más de 5.000 hombres, mujeres y niños. Tenían hambre. No habían comido nada porque lo habían estado escuchando.

—¿Saben dónde podemos comprar un poco de pan? —preguntó Jesús a su amigo Felipe.

—Costaría una fortuna comprar pan para todas estas personas —respondió Felipe.

Entonces Andrés, otro discípulo, se fijó en que había un niño entre la multitud que llevaba cinco panes pequeños y dos peces. Trajo el niño hasta Jesús.

—Este niño tiene un poco de comida —le dijo—, ¡pero no es gran cosa!

—Pidan a la gente que se siente —dijo Jesús.

La multitud se sentó sobre la hierba. Jesús tomó uno de los panes.

"Gracias, Señor, por esta comida" —dijo. Entonces comenzó a partirla en trozos, y a repartirla entre la multitud. Hizo lo mismo con los peces.

Todos comieron hasta estar saciados. Había muchísima comida.

"Recojan lo que haya quedado" —dijo Jesús a sus amigos. Recogieron doce cestas de la comida que sobró.

257
Caminando sobre el agua

Por la tarde, Jesús se despidió de la multitud y dijo a sus discípulos que cruzaran el lago solos. Él necesitaba estar solo. Quería pasar un tiempo hablando con Dios, su Padre.

Era de noche, y los discípulos estaban en la barca. Era difícil remar en contra del viento, siendo sacudidos por las olas.

De repente, vieron a una figura que se acercaba caminando sobre las aguas.

—¡Es un fantasma! —gritaron. Estaban aterrorizados.

—¡No tengan miedo! —dijo la figura, mientras caminaba hacia la barca—. ¡Soy yo, Jesús!

Pedro oyó la voz de Jesús.

—Si realmente eres tú —gritó—, manda que me acerque a ti sobre las aguas.

—Acércate —le dijo Jesús.

Pedro salió de la barca, sobre las aguas agitadas. Cuidadosamente caminó hacia Jesús. Pero entonces lo envolvió una ráfaga de viento, le entró el pánico y comenzó a hundirse.

—¡Socorro! —gritó.

Inmediatamente, Jesús tomó la mano de Pedro y evitó que se hundiera.

—¿Por qué no creíste? —preguntó, y condujo a Pedro hasta la barca.

El viento se detuvo. Los otros discípulos, que lo habían visto todo, se arrodillaron ante Jesús.

—Verdaderamente debes ser el Hijo de Dios —le dijeron.

258
El hombre sordo

Una vez, cuando Jesús estaba atravesando la Decápolis, una región con diez pueblos, vino un grupo de gente a encontrarse con él. Llevaban a un hombre sordo que apenas podía hablar.

"Te rogamos que lo sanes" —le dijeron.

Jesús apartó al hombre de la multitud. Cuando estuvieron solos, Jesús tocó con sus dedos los oídos de aquel hombre. Entonces, tomando un poco de saliva de su boca, tocó la lengua del sordo.

Asegurándose que comprendía lo que estaba haciendo, Jesús

alzó los ojos al cielo. Suspiró, porque sabía lo mucho que había sufrido aquel hombre.

"¡Ábranse!" —ordenó Jesús.

De repente, aquel hombre pudo oír. Su lengua se movió en su boca: ¡podía hablar bien!

Aquellas personas estaban asombradas. Empezaron a comentar lo que había sucedido.

"No se lo digan a nadie" —les pidió Jesús. Pero no podía evitar que hablaran, era imposible que estuvieran callados.

"¡Jesús todo lo hace bien! —decían—. Gracias a Él, los sordos oyen y los mudos hablan".

259
En el monte

Un día Jesús fue con sus amigos íntimos, Pedro, Jacobo y Juan, a una alta montaña para poder estar solos.

Mientras estaban allí, algo extraño sucedió. Sus amigos vieron que el rostro de Jesús brillaba como el sol y que sus ropas eran de un blanco deslumbrante.

De repente, aparecieron dos hombres. Se colocaron al lado de Jesús y conversaron con Él.

Los amigos de Jesús sabían quiénes eran aquellos dos hombres.

"Vamos a construir un refugio para cada uno de ustedes —dijo Pedro entusiasmado—. ¡Uno para ti, uno para Moisés y otro para Elías!"

Pero antes de que Pedro acabara de hablar, una nube brillante los cubrió y una voz habló desde los cielos.

"Este es mi Hijo —dijo la voz—. Yo le amo y estoy satisfecho de Él. Escúchenlo".

Al oír la voz de Dios, los amigos de Jesús cayeron al suelo. Estaban aterrorizados.

Mientras estaban allí, sintieron que alguien los tocaba. Alzaron la vista y vieron a Jesús solo.

"No se asusten —les dijo—, y no cuenten a nadie lo que ha sucedido. Esperen a que el Hijo de Dios resucite de entre los muertos".

260
La historia del buen samaritano

Acudían muchas personas a escuchar lo que Jesús decía. Un día, un experto en la Ley de Dios le hizo una pregunta difícil, intentando atraparlo.

—Maestro —le dijo—. ¿Cómo puedo vivir con Dios eternamente?

—¿Qué dice en la Ley de Dios? —preguntó Jesús.

—Ama a Dios con todo lo que tienes, y ama a tu prójimo como te amas a ti mismo —replicó aquel hombre.

—Entonces ya conoces la respuesta —dijo Jesús.

—Pero ¿quién es mi prójimo? —preguntó el hombre.

—Deja que te narre una historia —dijo Jesús. Una vez había un hombre que viajaba desde Jerusalén a Jericó. Fue atacado por unos ladrones, que lo golpearon y lo dejaron medio muerto a un lado del camino. Un sacerdote pasó luego por allí. Vio al herido, pero no le prestó atención, pasando a cierta distancia de él. Después, pasó un levita. Se detuvo y contempló al herido, pero siguió su viaje. Al final, pasó un samaritano. Vio al pobre hombre, y se detuvo. Sintió tanta compasión por él que vendó sus heridas, puso al hombre sobre su asno y lo llevó a una posada. Entregó al posadero dos monedas de plata, y le pidió que cuidara del herido. Te daré más dinero cuando regrese.

Entonces Jesús contempló al hombre que le había formulado la pregunta.

—¿Quién fue el buen prójimo del herido? —le preguntó.

—El que mostró amor hacia el herido —dijo el hombre.

—Haz lo mismo que él —le dijo Jesús.

261
Marta y María

En el pequeño pueblo de Betania, no lejos de Jerusalén, vivían dos hermanas, María y Marta, que eran amigas de Jesús. Él siempre era bienvenido a su casa.

Un día, Jesús y algunos de sus amigos llegaron allí. María se sentó a los pies de Jesús y escuchaba todo lo que Él le decía.

Pero Marta estaba muy ocupada. Tenía muchas cosas que

hacer. Quería que todo estuviera dispuesto para Jesús. Vio a María, sentada a los pies de Jesús, y se enfadó.

—No es justo —le dijo a Jesús—. María está ahí sentada, sin hacer nada, mientras yo hago todo el trabajo. ¡Dile que me ayude!

Jesús miró a Marta.

—¡Marta! —le dijo—. ¡No te preocupes tanto! Siempre hay muchas cosas que hacer, pero lo que María ha elegido hacer ahora es importante. No le pidas que deje de hacerlo.

262
El buen pastor

Un día, cuando Jesús estaba hablando a una multitud, comenzó a decir de sí mismo: "Yo soy como un buen pastor, porque estoy dispuesto a morir por mis ovejas. Cuando alguien que no es un verdadero pastor cuida de las ovejas, las abandona a la primera señal de peligro. Si viene un lobo y ataca al rebaño, él huye, porque en realidad no le importan tanto las ovejas. Pero yo soy el buen pastor, que conozco a mis ovejas, y ellas me conocen. Yo las amo".

"¡Jesús está loco! —susurraron algunos entre la multitud—. ¿De qué está hablando?"

Pero otros le prestaron atención. Escucharon lo que Él les decía, porque querían entenderlo.

263
"¡Lázaro, ven fuera!"

Un día, Jesús recibió un mensaje de sus amigas María y Marta: "¡Ven rápido! Nuestro hermano Lázaro está gravemente enfermo".

Jesús recibió el mensaje, pero no fue inmediatamente. Esperó dos días antes de ir a Betania.

Cuando llegó, Lázaro había muerto. Llevaba enterrado cuatro días.

Marta salió a recibir a Jesús.

—Si hubieras estado aquí, Lázaro no habría muerto —le dijo—. Pero incluso ahora sé que Dios te concederá todo lo que le pidas.

—Lázaro volverá a vivir —dijo Jesús—. Yo soy la resurrección y la vida. Si crees en mí, vivirás eternamente. ¿Tú crees, Marta?

—¡Sí creo! —dijo Marta, y corrió a buscar a su hermana.

Cuando María vio a Jesús, cayó a sus pies. Estaba llorando, muy triste. Jesús sabía lo triste que estaba, y lloró con ella.

Llevaron a Jesús ante la tumba de Lázaro.

—¡Abran la tumba! —ordenó Él.

—¡Pero si lleva muerto cuatro días! —exclamó Marta.

Una vez que abrieron la tumba, Jesús oró: "Padre, te doy las gracias por haber escuchado mi oración. Que todos puedan creer ahora que tú me has enviado al mundo".

Entonces Jesús dijo, en voz muy alta: "¡Lázaro, ven fuera!"

Lázaro salió del sepulcro. Aún estaba envuelto en su sudario, ¡pero estaba vivo!

264
La historia de las diez jóvenes

Algún tiempo después, Jesús habló a sus discípulos acerca del futuro.

"Una vez había diez muchachas —les dijo Jesús—. Cada una tenía una pequeña lámpara de aceite. La necesitaban para dar la bienvenida al novio aquella noche. Cinco de las jóvenes habían guardado aceite extra, pero las otras cinco eran más descuidadas. Pasaron las horas, y el novio no venía. Todas estaban cansadas, y se durmieron.

"De repente —dijo Jesús—, a medianoche, oyeron un ruido: '¡El novio ya viene! ¡Despierten!', gritó alguien.

"Las jóvenes se pusieron de pie y buscaron sus lámparas.

" '¡Dennos un poco de aceite! —rogaron las cinco muchachas descuidadas—. Hemos esperado tanto tiempo, ¡que nos hemos quedado sin aceite!'

" '¡Vayan a comprar un poco!' —dijeron las otras, de manera que las otras cinco salieron corriendo. Pero mientras estaban fuera, llegó el novio. Las sabias estaban listas para recibirlo. Alzaron sus lámparas y entraron con él en la fiesta de bodas. Cerraron la puerta.

" '¡Déjennos entrar!' —dijeron las necias, al otro lado de la puerta.

" 'No las conozco' —les dijo el novio".

Los discípulos se quedaron meditando.

"Asegúrense de estar listos para cuando yo vuelva —dijo Jesús—, porque nadie sabe cuándo será".

265
El hijo perdido

Jesús les narró otra historia: "Un hombre tenía dos hijos. Un día, el hijo más joven dijo a su padre: 'Papá, ¿podrías darme ahora la parte de todo lo que heredaría cuando mueras?' Así que el padre dividió todo lo que tenía entre sus dos hijos.

"Al cabo de poco tiempo, el hijo menor se fue de casa. Tomó todo su dinero y se fue lejos. Durante un tiempo lo pasó muy bien. Pero al cabo de poco, su dinero se acabó.

"Entonces, llegó una gran hambre por todo el país. No había nada que comer. El hijo menor aceptó el único trabajo que pudo encontrar: el de cuidar una piara de cerdos. Tenía tanta hambre que le hubiera gustado comer la comida de los cerdos. Y nadie le daba nada que comer.

"Aquel joven estuvo pensando en todo lo que había hecho. Las personas que trabajan para mi padre tienen mucho más que yo.

Volveré a casa, le diré a papá lo mucho que siento lo que he hecho. Le pediré si puedo trabajar para él, pensó.

"Pero antes de que el hijo llegara a casa, su padre le vio desde lejos. Corrió a recibirlo, lo abrazó y lo besó.

" 'He hecho cosas terribles —le dijo su hijo—. Lo siento muchísimo. No merezco que me trates como a un hijo. Permíteme ser un criado'.

"Pero el padre llamó a uno de sus siervos.

" 'Busca las mejores ropas para mi hijo. Dale unas sandalias y pon un anillo en su dedo. ¡Vamos a celebrarlo! Pensaba que mi hijo estaba muerto. Estaba perdido, ¡pero ahora he vuelto a encontrarlo!' "

266
Diez hombres enfermos

Mientras Jesús se acercaba a Jerusalén, pasó por una aldea en la frontera entre Samaria y Galilea. Salieron diez hombres a recibirle. Le llamaron desde lejos: "¡Jesús! ¡Jesús! ¡Ayúdanos!"

Jesús vio que aquellos hombres tenían lepra. Sabía cuánto estaban sufriendo, y quiso ayudarlos.

"Vayan al sacerdote —les dijo Jesús—, y enséñenle la piel".

Los hombres obedecieron. Bajaron por el camino, pero mientras caminaban, se miraron unos a otros. Su piel estaba sana. ¡Ya no tenían lepra!

Nueve de ellos siguieron caminando, pero el otro dio la vuelta.

"¡Alabado sea Dios!" —gritó. Se acercó a Jesús y se echó a sus pies.

Jesús lo miró. Aquel hombre era samaritano.

"Antes eran diez —dijo Jesús—. ¿Dónde están los otros?"

El hombre no contestó.

"Tú eres el único que ha vuelto a dar las gracias y a alabar a Dios. Vuelve a casa. Has sido sanado porque creíste que Dios te podía curar".

267
Jesús y los niños

Dondequiera que iba Jesús, la gente lo seguía. Querían estar cerca de Él. Un día, unas personas le llevaron a sus bebés. Querían que Jesús los tocara y bendijera.

A los discípulos no les gustó la idea. Sabían que Jesús estaba muy ocupado.

"¡No lo molesten con los niños! —dijeron—. Tiene muchas cosas que hacer".

Jesús sabía lo que estaban diciendo sus amigos. Entonces les habló: "No impidan que los niños se acerquen a mí, porque el reino de Dios les pertenece. Aprendan de los niños. Ellos me aman. Aprendan a amar como ellos, o no podrán formar parte del reino de Dios".

268
Un hombre muy rico

Un hombre muy rico se acercó a Jesús. Quería hacerle una pregunta.

—¿Qué debo hacer para vivir con Dios para siempre? —le preguntó.

—Cumple las leyes de Dios —replicó Jesús.

—Eso ya lo he hecho—dijo el rico—, desde que era un niño.

Jesús contempló a aquel hombre. Sintió amor por él.

—Hay una cosa más que debes hacer —dijo Jesús—. Vende todo lo que tienes, da ese dinero a los pobres y sígueme.

El rico no contestó, pero su rostro se entristeció. No podía hacer lo que Jesús le pedía, porque era muy rico. Se dio la vuelta y se fue.

Jesús miró a sus amigos.

"Es muy difícil que un rico, que piensa que no necesita nada, entre en el reino de Dios" —les dijo.

269
El ciego Bartimeo

Cuando Jesús y sus amigos fueron a Jericó, una gran multitud les seguía. Junto al camino estaba sentado un ciego llamado Bartimeo. Era mendigo.

—¡Jesús, ayúdame! —de repente comenzó a gritar.

—¡Cállate! —le dijo alguien de entre la multitud.

—¡Jesús, ayúdame! —siguió gritando Bartimeo.

Jesús se detuvo al oír la voz de Bartimeo.

—Díganle que se acerque a mí —les pidió.

Bartimeo arrojó su manto y se puso de pie. Se abrió paso tanteando entre la gente, hasta que llegó ante Jesús.

—¿Qué quieres que haga por ti? —le preguntó Jesús.

—Quiero ver —dijo Bartimeo.

—Puedes irte —le dijo Jesús—. Como has creído, verás.

Inmediatamente, ¡Bartimeo obtuvo la vista! Y siguió a Jesús.

270
El pequeño recaudador de impuestos

En Jericó vivía un hombre rico llamado Zaqueo. Era muy impopular porque era recaudador de impuestos. Cuando se reunió un gran gentío para ver pasar a Jesús, Zaqueo no podía verlo porque era muy bajito.

De repente, Zaqueo tuvo una idea. Corrió, adelantándose a la multitud, y se subió a un árbol, un sicómoro, para poder ver a Jesús quien se acercaba por el camino.

Cuando Jesús llegó al pie del árbol se detuvo y miró hacia arriba.

"¡Zaqueo! —dijo Jesús—. ¡Baja! Quiero alojarme en tu casa".

Pero las personas que lo seguían estaban disgustadas.

"¿Por qué querrá Jesús hospedarse con un hombre tan malo?" —susurraban.

Zaqueo sabía lo que decía la gente. Sabía que si era rico era porque no había sido honrado.

—¡Jesús! —dijo en voz muy alta—. ¡Ahora mismo voy a entregar la mitad de lo que tengo a los pobres! Y si he engañado a alguien, le devolveré cuatro veces lo que le robé.

Jesús sonrió a Zaqueo.

—¡Hoy es un día maravilloso! —le dijo—. Antes anduviste perdido, ¡pero hoy has sido salvo!

271
El frasco de perfume

A Jesús lo habían invitado a casa de Lázaro en Betania. Marta estaba ayudando a servir la comida cuando María entró con una frasco de perfume costoso en las manos.

Fue hasta Jesús y comenzó a verter el perfume sobre sus pies. Inmediatamente, la habitación se llenó del olor a perfume. Entonces, María se inclinó y secó los pies de Jesús usando sus cabellos.

Todo el mundo la estaba mirando. Entonces Judas Iscariote hizo un comentario. Era él quien se encargaba de cuidar el dinero que daban para ayudar a Jesús.

—¡Qué forma de malgastar el dinero! —dijo—. Podríamos haber vendido ese perfume, y haber dado el dinero a los pobres. Debió costar tanto como el salario que gana una persona en un año.

Jesús contempló a Judas. Estaba triste y decepcionado por sus palabras.

—Déjala en paz —dijo Jesús—. Recuerda esto: a los pobres siempre los tendrán, pero yo no siempre estaré junto a ustedes.

272
Jesús va a Jerusalén

Cuando Jesús y sus amigos iban por el camino hacia Jerusalén, se detuvieron en la pequeña aldea de Betfagé, en el Monte de los Olivos.

"Vayan a esa aldea —dijo Jesús a dos de sus discípulos—, y encontrarán un asna y su pollino. Tráiganmelos. Si alguien les pregunta qué hacen, díganle que los necesito, y los dejarán llevárselos".

Los dos amigos hicieron como Jesús les había ordenado. Encontraron el asna y el pollino,

y se los llevaron a Jesús. Depositaron sus mantos en el lomo de los animales. Jesús se subió en el pollino, y se dirigió hacia Jerusalén.

Mientras avanzaba, a ambos lados del camino se fue agolpando una gran multitud. Las personas echaban sus mantos en el camino para que el pollino pasara por encima. Algunas cortaron ramas de los árboles.

Todo el mundo gritaba: "¡Hosanna! ¡El rey Jesús!"

Jesús entró en Jerusalén montado sobre el pollino.

273
Una cueva de ladrones

Una vez dentro de la ciudad, Jesús fue al templo. Atravesó el patio exterior, donde encontró a los cambistas de dinero y a los vendedores de palomas, amasando dinero para ellos mismos.

Jesús se acercó a una mesa tras otra, y las fue volcando. El dinero voló en todas direcciones.

"¡Esta es la casa de Dios! —gritó—. ¡Es un lugar donde la gente debe adorar a Dios, pero ustedes lo han convertido en una cueva de ladrones!"

Entonces fueron a Jesús las personas enfermas: ciegos, enfermos, mendigos, personas que necesitaban de Él. Vinieron a Jesús y Él los sanó.

Los principales sacerdotes y los fariseos observaban a Jesús. No les gustaba lo que estaba haciendo, lo odiaban.

Pero los niños pequeños corrían por todo el patio del templo. Cantaban y gritaban: "¡Hosanna! ¡Dios ha venido a salvarnos!"

274
La viuda pobre

Mientras estaba en el templo, Jesús vio a los ricos que ponían dinero en las cajas donde se recaudaba. Mientras los observaba, una pobre viuda metió dos pequeñas monedas de cobre en la caja.

Jesús se volvió hacia las personas que lo rodeaban y dijo: "Esa mujer ha dado mucho más que cualquier otro. Los otros podían permitirse dar tanto dinero porque no significaba mucho para ellos. Pero esa mujer no se lo podía permitir. No tiene otra cosa de que vivir y sin embargo, ha dado a Dios todo lo que tenía".

275
Treinta monedas de plata

Los principales sacerdotes y los ancianos se reunieron en secreto en el palacio de Caifás, el sumo sacerdote.

—Hemos de encontrar una manera de destruir a Jesús —dijeron todos.

—Pero debemos tener cuidado —dijeron otros—. La Pascua es dentro de dos días. Jerusalén está llena de gente. Si hacemos que detengan a Jesús ahora, ¡habrá alborotos en las calles!

Mientras tanto, Judas, uno de los discípulos de Jesús, también estaba haciendo planes. Fue a visitar a uno de los principales sacerdotes.

—¿Qué me darán si les entrego a Jesús? —le preguntó.

—Treinta monedas de plata —le respondió. Esta era la oportunidad que habían estado esperando.

Judas tomó el dinero. Ahora todo lo que tenía que hacer era esperar.

276
Preparando la Pascua

—¿Dónde celebraremos la Pascua? —preguntaron los discípulos de Jesús—. ¿Quieres que preparemos algo?

—Dos de ustedes entren en la ciudad —replicó Jesús—. Verán a un hombre que lleva un cántaro de agua. Síganlo. Cuando entre en una casa, busquen al dueño y pregúntenle dónde está la habitación de los invitados. Díganle que la necesito para celebrar la Pascua con mis amigos. Él los llevará a un aposento alto, donde estará todo dispuesto para nosotros.

Los dos hombres hicieron como Jesús les dijo. Todo sucedió exactamente como Él les había contado.

277
Jesús lava los pies de los discípulos

Jesús y sus discípulos estaban en aquel aposento alto, dispuestos a celebrar la fiesta de la Pascua.

Jesús se puso de pie, se enrolló una toalla en torno a su cintura y llenó una vasija de agua. Entonces, se arrodilló delante de cada uno de sus amigos, y les fue lavando los pies, tal y como haría un criado.

—No te permitiré que me laves los pies —le dijo Pedro cuando Jesús se arrodilló delante de él. No quería que Jesús hiciera el trabajo de un siervo.

—Debes permitirlo —le dijo Jesús—, porque de otra forma no podrás ser mi amigo.

—Entonces, ¡lávame entero! —dijo Pedro—. Lava también mis manos y mi cabeza.

—No hay necesidad —le dijo Jesús—. Solo tus pies están sucios. El resto de tu cuerpo está limpio.

Entonces pensó en Judas.

—Aunque no todos están limpios —añadió y luego dijo—: Les acabo de enseñar cómo servirse unos a otros. Sigan mi ejemplo.

278
La Pascua

En aquella lugar del piso alto, Jesús y sus amigos comenzaron a comer la Pascua. Jesús estaba angustiado.

"Uno de ustedes va a traicionarme" —les dijo.

Los discípulos se miraron unos a otros, incrédulos.

"Pregúntale quién de nosotros lo hará" —le susurró Pedro a Juan, quien estaba sentado junto a Jesús.

"Es aquel que comparte conmigo este pedazo de pan" —dijo Jesús y se lo ofreció a Judas.

"Lo que vas a hacer, hazlo rápido" —le dijo al traidor. Judas tomó el pedazo de pan. Este era el momento: se levantó y se perdió entre las tinieblas de la noche.

Al final de la cena, Jesús tomó una rebanada de pan sin levadura. Dio gracias a Dios por él, y luego lo partió en pedazos y lo dio a sus amigos.

"Este es mi cuerpo, que es entregado por ustedes —dijo—. Recuérdenlo cada vez que coman el pan".

Los discípulos comieron el pan. Entonces, Jesús tomó una copa de vino.

"Este vino es mi sangre. Dios lo usará como señal, como promesa de que Él los salvará por medio de mí".

Los discípulos bebieron el vino, pero no comprendieron lo que Jesús les había dicho hasta después de su muerte.

279
A solas en el huerto

Jesús y sus discípulos salieron a la calle de noche.

—Todos me abandonarán esta noche —dijo Jesús.

—¡Yo no lo haré! —exclamó Pedro con valor.

—Antes de que el gallo cante por la mañana, me habrás negado tres veces.

Los llevó a un huerto llamado Getsemaní.

"Siéntense aquí y espérenme mientras oro" —les pidió. Se volvió a Pedro, Jacobo y Juan, y les dijo: "Vengan conmigo".

Los tres amigos siguieron a Jesús. Se daban cuenta de que estaba muy triste.

"Acompáñenme" —les rogó.

Entonces Jesús se apartó de ellos, para estar solo. Se postró en el suelo y oró: "Padre mío, si es posible líbrame de todo el dolor y la tristeza que tengo por delante. Pero no lo hagas porque yo te lo pida. Solo quiero hacer lo que a ti te parezca mejor".

Jesús volvió donde había dejado a Pedro, Jacobo y Juan, que estaban profundamente dormidos.

"¿Ni siquiera pueden permanecer despiertos una hora?" —les preguntó.

Jesús volvió a alejarse para orar. Cuando regresó, sus amigos estaban dormidos de nuevo. Jesús oró por tercera vez, a solas en el huerto.

280
Jesús arrestado

El sonido de muchas voces resonó por el huerto. Una gran multitud, conducida por Judas, se acercó a Jesús. Llevaban espadas y palos. Judas se dirigió hasta Jesús y lo besó.

"¡Te saludo, rabí!" —le dijo.

Era la señal que la multitud necesitaba. Se apresuraron a arrestar a Jesús.

Los discípulos se pusieron de pie, medio dormidos. Tenían miedo. Uno de ellos agarró su espada y alcanzó a uno de los siervos del sumo sacerdote, cortándole la oreja.

"¡Nada de espadas! —ordenó Jesús—. ¡No hay necesidad de usar armas! Dios podría rescatarme con sus ángeles. No tienen que usar la fuerza para detenerme".

La multitud se llevó a Jesús. Sus amigos huyeron, dejándolo solo.

281
Pedro abandona a Jesús

Pedro salió huyendo junto a los demás. Solo unas horas antes había prometido que nunca abandonaría a Jesús. Había prometido que moriría con Él si fuera necesario.

"Pedro —le había contestado Jesús—, esta noche, antes de que el gallo cante, me habrás negado tres veces".

Pedro observó cómo la multitud se llevaba a Jesús ante Caifás, el sumo sacerdote. Entre las tinieblas de la noche, Pedro se sentó en el patio del palacio del sumo sacerdote, esperando para ver qué sucedía.

Una criada se le acercó.

—¡Yo te conozco! —le dijo—. ¡Eres uno de los amigos de Jesús!

—¡No, no lo soy! —dijo Pedro, poniéndose de pie y acercándose a la puerta.

—¡Estoy segura de que ese hombre es uno de los amigos de Jesús! —dijo otra muchacha, señalando a Pedro.

—¿Jesús? —dijo Pedro enfadado—. ¡Pero si no lo he visto nunca!

—¡Tú debes ser uno de los amigos de Jesús! —dijo alguien—. Provienes de la misma zona que él; lo noto por tu acento.

A Pedro le entró el pánico.

—¡Escuchen! —gritó—. ¡No conozco a ese hombre! ¡Nunca he tenido nada que ver con Él, lo juro!

Un gallo cantó. Ya era de mañana. De repente, Pedro se acordó de lo que Jesús le había dicho.

Pedro se marchó y lloró como si se le hubiera roto el corazón.

282
La multitud decide

Caifás, el sumo sacerdote, estaba furioso. Nadie podía encontrar ninguna evidencia contra Jesús. Caifás y el sanedrín querían matar a Jesús, de modo que lo enviaron a Pilato, el gobernador romano.

Jesús estaba de pie delante de Pilato, sin decir nada.

"¿Sabes de lo que te acusan los principales sacerdotes y los ancianos? —le preguntó Pilato—. ¿Por qué no dices nada?"

Jesús permaneció callado. Pilato estaba preocupado. No pensaba que Jesús hubiera hecho nada digno de castigarse con la muerte, pero tampoco quería problemas. Decidió apelar al pueblo, que estaba reunido fuera, esperando el veredicto. Salió a hablarles.

"Es costumbre que en la Pascua se ponga en libertad a un prisionero —les dijo—. ¿Debo soltar a Jesús o al asesino Barrabás?"

Los principales sacerdotes y los ancianos se aseguraron que sus partidarios estuvieran entre el pueblo.

—¡A Barrabás! —gritaron.

—¿Qué debo hacer con Jesús? —les preguntó.

—¡Crucifícale! —gritaron ellos.

—¿Por qué? —preguntó Pilato—. ¡Es inocente!

La multitud no le hizo caso.

—¡Crucifícale! —vociferaban.

Pilato no quería un alboroto callejero. Hizo que azotaran a Jesús y lo entregó para que le crucificaran.

283
Llevando la cruz

Los soldados romanos se reunieron en torno a Jesús y se burlaron de Él. Le quitaron sus vestidos y le pusieron un manto. Hicieron una corona con espinos y se la pusieron en la cabeza. Le dieron una caña y lo vistieron como a un rey.

"¡Su majestad!" —se burlaban, quitándole la caña y dándole golpes en la cabeza. Le escupieron la cara. Luego, le volvieron a poner sus ropas y lo llevaron para ejecutarlo.

Los soldados vieron a un hombre llamado Simón entre la multitud. Venía de la región de Cirene.

"¡Lleva su cruz!" —le dijeron a Simón. Y fueron al lugar de la ejecución, llamado Gólgota, que significa "el lugar de la calavera".

284
Jesús crucificado

Jesús fue crucificado con dos delincuentes. Los soldados lo clavaron en una cruz de madera y esperaron a que muriera.

Había muchísimas personas contemplando la ejecución. Algunas se reían de Jesús.

"Ayudaste a mucha gente, ¡pero a ti mismo no te puedes ayudar!" —decían. Algunos soldados le quitaron la ropa a Jesús y se la jugaron a los dados. Otros soldados escribieron un cartel que colgaron en lo alto de la cruz de Jesús. Decía: "Este es el rey de los judíos".

Mientras Jesús estaba en la cruz, oraba: "Padre, te ruego que los perdones. No saben lo que están haciendo".

Incluso uno de los dos delincuentes que estaba junto a Jesús se burlaba de Él.

—Tú eres Jesús, ¿no es cierto? —le dijo—. Se supone que eres el Hijo de Dios. Entonces, ¿a qué esperas? ¡Sálvanos!

—¡Cállate! —le dijo el otro delincuente—. Nosotros merecemos morir, pero Jesús no. No ha hecho nada malo —y se volvió hacia Jesús—: Recuérdame cuando seas rey.

—Hoy mismo estarás conmigo en el paraíso —le dijo Jesús.

Pasaron las horas. De repente, el cielo se oscureció.

"¡Padre! —gritó Jesús—. ¡Estoy en tus manos!"

Entonces, Jesús murió.

Un centurión romano, que había visto morir a Jesús, dijo: "Es cierto que este hombre era el Hijo de Dios".

285
Una tumba prestada

José de Arimatea era miembro del sanedrín. Como Nicodemo, era un seguidor secreto de Jesús. No había estado de acuerdo con sus compañeros que querían matar a Jesús.

Cuando Jesús murió, José fue a ver a Pilato, el gobernador romano.

"Permite que tome el cuerpo de Jesús y lo entierre antes de que comience el día de reposo" —le dijo.

Como Pilato estuvo de acuerdo, José y Nicodemo tomaron el cuerpo de Jesús de la cruz. Lo envolvieron en un sudario de lino, lo colocaron en una tumba nueva e hicieron rodar la piedra que estaba a la entrada.

286
¡Jesús vive!

Al tercer día después del día de reposo, María Magdalena fue a la tumba de Jesús. La enorme piedra que tapaba la entrada había sido apartada. La tumba estaba vacía: ¡Jesús no estaba dentro!

María corrió a buscar a Pedro y a Juan.

"¡Se han llevado a Jesús! —exclamó—. ¡No sé dónde está!"

Pedro y Juan corrieron hasta la tumba. María tenía razón: Jesús no estaba dentro. Lo único que vieron fue las vendas de lino con las que José de Arimatea había envuelto el cuerpo de Jesús.

Los dos hombres corrieron a casa, dejando a María en el huerto, llorando. Ella se acercó a mirar de nuevo el interior de la tumba. Ahora estaba iluminado por una brillante luz. María vio a dos ángeles, sentados donde debería estar el cuerpo de Jesús.

—¿Por qué lloras? —preguntó uno de los ángeles.

—Se han llevado el cuerpo de Jesús —sollozó María. Oyó un ruido detrás de ella. Cuando se volvió, vio a alguien que a ella le pareció el jardinero.

—¿Por qué lloras? —le preguntó él—. ¿A quién buscas?

—Señor —le dijo ella—, si has sido tú el que te has llevado a Jesús, te ruego que me digas dónde está.

Entonces el jardinero le habló.

—¡María!

Inmediatamente María se dio cuenta de que no era el jardinero, sino Jesús.

—¡Maestro! —exclamó María, sorprendida. Fue corriendo a ver a los amigos de Jesús.

—¡He visto a Jesús! —les dijo—. ¡Está vivo!

287
El camino a Emaús

Aquel mismo día, Cleofas y un amigo suyo caminaban por la carretera que llevaba desde Jerusalén hasta la aldea de Emaús. Conversaban sobre todo lo que había sucedido en Jerusalén los últimos días. Estaban tristes por la muerte de Jesús.

De repente, junto a ellos se puso a caminar un extraño.

—¿De quién están hablando? —les preguntó.

Cleofas observó al extraño.

—Debes ser la única persona que no se ha enterado de lo sucedido —le contestó—. Estábamos hablando de Jesús de Nazaret. Teníamos la esperanza de que fuera el Salvador que Dios nos había prometido. Pero hace tres días nuestros principales sacerdotes y los ancianos le hicieron ejecutar.

—Piensen en todo lo que escribieron los profetas acerca del Salvador que vendría de Dios —les dijo el desconocido, y comenzó a hablarles que hacía muchísimo tiempo estaba escrito que el Salvador debía sufrir y morir.

—Ven a nuestra casa —le dijo Cleofas cuando llegaron a Emaús.

El desconocido aceptó la invitación y se sentaron a cenar. Cuando aquel hombre tomó el pan, dio gracias a Dios y lo partió, Cleofas y la otra persona se dieron cuenta de inmediato de quién era aquel hombre: ¡era Jesús!

En cuanto le reconocieron, Jesús desapareció. Ellos volvieron corriendo a Jerusalén para contar a los demás que Jesús estaba vivo.

288
Jesús se reúne con sus amigos

Los amigos de Jesús tenían miedo. Ahora que Jesús estaba muerto, se preguntaban qué les harían las autoridades. Estaban reunidos en el aposento alto, y mantenían las puertas bien cerradas.

De repente, Jesús apareció en medio de ellos.

—Que la paz sea con ustedes —les dijo. Extendió sus manos y les mostró las profundas cicatrices que le habían dejado los clavos.

—¡Jesús! —exclamaron los discípulos, rebosantes de alegría—. ¡Estás vivo!

Jesús sopló sobre ellos.

—Reciban el Espíritu Santo —les dijo—, y recuerden decir a las personas que sus pecados pueden ser perdonados.

289
Jesús y Tomás

Tomás no estaba cuando Jesús se apareció a los discípulos en aquella habitación después de haber resucitado.

"¡Yo no lo creo! —dijo Tomás—. No creeré que Jesús está vivo si no le veo yo mismo y toco sus cicatrices".

Una semana más tarde, Tomás y los demás se reunieron. Las

puertas estaban cerradas. De repente, apareció Jesús entre ellos.

—Paz a ustedes —les dijo. Luego, se puso frente a Tomás.

—Mira mis manos, Tomás. Mira el lugar donde me clavaron aquella lanza, y tócalo también. Y ahora, deja de ser incrédulo, ¡y cree!

Tomás cayó de rodillas. Sabía que Jesús era real y que estaba vivo.

—¡Mi Señor y mi Dios! —exclamó.

290
Desayuno junto al lago

Durante las primeras semanas tras la muerte de Jesús, los discípulos no supieron qué hacer.

Una tarde, Pedro estaba en el Mar de Galilea y decidió salir a pescar con algunos de sus amigos. Aún no se había olvidado de lo mal que se había portado con Jesús.

Pescaron durante toda la noche, pero sin resultado. Cuando amaneció, regresaron a la orilla.

—¿Han pescado algo? —les gritó un hombre que estaba en la orilla.

—¡No! —dijeron ellos.

—Intenten echar las redes a la derecha de la barca.

Los pescadores hicieron como aquel hombre les dijo. Inmediatamente sintieron los tirones de la red llena de peces.

Pedro observó al hombre que estaba en la orilla.

"¡Es Jesús!" —gritó. Saltó al agua y nadó hasta la orilla.

Jesús había hecho una pequeña hoguera y tenía un poco de pan.

"Traigan algunos de los peces que han pescado" —dijo.

De modo que los discípulos llevaron las redes a la playa y se sentaron en la arena junto a Jesús.

"Vamos a desayunar juntos" —les dijo Jesús.

291
La misión de Pedro

Cuando acabaron de desayunar, Jesús habló a solas con Pedro.

—Pedro —le dijo—, ¿me amas de verdad?

—Sabes que sí te amo —dijo Pedro.

—Entonces, alimenta a mis ovejas —contestó Jesús.

Unos pocos minutos después, Jesús volvió a hablarle.

—Pedro, ¿me amas de verdad?

—¡Sí! —dijo Pedro—. ¡Sabes que sí!

—Entonces cuida a mis ovejas —dijo Jesús.

Al cabo de un rato, Jesús le habló por tercera vez.

—Pedro —le dijo—, ¿me amas?

Pedro se sintió herido. Recordaba cómo había negado conocer a Jesús, cómo lo había defraudado. Pero amaba mucho a Jesús.

—Tú sabes todas las cosas —le dijo—. Sabes que te amo.

—Tengo una misión especial para ti —le dijo Jesús—. Cuando me haya ido, quiero que cuides de mis seguidores.

292
"Siempre estaré con ustedes"

Jesús se apareció muchas veces a sus discípulos después de resucitar de entre los muertos. Siguió enseñándoles acerca del reino de Dios y de las buenas noticias que quería que transmitieran a todo el mundo.

"Vayan a Jerusalén y esperen al Espíritu Santo, que yo enviaré —les dijo—. Luego, hablen a todo el mundo de mí, y enséñenles todo lo que he hecho y dicho. Yo les prometo que siempre estaré con ustedes".

Poco tiempo después, Jesús dejó a sus discípulos y regresó para estar con Dios, su Padre, en el cielo.

Echar suertes

Los sacerdotes de Judea tenían otros trabajos aparte del sacerdocio para ganarse la vida. Había tantos sacerdotes que solo trabajaban en el templo de vez en cuando, y echaban suertes para ver a quién le tocaría quemar el incienso.

El incienso

El incienso se quemaba en el "lugar santo" del templo (la primera de las dos habitaciones interiores). Era un símbolo de las oraciones del pueblo dirigidas a Dios.

Gabriel

Es el nombre de uno de los ángeles más importantes que están más cerca de Dios en el cielo.

El nombre y la circuncisión

A los niños los circuncidaban a los ocho días de nacer, como señal de que eran miembros de la comunidad judía. Entonces era cuando se confirmaba oficialmente el nombre que los padres habían elegido para el niño.

La tablilla de escribir

Era una plancha de madera sujeta por un marco también de madera, dentro del cual se ponía cera blanda. Una pluma afilada o una caña se usaba para grabar las letras en la cera. Luego, se volvía a alisar la cera, para poder usar de nuevo la tablilla.

Salvador

"Jesús" significa "Dios salva". El pueblo judío esperaba a alguien que los librara de los romanos. En lugar de eso, Jesús vino a rescatar a las personas de las consecuencias de sus pecados.

El pesebre

Un pesebre es donde se pone el forraje para que coman los animales. Era un lugar seguro dentro de un lugar pequeño y oscuro.

Los sabios

Los "magos", o sacerdotes de Persia o Arabia, creían que los movimientos de las estrellas anunciaban las cosas que sucederían en el futuro. Su visita fue una señal de que Jesús es el Salvador para todo aquel que lo recibe, no importa de qué parte del mundo sea.

Los regalos

El oro era un regalo que se hacía a los reyes. El incienso era símbolo del sacerdocio, quizás como señal de que Jesús llevaría a las personas a Dios. La mirra, que se usaba para ungir los cadáveres, señalaba a la muerte de Jesús por los pecados del mundo.

La fiesta de la Pascua

Este acontecimiento celebra el día en que el ángel de la muerte pasó sin tocar a los israelitas. A menudo, la gente viajaba en grandes grupos, con las mujeres y los niños pequeños delante,

y los hombres y niños mayores al final. Es probable que María y José pensaran que Jesús estaría en el grupo del otro.

El bautismo

Juan sumergía a sus seguidores en las aguas, como símbolo de que Dios había lavado sus pecados. Los judíos bautizaban a los no judíos que querían convertirse en miembros de su comunidad, y también tenían otras ceremonias donde se lavaban. El método de Juan no era nuevo, pero su mensaje sí.

El Espíritu de Dios

El Espíritu de Dios, o Espíritu Santo, es el nombre que usa Dios cuando es visto y sentido en las vidas de las personas. La paloma es símbolo de paz.

Los pescadores

Estos hombres o bien vadeaban por el agua echando las redes, o bien las arrastraban desde una barca. El pescado se vendía fresco, o lo salaban para preservarlo.

Los discípulos

Es el nombre que reciben los doce seguidores más cercanos a Jesús. Es una palabra que significa "estudiante". También se les llamó "apóstoles", que significa "enviados".

Las bodas

Eran grandes celebraciones con grandes banquetes.

El día de reposo

El séptimo día de cada semana nadie podía trabajar. Las personas descansaban y adoraban a Dios.

Los fariseos

Este reducido grupo de judíos creía que había que cumplir la Ley de Dios muy estrictamente. Tenían una lista de 613 reglas adicionales que decían de forma exacta qué debían hacer en temas como por ejemplo el día de reposo.

La oración

La oración es hablar y escuchar a Dios en todo momento y con palabras sencillas.

Los funerales

La gente de aquella procesión lloraba a grandes voces. Se llevaba el cuerpo sobre una camilla, para enterrarlo probablemente en una cueva, no en un agujero cavado en el suelo.

Sembrando semillas

Los granjeros rompían la tierra con un arado tirado por bueyes, luego echaban la semilla de trigo en los surcos. Algunas semillas caían en lugares donde no crecían bien. La historia de Jesús animaba a los oyentes a ser como la buena tierra.

El reino de Dios

El reino de Dios existe en cada lugar en que una persona o grupo de ellas intentan vivir de acuerdo a lo que Dios dice. Significa "el lugar donde Dios tiene el control y donde se cumplen sus reglas". Jesús dice que es tan valiosa la forma de vida que pide Dios que vale la pena perderlo todo por ella.

Las barcas de pesca

Eran pequeñas, con velas y remos. Al tener a bordo a Jesús y a sus doce amigos, la barca tuvo que estar repleta.

Las tormentas

El Mar de Galilea es un pequeño lago interior rodeado de montañas. En determinados momentos, el aire frío entra por el espacio entre las colinas y hace que se formen grandes olas en el agua.

Sacerdote y levita

Un sacerdote ofrecía sacrificios en el templo. Un levita ayudaba en los demás aspectos de la adoración.

En la tumba

Lázaro fue enterrado en un sepulcro —probablemente una cueva—, no en un agujero en el suelo. Marta no quería que abrieran la tumba porque es probable que se sentiría un mal olor procedente del cuerpo en descomposición. El sudario era un conjunto de vendas bien apretadas sobre el cuerpo, con especias colocadas entre ellas.

La herencia

La riqueza de un padre se dividía entre sus hijos, por lo general tras su muerte.

El hambre

Una hambruna se produce cuando las tormentas, o bien un clima muy seco, destruye las cosechas. José ayudó a los egipcios durante una de esas hambrunas.

Los cerdos

Los judíos no podían comer o criar cerdos, porque estaban clasificados como animales "impuros".

La lepra

Esta enfermedad perjudica la piel y los nervios, puede hacer que salgan abultamientos por todo el cuerpo. Las personas con enfermedades de la piel eran consideradas "impuras", y eran evitadas por otras personas.

La bendición

Las madres llevaban a sus hijos pequeños a los rabinos (maestros de la religión) para que los bendijeran. El rabino oraba para que el niño recibiera el amor y la ayuda de Dios.

Las leyes de Dios

Aquel hombre había cumplido los Diez Mandamientos. Pero Jesús se dio cuenta de que para él su riqueza era más importante que Dios. La Biblia enseña que el dinero es bueno cuando se usa para ayudar a otros, pero puede ser peligroso cuando hace que la gente sea avara.

Los mendigos

Las personas como Bartimeo eran muy pobres porque su enfermedad les impedía trabajar. Dependían de sus familias para que les cuidaran, y a menudo tenían que ir por las calles pidiendo comida o dinero.

El recaudador de impuestos

La gente consideraba que los que recogían dinero para los romanos eran traidores. Los recaudadores pedían más de lo que necesitaban para quedarse con parte del dinero para ellos.

El sicómoro

Era un árbol que producía higos silvestres. Podía crecer hasta una altura de 10 metros. Tenía un tronco muy corto y muchas ramas anchas, de manera que era fácil trepar por él.

El patio

Era el patio exterior del templo, la primera sección del edificio, en la que todo el mundo podía entrar. Las personas traían animales a ese lugar para sacrificarlos.

Los cambistas de dinero

Los comerciantes eran los únicos a quienes se permitía usar un tipo especial de dinero, de modo que todo el mundo tenía que cambiar sus monedas romanas antes de poder comprar algo. Los cambistas de dinero obtenían grandes ganancias.

Lavar los pies

Las personas llevaban sandalias abiertas y los caminos eran polvorientos. Los discípulos eran demasiado orgullosos como para hacer un trabajo del que se ocupaban por lo general los criados.

La cena de la Pascua

Varias veces durante la cena, el anfitrión compartía con los invitados un trozo de pan y una copa de vino. El pan era plano y duro, no blando y redondo.

"Mi cuerpo y mi sangre"

Jesús dio un nuevo significado a aquella costumbre. A partir de entonces, el pan y el vino representarían su muerte, mediante la cual cada persona podría recibir el perdón de Dios y la nueva vida por la fe personal en Cristo.

El canto del gallo

El gallo era el único "reloj" que tenía el pueblo. Los gallos no cantan hasta que sale el sol.

El gobernador romano

Poncio Pilato era un hombre cruel. Era el "procurador" o gobernador de Judea en aquella época. Los judíos tenían permiso para juzgar acciones delictivas y emitir veredictos sobre los culpables, pero solo Pilato podía ordenar una ejecución.

La crucifixión

Se crucificaba clavando a la persona de las muñecas y los pies en una cruz de madera.

Los profetas

En el Antiguo Testamento había muchas cosas que estaban relacionadas con lo que le había sucedido a Jesús. Pero en aquellos momentos muy pocos se dieron cuenta de ello. A esas dos personas Jesús se lo aclaró.

El pan

Había algo familiar en el modo en que Jesús partió el pan. Quizá se acordaron de cuando alimentó a los 5.000.

El Espíritu Santo

La palabra "Espíritu" es la misma que se usa para "viento" o "soplo" en griego. Jesús sopló sobre sus discípulos como símbolo de que Dios les concedería su poder. El Espíritu Santo es Dios que actúa en las vidas de las personas.

Un banco de peces

A menudo, la pesca desde barcas se hacía durante la tarde o por la noche, porque entonces los peces nadaban más cerca de la superficie. Durante el día, cuando hacía mucho calor, nadaban hasta el fondo, donde el agua era más fresca.

LA IGLESIA PRIMITIVA

Esta sección narra la historia de los primeros seguidores de Jesús. Sus historias, sacadas del libro llamado Hechos de los apóstoles, están llenas de actos de valor y fe. Fueron escritas por Lucas, que también escribió un Evangelio, y que fue testigo directo de algunos de los acontecimientos que se narran.

Después que Jesús murió y resucitó, dio algunas instrucciones a sus discípulos, les dijo: "Vayan por todo el mundo y hablen de mí a todos los pueblos". Hasta entonces, solo habían viajado por Judea, un país muy pequeño. Pero Jesús prometió enviar al Espíritu Santo para darles un nuevo poder que les permitiera hablar a otros de Él, y sanar a los que estuvieran enfermos.

El día de Pentecostés descendió el Espíritu Santo y 3.000 personas creyeron en Jesús cuando Pedro predicó por primera vez en Jerusalén. Pero algunas personas odiaban el mensaje cristiano. Un hombre, Saulo de Tarso, creía que su misión era matar a los cristianos. Un día tuvo una gran visión de Jesús y se convirtió en cristiano. Más adelante fue conocido como Pablo, y se convirtió en el predicador y maestro más importante de todos.

Pablo viajó por todos los países al norte del Mar Mediterráneo, las modernas Turquía, Grecia y, finalmente, Italia. Viajó a pie o en barco, sobreviviendo a muchos peligros y naufragios. Al cabo de tan solo unos años, ya había grupos de cristianos que se reunían en muchos lugares, en hogares o salas alquiladas, para adorar a Jesús y aprender acerca de Él; "iglesia" fue la palabra utilizada para describir a un grupo de cristianos que se reunían en un lugar especial. A pesar de que con frecuencia los metieron en la cárcel, Pablo y sus amigos extendieron las buenas noticias acerca de Jesús por todas partes.

293
Jesús regresa al cielo

Jesús resucitado se apareció a sus apóstoles en diversos momentos y lugares. Habló con ellos y les enseñó más acerca de Dios. Ellos ya no tenían dudas de que Él estaba vivo.

Un día, estaban reunidos compartiendo una comida.

"Quédense en Jerusalén —les dijo—. Mi Padre les concederá el don del Espíritu Santo dentro de pocos días. ¿Se acuerdan de cuando la gente iba para que Juan los bautizara en el río Jordán? Él los bautizaba con agua, pero ahora serán bautizados con el Espíritu Santo".

A menudo los apóstoles habían oído hablar a Jesús acerca del Espíritu Santo y cómo Él vendría a estar con ellos cuando Jesús se hubiera ido.

Unas seis semanas después de que Jesús resucitara, los apóstoles estaban con Él en el Monte de los Olivos. Se estaban preguntando cuándo llegaría el reino de Dios.

—¿Vendrá tu reino a la tierra cuando hayamos recibido el Espíritu Santo? —le preguntaron.

—No —dijo Jesús—. Solo Dios sabe cuándo sucederán esas cosas. Pero cuando venga el Espíritu Santo tendrán poder. Todo el mundo oirá hablar de mí por medio de ustedes.

De repente, Jesús comenzó a elevarse por el aire en dirección al cielo, hasta que desapareció cubierto por una nube.

Los apóstoles contemplaron el cielo. Jesús se había ido.

"¿Qué están mirando? —preguntaron dos ángeles, vestidos de blanco—. Jesús ha subido a los cielos, pero un día regresará".

294
Viene el Espíritu Santo

Los apóstoles se quedaron en Jerusalén, como Jesús les había dicho. Era la fiesta de Pentecostés. La ciudad estaba repleta de visitantes que venían de todas partes del mundo.

Los apóstoles estaban reunidos en una habitación. De repente, un estruendo como el del viento cuando sopla fuerte invadió la casa. Los apóstoles vieron algo parecido a llamas que flotaban en el aire. Cuando el Espíritu Santo vino sobre ellos comenzaron a hablar en distintos idiomas.

El ruido dentro de la casa atrajo a una multitud. Los apóstoles salieron a la calle corriendo, sin dejar de hablar. Las personas de la multitud estaban asombradas.

—¿Qué sucede? —preguntaron algunos—. Entiendo lo que dicen esos hombres. Están hablando en mi idioma, y hablan de Dios. ¿Cómo es posible?

—¡Están borrachos! —se burlaban otros.

—¡No, no lo estamos! —dijo Pedro, alzando la voz—. ¡Solo son las nueve de la mañana! —y se puso de pie para enseñar a la multitud. Primero les recordó lo que habían dicho los profetas sobre Jesús, el Elegido de Dios, el Mesías.

Cuando Pedro describió cómo había padecido Jesús, y cómo lo habían matado, la gente se horrorizó.

—¿Qué podemos hacer? —preguntaron.

—Vuélvanse a Dios y bautícense, para poder ser perdonados —les dijo Pedro—. Entonces recibirán el Espíritu Santo.

Ese día, 3.000 personas se convirtieron en seguidores de Jesús. Los apóstoles hicieron muchos milagros en nombre de Jesús, y se reunieron con los creyentes para alabar a Dios, orar y compartir lo que tenían unos con otros.

295
El mendigo junto a la puerta Hermosa

Una tarde, Pedro y Juan fueron a orar al templo. Cuando pasaban por la puerta llamada Hermosa, vieron a un mendigo. Este nunca había podido andar.

—Denme algún dinero —les rogó el mendigo.

—¡Míranos! —dijo Pedro. El mendigo alzó los ojos esperanzado.

—No tengo oro ni plata —le dijo Pedro—, pero tengo algo que puedo darte. En el nombre de Jesús, ¡camina!

Mientras hablaba, Pedro tomó la mano de aquel hombre y lo ayudó a ponerse de pie. De inmediato, el hombre se mantuvo de pie. Comenzó a caminar y a dar saltos.

"¡Alabado sea Dios!" —gritaba.

Cuando Pedro y Juan entraron en el templo, el mendigo les siguió. No quería apartarse de ellos.

"¿No es ese el hombre que no podía andar?" —susurraban algunos. Estaban sorprendidos por lo que le había sucedido.

296
Pedro y Juan en la cárcel

Mientras Pedro y Juan hablaban a la gente acerca de Jesús, el capitán de la guardia del templo se acercó a ellos, junto con los sacerdotes y los saduceos. Arrestaron a Pedro y a Juan y los metieron en la cárcel.

A la mañana siguiente, Pedro y Juan fueron llevados ante el sumo sacerdote y los otros ancianos.

—¿Cómo hicieron ese milagro? —les preguntaron.

Pedro se levantó. Sabía que el Espíritu Santo estaba con él.

—Se los diré —afirmó—. Aquel paralítico fue sanado en el nombre de Jesús, el hombre a quien ustedes crucificaron y al que Dios resucitó. Jesús es el Salvador del mundo.

El sumo sacerdote y los ancianos se inquietaron.

"Estos hombres solo son pescadores, pero anduvieron con Jesús durante un tiempo. No podemos negar que ese mendigo ha sido sanado. Pero debemos evitar que vuelvan a hablar de Jesús" —comentaron entre sí.

—Pueden irse —dijeron a los dos apóstoles—, pero no deben hablar ni enseñar acerca de Jesús.

—¿Cómo podemos evitarlo? —replicaron ellos—. ¡Debemos obedecer a Dios!

Las autoridades dejaron que se fueran. No podían hacer otra cosa.

Cuando Pedro y Juan regresaron con los demás, comenzaron a orar junto a sus amigos: "Señor, ayúdanos a ser valientes y a seguir hablando acerca de ti. Ayúdanos a hacer maravillas en el nombre de Jesús".

De repente, toda la casa tembló. Fueron llenos del Espíritu Santo, y salieron a hablar acerca de Jesús sin ningún temor.

297
Ananías y Safira

Todos los que creían en Jesús comenzaron a vivir de una forma nueva, compartiendo sus posesiones y entregando el dinero para ayudar a los que lo necesitaban.

Ananías era creyente hacía poco. Decidió vender una parcela de tierra.

"Vamos a dar el dinero a los apóstoles —le dijo a su esposa—, pero nos guardaremos una parte. No hace falta que ellos se enteren".

Ananías llevó una parte del dinero ante los apóstoles.

Pero Pedro sabía lo que Ananías había planeado.

"¿Cómo has podido hacer algo así? —le preguntó—. Le has mentido a Dios. La tierra era tuya, y el dinero también. Podías haber hecho con él lo que quisieras, pero no has sido honrado".

En cuanto Pedro acabó de hablar, Ananías cayó muerto al suelo.

Tres horas después, Safira, su esposa, entró en la casa. No sabía que su marido estaba muerto.

—¿Esta es la cantidad que Ananías y tú han obtenido de la venta? —preguntó Pedro, enseñándole el dinero.

—Sí —mintió Safira.

—¿Realmente pensaban que podrían engañar a Dios? —preguntó Pedro—. Tu esposo ha muerto, como morirás tú también ahora.

Inmediatamente, Safira murió. Todos los creyentes se asustaron. Se dieron cuenta de lo poderoso que es Dios.

298
Más y más creyentes

Día tras día, los apóstoles enseñaban y sanaban personas en el nombre de Jesús, y cada vez aumentaba más el número de los creyentes. El sumo sacerdote y los ancianos estaban furiosos. Metieron a los apóstoles en la cárcel.

Durante la noche, vino un ángel que los liberó.

"Vayan y prediquen en el patio del templo —les dijo el ángel—. Hablen a todo el mundo de la nueva vida que les ha dado Dios".

A la mañana siguiente, el sumo sacerdote y los ancianos enviaron a buscar a los prisioneros. Un oficial regresó ante ellos con la noticia.

"Las puertas estaban cerradas y los guardias vigilando. ¡Pero las celdas están vacías!" —les dijo.

"Los hombres que buscan están en el patio del templo, enseñando al pueblo" —añadió alguien.

De modo que el capitán de la guardia del templo fue y arrestó a los apóstoles de nuevo. No usó la violencia, porque no quería ningún altercado público. Los apóstoles fueron llevados ante el sanedrín.

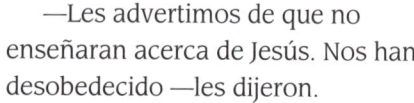

—Les advertimos de que no enseñaran acerca de Jesús. Nos han desobedecido —les dijeron.

—Pero obedecimos a Dios —respondieron ellos.

Algunos del sanedrín estaban tan furiosos que querían matarlos, pero entonces habló un anciano sabio.

"Dejen tranquilos a estos hombres —dijo Gamaliel—. Si están haciendo la obra de Dios, nada podrá detenerlos".

El sanedrín ordenó que azotaran a los apóstoles. Entonces les ordenaron que dejaran de hablar de Jesús, y los pusieron en libertad.

299
Esteban apedreado

Los apóstoles nombraron a siete diáconos para ayudarlos a organizar la forma de compartir el dinero y las posesiones. Esteban era uno de ellos. Dios le había concedido el poder de hacer cosas maravillosas en el nombre de Jesús.

Algunos judíos egipcios tenían envidia de Esteban. Intentaron discutir con él, pero sin conseguirlo.

"¡Acusémoslo de blasfemia!" —dijeron.

Esteban fue llevado ante el sanedrín. Escuchó las mentiras que decían contra él. El castigo por blasfemar era la muerte. El sanedrín contempló a Esteban, y vieron que su rostro tenía el aspecto del de un ángel.

—¿Son ciertas estas acusaciones? —le preguntó el sumo sacerdote.

—Escúchenme —dijo Esteban con valor, y comenzó a contarles cómo, a través de los siglos, el pueblo de Dios se había negado a escuchar a los líderes que Dios les concedió.

"Ustedes son como ellos —dijo—. Dios les envió a Jesús para conducirlos de vuelta a Él, ¡y ustedes lo mataron!"

Todos estaban furiosos. Corrieron hasta Esteban y lo apresaron.

—Veo a Jesús que está a la derecha de Dios —dijo él.

—¡Mátenlo! —gritaban.

Llevaron a Esteban fuera de la ciudad y lo apedrearon.

"Señor Jesús —dijo Esteban—, recibe mi espíritu y perdona a estas personas". Después de decir esto, murió.

Un joven llamado Saulo contemplaba morir a Esteban. Él guardaba los mantos de las personas que mataban a Esteban y se alegraba de su muerte.

300
Felipe en Samaria

Tras la muerte de Esteban, las autoridades se propusieron destruir a los cristianos. Saulo los ayudaba. Los creyentes huyeron; algunos se escondieron, otros se marcharon de la zona. Pero fueran donde fuesen, seguían hablando a todo el mundo de Jesús.

Uno de los diáconos era un judío llamado Felipe, que sabía hablar griego. Era un hombre sabio y el Espíritu Santo estaba con él.

Felipe fue a un pueblo de Samaria. Habló a sus habitantes acerca de Jesús. Se congregó una multitud para escucharlo, sanó a las personas que estaban enfermas y animó a las angustiadas. Muchas personas, tanto hombres como mujeres, fueron bautizadas en el nombre de Jesús.

301
El tesorero etíope

Mientras Felipe estaba en Samaria, un ángel habló con él.

"Debes marcharte de aquí —le dijo—, y viajar por el camino del desierto".

Felipe hizo lo que el ángel le ordenaba y, mientras caminaba, pasó un carro. En él iba montado un funcionario etíope, el tesorero de la reina Candace. Creía en Dios y había estado en

Jerusalén para adorar. Estaba leyendo un rollo que contenía las palabras del profeta Isaías.

"Acércate a ese carro" —le dijo el ángel a Felipe. Él se aproximó corriendo.

El etíope tenía aspecto de no entender lo que leía. Decía: "Fue muerto como una oveja, y guardó silencio como un cordero".

—¿Entiendes lo que estás leyendo? —le preguntó Felipe.

El etíope negó con la cabeza.

—No —contestó—. Necesito a alguien que me lo explique.

Felipe se subió al carro. Le explicó que Isaías había hablado de un Salvador que sería ejecutado.

—Este pasaje habla de Jesús —le dijo Felipe al etíope—. Son buenas noticias para todos los que creen en Él. Gracias a que Jesús murió, ¡nosotros podemos ser perdonados!

Pasaban junto a un estanque cerca de la carretera.

—¡Quiero ser bautizado! —dijo el etíope. De modo que Felipe lo llevó al agua y lo bautizó.

302
Saulo se encuentra con Jesús

Saulo odiaba a los cristianos. Quería destruirlos a todos. Se fue a ver al sumo sacerdote y le dijo: "Dame cartas de presentación para las sinagogas de Damasco. Quiero descubrir a los cristianos que se ocultan allí".

El sumo sacerdote estuvo de acuerdo, y Saulo partió. Cuando se acercaba a Damasco, de repente lo envolvió una luz poderosa que venía del cielo. Saulo cayó al suelo. Una voz le habló.

—Saulo, Saulo, ¿por qué me persigues?

—¿Quién eres? —preguntó Saulo.

—Yo soy Jesús —dijo la voz—, y tú me persigues. Ve a Damasco. Allí te dirán lo que debes hacer.

Saulo se puso de pie. Estaba ciego, así que sus compañeros lo llevaron de la mano hasta la ciudad de Damasco.

303
Una nueva vida

En Damasco vivía un creyente llamado Ananías.

—Ananías —le dijo Dios en una visión—,
ve a la casa de Judas, en la calle Derecha.
Allí encontrarás a un hombre llamado Saulo
que está ciego. Está orando. Ya ha tenido
una visión en la que tú tocabas sus ojos y le
devolvías la vista.

Ananías estaba preocupado.

—Pero si Saulo odia a los cristianos —replicó—. ¡Ha venido
aquí a destruirnos!

—¡Ve! —le dijo Dios—. He escogido a Saulo para que hable de
mí a todo el mundo, tanto a judíos como a gentiles.

Ananías encontró a Saulo. Colocó sobre él sus manos.

"Hermano —le dijo Ananías—, Dios me ha enviado para que
seas lleno del Espíritu Santo y recuperes la vista".

Inmediatamente, Saulo pudo ver de nuevo. Luego fue
bautizado.

304
La huida de Damasco

Saulo permaneció en Damasco varios días. Predicó en la
sinagoga y decía: "Jesús es el Hijo de Dios".

La gente que lo escuchaba estaba asombrada. "Pensábamos
que Saulo había venido a destruir a los cristianos —decían—.
¡Pero ahora habla como uno de ellos!"

Los judíos se sentían confundidos y furiosos. Hicieron planes
para matar a Saulo y pusieron una guardia en las puertas de la
ciudad. Pero Saulo tenía amigos. Por la noche, lo hicieron bajar
metido en un cesto por un agujero en las murallas de la ciudad.

Saulo fue a Jerusalén para reunirse con los creyentes de esa
ciudad, pero ellos le tenían miedo. Sabían que era un asesino.
Fue Bernabé el que lo llevó a ver a los apóstoles.

"He visto a Jesús —les dijo Saulo—, y Él me ha hablado".

El número de los creyentes en Jerusalén aumentaba día
tras día, pero cuando corrió peligro la vida de Saulo, se fue de
Jerusalén a Tarso, su ciudad natal.

305
"¡Dorcas, levántate!"

Pedro visitó a los creyentes de muchos lugares, enseñándoles y animándoles. En Lida curó a un hombre llamado Eneas, que había estado paralítico durante ocho años.

No lejos de allí, en Jope, murió una cristiana llamada Dorcas. Todo el mundo estaba triste, porque siempre había trabajado mucho, ayudando a las personas pobres. Cuando los creyentes se enteraron de que Pedro estaba en Lida, enviaron a buscarlo.

Pedro subió a la habitación donde estaba el cuerpo de Dorcas. Hizo que salieran todos. Oró a Dios, y luego le dijo: "¡Dorcas, levántate!"

Dorcas abrió los ojos y se sentó. Muchas personas creyeron en Jesús por lo que Dios hizo por medio de Pedro.

306
La visión de Pedro

Un día, mientras Pedro estaba en Jope, orando en la azotea de la casa, vio una gran sábana que descendía sujeta de sus cuatro extremos. En la sábana había todo tipo de animales, incluso reptiles y aves. Pedro tenía hambre, pero la comida aún no estaba lista.

—Mata lo que quieras y come —le dijo Dios a Pedro.

—¡No puedo! —dijo Pedro—. Estos animales son impuros.

—No les llames impuros —dijo Dios—. Yo los he limpiado.

Dios habló tres veces a Pedro diciéndole lo mismo. Luego la sábana desapareció.

El Espíritu Santo le dijo entonces: "Tres hombres te están buscando. Ve con ellos".

En ese instante llegaron a la casa los tres hombres.

"El centurión Cornelio nos ha enviado —le dijeron—. Él ama a Dios. Un ángel le dijo que te invitara a su casa para que puedas enseñarle".

307
Nuevos creyentes

Cornelio era romano, es decir, un gentil. Amaba a Dios, pero no sabía nada de Jesús. Invitó a sus amigos íntimos y parientes a venir y escuchar lo que tenía que decirles Pedro.

Pedro le dijo: "Sabes que va en contra de la ley nuestra que un judío entre en casa de un gentil. Pero Dios me ha mostrado que ante sus ojos no hay nadie 'impuro'. Dios no tiene favoritos".

Pedro le habló acerca de Jesús.

Mientras Pedro hablaba, el Espíritu Santo descendió sobre ellos, de modo que Cornelio y su familia creyeron. Los creyentes judíos que estaban con Pedro se quedaron asombrados.

"¡Incluso los gentiles son llenos del Espíritu Santo!" —dijeron.

"Bauticen a estas personas" —dijo Pedro. Cornelio, su familia y sus amigos fueron bautizados en el nombre de Jesús.

308
Orando por Pedro

Después de regresar Pedro a Jerusalén, el rey Herodes hizo ejecutar a Jacobo. Luego metió a Pedro en la cárcel, guardado por dieciséis soldados. Quería que el juicio de Pedro fuera público.

Mientras Pedro estaba en la prisión, todos los creyentes se reunieron a orar.

La noche antes del juicio, Pedro estaba dormido, encadenado entre dos soldados. De repente, una luz brillante hizo resplandecer la celda, y apareció un ángel.

"¡Levántate y sígueme!" —dijo el ángel. Cuando él tocó a Pedro, las cadenas cayeron de sus muñecas. Pasaron junto a los guardias. Luego, las puertas de hierro se abrieron solas, y Pedro y el ángel salieron a la calle. El ángel desapareció.

Pedro fue a casa de María. Allí había muchos creyentes que oraban por él. Llamó a la puerta. Rode, la criada, reconoció la voz de Pedro pero no abrió la puerta.

—¡Es Pedro! —dijo a los demás.

—¡No seas tonta! —le contestaron.

Pedro siguió llamando. Los creyentes quedaron asombrados cuando les contó lo que había sucedido. Luego se fue sin decir adónde.

Herodes se enfureció cuando los guardias no encontraron a Pedro, y los hizo ejecutar a todos.

309
Saulo sale de Antioquía

Los cristianos de Antioquía deseaban servir a Dios. Saulo había pasado un año con ellos, enseñándoles a ser discípulos de Jesús. Cuando oyeron que los cristianos de Jerusalén estaban pasando hambre, organizaron una colecta y les enviaron dinero.

Un día, Saulo y otros cuatro cristianos, entre ellos su amigo Bernabé, se reunieron para adorar a Dios. Se prepararon para escuchar la respuesta de Dios. El Espíritu Santo les habló: "He elegido a Pablo y a Bernabé para que cumplan una misión especial".

Los creyentes pusieron sus manos sobre Saulo y Bernabé y oraron por ellos.

"Que Dios esté con ustedes dondequiera que vayan" —les dijeron.

310
Las buenas noticias en Chipre

Saulo, que también era conocido como Pablo, y Bernabé, junto con Juan Marcos como ayudante, partieron en barco a la isla de Chipre, el hogar de Bernabé.

Cuando llegaron, se encontraron con un hechicero llamado Elimas que fue a recibirlos; él trabajaba para el gobernador romano, Sergio Paulo. Cuando el gobernador se enteró de que Pablo y Bernabé habían llegado a Chipre, envió a buscarlos. Quería saber más acerca de Dios. Pero Elimas no quería que hablaran con su señor.

"No creas nada de lo que dicen" —le dijo al gobernador. Elimas era un enemigo de Dios.

Pablo miró fijamente a Elimas.

"Sé que estás lleno de mentiras y engaños —le dijo Pablo—. A causa de ellos, a partir de ahora quedarás ciego".

De repente, Elimas dejó de ver. Fue de aquí para allá, tanteando, buscando a alguien que lo ayudara. Cuando Sergio Paulo vio lo que había sucedido, creyó en el poder de Jesús.

311
Pablo dejado por muerto

Pablo y Bernabé siguieron viaje, pero Juan Marcos volvió a Jerusalén. Desde Chipre navegaron a Galacia, y visitaron muchos lugares. Al final fueron a Listra, donde vieron a un hombre que había sido paralítico toda su vida. Escuchó a Pablo cuando le habló de Jesús.

Yo creo que ese Jesús es capaz de sanarme —pensó.

Pablo contempló a aquel hombre. Sabía lo que estaba pensando.

"¡Levántate y anda!: —le dijo. Aquel hombre se puso de pie y caminó.

La gente estaba asombrada y exclamaron: "¡Los dioses han venido a visitarnos!" Pensaban que Bernabé era el dios griego Júpiter, y que Pablo era Mercurio. El sacerdote del templo vino corriendo a recibirlos. Llevaba consigo bueyes para hacerles un sacrificio y coronas de flores.

"¡Deténganse! —gritó Pablo a la multitud—. ¡No somos dioses, sino hombres como ustedes! Hemos venido a hablarles del Dios vivo".

En la multitud había unos judíos que provocaron a los demás, poniéndolos contra Pablo y Bernabé. Llevaron a Pablo fuera de la ciudad, lo apedrearon y lo dejaron, pensando que estaba muerto. Pero Pablo seguía vivo. Ayudado por los demás creyentes, se levantó y volvió a pie a la ciudad. Abandonó Listra al día siguiente.

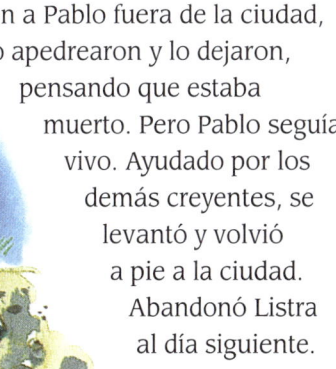

312
El concilio de Jerusalén

Pablo y Bernabé regresaron a Antioquía. Descubrieron que los falsos maestros estaban enseñando a los gentiles cristianos que tenían que seguir las costumbres judías. Para solucionar aquel debate, la iglesia envió a Pablo y Bernabé, junto con los falsos maestros, a Jerusalén, para hablar con los ancianos de allí.

Fue una reunión difícil, pero al final Pablo y Bernabé regresaron con la noticia de que los gentiles cristianos podían complacer a Dios sin necesidad de cumplir los ritos judíos. También llevaron una carta a Antioquía con una serie de consejos útiles.

Pablo y Bernabé se quedaron allí un tiempo, y luego, debido a una discusión entre ellos, Bernabé se fue a Chipre con Juan Marcos.

313
Los nuevos compañeros de Pablo

Pablo pidió a Silas que fuera su compañero en su próximo viaje. Salieron de Antioquía y fueron hacia el oeste, atravesando las regiones de Siria y Cilicia. Visitaron las distintas iglesias por el camino, y animaron a todos los que creían en Jesús.

Pablo regresó a Listra, reuniéndose con los cristianos de la ciudad.

"Debes conocer a Timoteo —le dijeron a Pablo—. Es un buen hombre".

Pablo ya sabía que Timoteo sería un buen ayudante, de modo que le pidió que se uniera a ellos.

Pablo, Silas y Timoteo fueron de pueblo en pueblo. En todos esos lugares animaron a los creyentes, y cada vez más y más personas se convirtieron en seguidores de Jesús.

314
Los amigos van a Grecia

Pablo, Silas y Timoteo siguieron con su viaje, guiados por el Espíritu Santo. Un médico llamado Lucas se les unió.

Una noche, Pablo tuvo una extraña visión. Vio a un griego

que le rogaba diciendo: "¡Por favor, ven a Macedonia y ayúdanos!" Pablo sabía que Dios le estaba hablando, de modo que él y sus amigos partieron en dirección a Filipos, la ciudad más importante de Macedonia.

Filipos era una colonia romana. Cuando llegó la mañana del día de reposo, Pablo y Silas salieron de la ciudad hasta un lugar junto a un río, donde los judíos se reunían para orar. Mientras estaban allí, vieron a un grupo de mujeres. Se sentaron con ellas y comenzaron a hablarles de Jesús.

Una de las mujeres, Lidia, era comerciante y vendía telas de púrpura muy caras. Creía en Dios, y mientras escuchaba a Pablo y le oía hablar de Jesús, supo en seguida en su corazón que lo que Pablo decía era cierto: Jesús era el Hijo de Dios.

—Te ruego que me bautices junto con mi familia —le pidió a Pablo—. Luego vengan a hospedarse en mi casa.

315
La adivina

Por todos los lugares por donde iban Pablo y Silas en Filipos, los seguía una muchacha esclava que tenía la capacidad de predecir el futuro. Así obtenía mucho dinero para sus amos. Ella iba gritando: "¡Estos hombres trabajan para el Dios Altísimo! ¡Les dirán cómo pueden ser salvos!"

Pablo se entristecía al oírla, porque sabía que tenía un espíritu maligno dentro de ella. Se volvió hacia ella y le ordenó al espíritu: "¡En el nombre de Jesús, sal de ella!"

Apresaron a Pablo y a Silas y los llevaron ante las autoridades.

"¡Estos hombres están provocando alborotos!" —dijeron.

La multitud estuvo de acuerdo, y los magistrados ordenaron que los azotaran y metieran en la cárcel.

"Vigila con mucha atención a estos hombres" —ordenaron al carcelero. Pablo y Silas fueron encerrados en la celda más escondida, y los metieron en el cepo.

316
Pánico en la cárcel

Era medianoche. Pablo y Silas estaban cantando alabanzas a Dios, y los otros prisioneros los escuchaban.

De repente, la tierra tembló, y todas las puertas de la cárcel se abrieron. Las cadenas de los prisioneros se soltaron. Inmediatamente, el carcelero se despertó. Vio que las puertas estaban abiertas.

—¡Los prisioneros han huido! —gritó. Tomó su espada, dispuesto a matarse con ella.

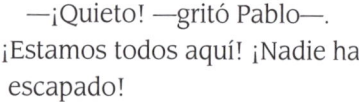

—¡Quieto! —gritó Pablo—. ¡Estamos todos aquí! ¡Nadie ha escapado!

El carcelero corrió ante Pablo y Silas y cayó a sus pies, temblando.

—¿Qué debo hacer para ser salvo? —les preguntó.

—Creer en Jesús —dijo Pablo, y le habló de Él.

Después el carcelero se levantó y los llevó a su casa.

"Quiero que nos bautices a mí y a mi familia" —les dijo. Luego dio de comer a Pablo y Silas. Era muy feliz porque ahora conocía a Dios.

Por la mañana los magistrados enviaron un mensaje al carcelero: "Suelta a esos hombres".

"Pueden marcharse —les dijo el carcelero—. Vayan en paz".

317
Problemas en Tesalónica

Pablo y sus amigos viajaron a la ciudad de Tesalónica. Mientras estaban allí, Pablo fue a la sinagoga durante tres días de reposo y allí explicó las Escrituras.

"Saben lo que está escrito —les dijo—. Dios prometió enviar a un Salvador a este mundo, pero ese Salvador sufriría y moriría antes de resucitar de los muertos. Jesús es ese Salvador enviado por Dios".

Judíos y griegos, hombres y mujeres, escucharon y creyeron el mensaje de Pablo. Pero algunos de los judíos tenían envidia. Fueron al mercado y contrataron a algunos hombres rudos para que armaran un escándalo.

La multitud buscó a Pablo y Silas. Rodearon la casa de Jasón buscándolos, pero Pablo y Silas no estaban allí.

De todos modos, la multitud apresó a Jasón y a sus amigos.

"¡Son amigos de peligrosos delincuentes! —gritaron—. Han quebrantado las leyes de César. Dicen que Jesús es el rey, tanto como César".

Las autoridades de la ciudad no sabían qué hacer. Al final, pidieron una fianza y les permitieron marcharse a Jasón y sus amigos.

318
El Dios desconocido

Pablo fue solo a Atenas, dejando a los demás en Berea. La ciudad de Atenas era magnífica, y estaba repleta de hermosos edificios. Pero dondequiera que miraba Pablo, veía ídolos, porque a los habitantes les gustaba adorar a muchos dioses diferentes.

Fue a la sinagoga a hablar a los judíos, y al mercado a hablar a los gentiles. Pero la gente no comprendía lo que les decía.

"¡Estás hablando de un dios desconocido que no tiene nada que ver con nosotros!" —le decían.

Al final, llevaron a Pablo a la reunión del areópago.

"Expón tu mensaje —le dijeron—. Nunca hemos oído nada parecido".

Pablo se puso de pie.

"Pueblo de Atenas —dijo—. Veo que son muy religiosos, porque tienen muchos dioses a los cuales adorar. Incluso he visto un altar dedicado al dios desconocido. Pues permítanme que les hable de este Dios, porque lo conozco: es el Dios vivo, el Creador de la tierra".

La gente escuchaba. Pablo les habló de Jesús, cómo murió y resucitó de los muertos.

"¡Qué tontería!" —se burlaron unos.

"¡Qué interesante! —dijeron otros—. ¡Cuéntanos más!"

319
Los tejedores de tiendas

Pablo se fue de Atenas y llegó a Corinto. Mientras estaba allí, conoció a Priscila y Aquila. Provenían de Roma, pero tuvieron que marcharse cuando el emperador Claudio ordenó que todos los judíos se fueran de la ciudad.

Priscila y Aquila, como Pablo, eran tejedores de tiendas. De modo que él se quedó con ellos, y trabajaron juntos, cortando y cosiendo las telas tejidas de lana de cabra con las que hacían las tiendas.

Cada día de reposo Pablo iba a predicar a la sinagoga. Pero pocos de los judíos le hacían caso.

"A partir de ahora, hablaré a los gentiles" —les dijo Pablo.

Algunos escucharon el mensaje de Pablo y creyeron. Al final, Pablo se dio cuenta de que era el momento de abandonar Corinto. Llevando consigo a sus amigos Priscila y Aquila, tomó el barco hacia Antioquía, en Siria, su cuartel general.

320
Pablo va a Éfeso

Algún tiempo después, Pablo volvió a dedicarse a sus viajes. Esta vez se dirigió a la bulliciosa ciudad de Éfeso, donde conoció a algunos creyentes.

—¿Vino sobre ustedes el Espíritu Santo cuando creyeron? —les preguntó Pablo.

Ellos lo miraron confundidos.

—Nunca hemos oído hablar de un Espíritu Santo —le dijeron.

—¿Fueron bautizados? —preguntó él.

—Sí —le contestaron—. Pero con agua, como lo hacía Juan el Bautista.

Entonces Pablo les habló de Jesús. Puso sus manos sobre ellos, e inmediatamente fueron llenos del Espíritu Santo.

Pablo predicaba en la sinagoga. Leía las Escrituras y hablaba acerca del Dios vivo. Daba conferencias en lugares públicos, de modo que el mayor número de personas pudieran oír hablar de Jesús.

Durante dos años, mientras permaneció en Éfeso, Dios permitió a Pablo hacer cosas maravillosas. Los enfermos eran sanados solo con tocar los pañuelos que Pablo había tocado antes.

En cuanto a los creyentes, vieron el poder de Dios obrando en medio de ellos, cambiándolos y haciéndoles parecerse más a Jesús.

321
El alboroto del platero

Demetrio, el platero, se ganaba la vida haciendo maquetas de plata del templo de la diosa Diana, en Éfeso. Un día llamó a los demás artesanos que, como él, hacían cosas que tuvieran que ver con el culto a los dioses.

"Ganamos mucho dinero —les dijo—. Este hombre, Pablo, podría arruinar nuestro negocio. Dice que no existen los dioses hechos por la mano del hombre, y hay mucha gente, no solo en Éfeso, que le hace caso. Si no tenemos cuidado perderemos dinero, y la gran diosa Diana será olvidada".

Los artesanos se pusieron en acción.

"¡Diana es grande!" —cantaron, y fueron por toda la ciudad. Pronto toda la ciudad estaba alborotada. La multitud agarró a dos de los amigos de Pablo y los arrastró hasta el teatro.

La gente cantó y chilló: "¡Diana es grande!", durante dos horas, hasta que se presentó ante ellos un funcionario de la ciudad.

"¡Efesios! —gritó el funcionario—. Todo el mundo sabe que nuestra ciudad es el hogar de la gran diosa Diana. Pero han arrastrado aquí a estos hombres a pesar de que no han hecho ni dicho nada contra ella. Si Demetrio y sus amigos tienen una queja, deben acudir al tribunal. Si no, seremos culpables de fomentar un alboroto callejero. Ahora, ¡váyanse a casa!"

Poco a poco la gente se dispersó, cada uno a su casa.

322
Milagro en Troas

Pablo se fue de Éfeso y, después de hacer una gira por Grecia,

fue a Troas. Una noche, se reunió con otros creyentes en un aposento alto, para compartir con ellos el pan y el vino, como Jesús y sus discípulos hicieron la noche antes de que Él muriera.

Pablo comenzó a hablar. Sabía que no estaría mucho tiempo en Troas, de modo que quería decirles todo lo más posible. Llegó la medianoche y seguía hablando.

En la habitación hacía calor y estaba iluminada por lámparas de aceite. Era tan tarde que un joven llamado Eutico, que estaba sentado en el alféizar de la ventana, se durmió y cayó, se golpeó contra el suelo y murió instantáneamente.

Pablo corrió al piso de abajo, y echó los brazos en torno a Eutico.

"No se preocupen —dijo a los otros creyentes—. No está muerto".

Eutico se puso de pie. Regresó al piso de arriba con los demás, y compartieron el pan juntos, dando gracias a Dios.

323
El largo viaje de Pablo en barco

Pablo se dirigía a Jerusalén. Era un viaje largo por mar, y durante el camino hizo escala en el antiguo puerto de Mileto. Mientras estaba allí, Pablo envió a buscar a los líderes de la iglesia de Éfeso para que se reunieran con él.

Cuando el barco estuvo listo para zarpar, se reunieron todos en el muelle.

"Sé que no volveré a verlos" —les dijo Pablo. Les recordó cómo había procurado ser un buen ejemplo para ellos, y les advirtió que obedecieran a Dios y recordaran sus enseñanzas.

"Los entrego a Dios, sabiendo que Él cuidará de ustedes" —les dijo.

Los ancianos y Pablo se arrodillaron y oraron juntos. Todos lloraban. Abrazaron a Pablo y se despidieron de él mientras subía a bordo. No podían creer que nunca volverían a verlo.

324
La profecía que anunció el peligro

Tras unas cuantas semanas en el mar, el barco de Pablo atracó en Cesarea, cerca de Jerusalén. Él necesitaba descansar, y se alojó en casa de Felipe.

Mientras estaba allí, un cristiano llamado Agabo vino a visitarlo. Dios le había concedido el don de profecía. Agabo tomó en sus manos el cinto de Pablo y comenzó a atarse las manos y pies con él, hasta que no pudo moverse.

"Esto es lo que dice el Espíritu Santo —profetizó Agabo—. Los judíos de Jerusalén capturarán al propietario de este cinto y lo entregarán a los gentiles".

—¡No debes ir a Jerusalén! —exclamaron los creyentes cuando oyeron el mensaje de Agabo. Pero Pablo no les hizo caso.

—No lloren —les pidió—. Estoy dispuesto a morir en Jerusalén por Jesús, si esa es la voluntad de Dios.

Los creyentes sabían que Pablo no iba a cambiar de opinión.

—Que se haga la voluntad de Dios —dijeron, mientras lo veían alejarse hacia Jerusalén.

325
Alborotos en Jerusalén

Cuando Pablo llegó a Jerusalén, fue al templo. Algunos judíos de Asia lo reconocieron.

"¡Escuchen! —gritaron—. Ese es el hombre que dice a todo el mundo que ignore la Ley de Dios, y el que habla mal de nosotros y de nuestro templo. Debemos hacer algo al respecto".

Cuando los ciudadanos de Jerusalén escucharon aquellas acusaciones contra Pablo, entraron corriendo en el templo, lo apresaron, lo arrastraron fuera y le dieron una paliza con intención de matarlo.

El comandante romano se enteró de lo sucedido, y ordenó a sus tropas que detuvieran aquel alboroto. Tan pronto los soldados llegaron, la gente dejó en paz a Pablo.

326
Pablo arrestado

El comandante se abrió paso entre la gente. Contempló a Pablo.

"Detengan a este hombre —ordenó—, y encadénenlo".

Luego le preguntó a Pablo: "¿Qué has hecho para causar este tumulto?"

La multitud comenzó a gritar. Todos gritaban cosas distintas. El comandante no conseguía entender la situación. ¡Había tanto ruido y tantas historias diferentes!

"Llévenlo al cuartel" —ordenó.

La multitud se abalanzó sobre ellos.

"¡Acaben con él! ¡Mátenlo!" —gritaban.

Los soldados apresaron a Pablo y lo llevaron a un lugar seguro.

327
La vida tras la muerte

Al día siguiente, el comandante romano hizo presentarse a Pablo ante el concilio judío, el sanedrín, para ver qué pasaba. Pablo se puso de pie.

"Hermanos míos —dijo, mirándolos con confianza—. Tengo la conciencia tranquila. Solo he hecho lo que Dios me ordenó".

Ananías, el sumo sacerdote, se enfureció al escuchar las palabras de Pablo y ordenó que le golpearan en la boca.

Entonces Pablo pensó cómo podría conseguir que discutieran entre ellos. Sabía que algunos de los miembros del concilio eran fariseos y otros, saduceos.

"Yo soy fariseo —les dijo—, como lo fue mi padre. El único motivo por el que se me ha traído aquí es porque creo que, cuando muera, resucitaré".

Los fariseos también creían en la vida tras la muerte, de modo que dijeron: "¡Este hombre no ha hecho nada malo!"

"¡Sí lo ha hecho! —exclamaron los saduceos—. No hay vida tras la muerte".

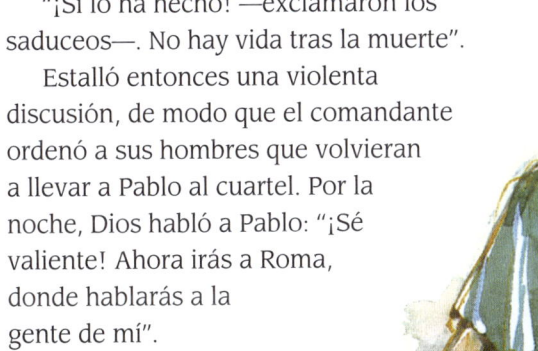

Estalló entonces una violenta discusión, de modo que el comandante ordenó a sus hombres que volvieran a llevar a Pablo al cuartel. Por la noche, Dios habló a Pablo: "¡Sé valiente! Ahora irás a Roma, donde hablarás a la gente de mí".

328
El complot para matar a Pablo

Cuarenta judíos se reunieron en secreto.

"¡Juramos no comer o beber hasta que hayamos matado a Pablo!" —dijeron.

Fueron al sanedrín y les contaron sus planes.

"Pidan al comandante que traiga a Pablo ante el concilio. Finjan que quieren obtener más información. Lo mataremos cuando esté de camino".

Pero el sobrino de Pablo oyó el plan. Fue a visitar a su tío al cuartel.

"Están planeando matarte" —le dijo a Pablo.

Pablo llamó a un centurión.

"Lleva a este joven ante el comandante" —le pidió.

El comandante tomó de la mano al sobrino de Pablo.

"¿Qué sucede?" —le preguntó. El joven le contó todo lo que sabía.

"Vete a casa —le dijo el comandante—. Pero no le digas a nadie que has hablado conmigo".

329
Pablo y el gobernador Félix

El comandante ordenó a un destacamento de soldados que se llevaran a Pablo a Cesarea por la noche. Allí se presentaría ante el gobernador Félix.

Cuando los soldados llegaron, entregaron a Pablo al gobernador, que lo puso bajo vigilancia.

"Oiré lo que tengas que decirme cuando lleguen tus acusadores" —le dijo.

Cinco días más tarde, Ananías llegó con cinco ancianos y un abogado llamado Tértulo.

"No queremos hacerte perder el tiempo —le dijo Tértulo—. Este hombre es un agitador".

Y le contó a Félix lo que Pablo había estado haciendo.

Félix hizo una señal a Pablo, invitándolo a hablar.

"Tengo testigos que dirán que esas acusaciones son falsas —dijo Pablo—. No obstante, admito que soy cristiano, y sé que el único motivo por el que estas personas han querido que sea juzgado es porque creo en la vida después de la muerte".

Félix aplazó el caso. Ordenó a un centurión que vigilara a Pablo. Durante los próximos días, Félix y su esposa Drusila enviaron a buscar a Pablo y le pidieron que les hablara de Jesús, aunque Félix también esperaba que Pablo le ofreciera un soborno.

Como a Félix le interesaba no molestar a los judíos, metió a Pablo en la cárcel. Dos años después, Pablo seguía en ella, aunque Félix había sido sustituido por un nuevo gobernador, Porcio Festo.

330
Pablo juzgado

Tan pronto Porcio Festo, el nuevo gobernador, llegó a la provincia, los líderes judíos solicitaron una entrevista con él.

"Te rogamos que traslades a Pablo a Jerusalén —le pidieron, con la esperanza de matar a Pablo durante el viaje—. Entonces será juzgado allí".

Festo se negó. Los judíos acusaron a Pablo de muchas cosas, pero no pudieron probar ninguna de ellas.

"No he quebrantado la ley judía ni la de César —insistió Pablo—. Soy un ciudadano romano, y tengo el derecho de apelar a César".

De modo que Festo dispuso que trasladaran a Pablo a Roma.

331
¡Naufragio!

Pablo fue entregado a un centurión llamado Julio. Navegaron de puerto a puerto, siempre en dirección a Roma. Cada etapa del viaje era más peligrosa que la anterior. Los vientos soplaban en contra porque era casi la época de las tormentas otoñales.

Al final llegaron a Creta. Pablo dijo a Julio: "No creo que debamos zarpar. Las condiciones atmosféricas son malas. Puede que perdamos el cargamento, o que mueran personas".

Julio ignoró el consejo de Pablo, así que siguieron viaje.

De repente, lo que era un viento apacible se convirtió en un verdadero tornado. El cielo se oscureció. Los marineros no podían ver los planetas y las estrellas por las que se orientaban, de modo que el barco fue a la deriva, empujado por el viento y azotado por las olas.

La tormenta continuó día tras día. Los marineros echaron el cargamento al mar. Nadie pensaba que pudieran sobrevivir.

Al final, Pablo habló con todos los que estaban a bordo.

"¡Tengan valor! —gritó—. Anoche un ángel me dijo que el barco naufragará, pero que nadie morirá".

"¡Tierra!" —gritaron los marineros, percibiendo la costa en medio de la oscuridad.

"¡Coman algo! —dijo Pablo—. Necesitaremos comer para sobrevivir".

Llegó la mañana. El barco chocó contra la costa y se hizo pedazos. Todos se esforzaron por llegar a la playa. Habían llegado a la isla de Malta.

332
El mordisco de la víbora

Los isleños de Malta se acercaron corriendo a la playa para ayudar a las víctimas del naufragio.

Estaba lloviendo y hacía mucho frío, de modo que hicieron una hoguera. Pablo los ayudó a buscar la leña. Tomó un montón de ramas y cuando las echó al fuego, salió una víbora de entre la  leña, se le enrolló en la muñeca y le clavó los colmillos.

Los isleños vieron la serpiente.

"Ese hombre debe ser un asesino —susurraron—. Escapó de la tormenta, pero ahora morirá por el mordisco de la serpiente. ¡Eso es justicia!"

Contemplaron a Pablo, esperando que se hinchara y muriera. Pero no pasó nada. Pablo siguió con su labor como si no lo hubiera mordido una víbora.

"Estábamos equivocados —se dijeron unos a otros—. Ese hombre no puede ser un asesino. ¡Debe ser un dios!"

333
De camino a Roma

Publio, el gobernador de Malta, vivía cerca de allí. Dio la bienvenida a su casa a las víctimas del naufragio, y se aseguró que las cuidaran bien.

En aquel momento, el padre de Publio estaba enfermo. Estaba en la cama, sudando, con fiebre y padeciendo de disentería. Pablo fue a ver al anciano y oró. Entonces colocó sobre él sus manos. La fiebre desapareció y aquel hombre quedó sano.

Cuando los isleños se enteraron de lo que había hecho Pablo, vinieron a verle los que estaban enfermos, y él los curó.

Cuando estuvo dispuesto un barco para zarpar, los malteses dieron a Pablo comida y materiales necesarios para el viaje. Pablo estaba listo. Sabía ya que Dios había dispuesto que predicara las buenas noticias acerca de Jesús en Roma.

El Monte de los Olivos

Esta colina al este de Jerusalén se llama así por los olivos que solían crecer en ella.

Pentecostés

Esta fiesta judía señalaba el final de la cosecha de la cebada. También se celebraba para recordar el día en que Moisés recibió los Diez Mandamientos.

Fuego y viento

A veces Dios demostraba su presencia usando señales físicas. El viento recordaba a las personas su aliento, que da vida; el fuego, su pureza y santidad. El Espíritu Santo dio poder a los discípulos para que vivieran y trabajaran para Jesús.

Otros idiomas

A veces llamados "lenguas", fueron una señal de que el mensaje de Jesús era para todo el mundo.

El sumo sacerdote y los ancianos

Eran los que componían el sanedrín, el tribunal judío más importante, que tenía el poder de juzgar las disputas religiosas y algunos delitos.

Azotados

Fueron golpeados con una correa de cuero. La ley judía prohibía dar más de cuarenta azotes, de modo que los castigados recibían un máximo de 39, para que las autoridades no quebrantaran la ley. Mucha gente moría por menos de 39 azotes.

La blasfemia

Significa decir algo considerado ofensivo para Dios, o en contra de una verdad religiosa importante.

La lapidación

Era una forma de ejecutar a alguien que había cometido grandes delitos o había blasfemado. Se le vendaban los ojos, se le metía en un agujero en el suelo y se le lanzaban piedras hasta que moría.

Samaria

Los habitantes de este área, al norte de Jerusalén, estaban emparentados con los judíos. Esperaban a un "Mesías", de manera que el mensaje de Jesús fue de verdad una buena noticia para ellos.

Etiopía

Probablemente se trataba de un país en el norte de África, que formaba parte de lo que es Sudán hoy día, en torno al desierto de Nubia, y no de la actual Etiopía.

Damasco

Era una ciudad que estaba en Siria, al norte de Judea.

Las murallas de la ciudad

En aquella época, las ciudades tenían fuertes muros que eran difíciles de escalar, y puertas que se cerraban por la noche para proteger a los habitantes de los bandidos o los ejércitos invasores. Es probable que el cesto estuviera hecho de mimbre resistente, donde normalmente se guardaba lana, heno o paja.

La azotea

Las casas tenían techos planos, o terrazas, que en ocasiones estaban cubiertas con un toldo para poder sentarse o comer allí a la sombra.

Impuros

Los judíos tenían prohibido comer muchos animales, entre ellos cerdos, camellos y conejos; aves que incluían águilas, cuervos, gaviotas y cigüeñas; y cualquier animal marino que no tuviera tanto aletas como escamas.

Herodes

Herodes Agripa I era el sobrino de Herodes Antipas, el que mató a Juan el Bautista, y el nieto de Herodes el Grande, que ordenó matar a todos los bebés cuando Jesús nació.

El viaje de Pablo

Esta visita a Chipre, una ciudad en el Mar Mediterráneo cercana a Siria y a Turquía, es el primero de los tres viajes misioneros.

Los magistrados

Las personas que gobernaban la ciudad es posible que permitieran marcharse a los apóstoles porque también estaban asustados, o porque por un "delito" tan pequeño solo podían imponer una noche en la cárcel.

Los dioses

Los griegos y romanos consideraban a Júpiter el dios principal, y a Mercurio como su mensajero. Había una leyenda que decía que estos dos dioses una vez visitaron Listra de incógnito, sin que nadie los reconociera. ¡Y los habitantes no querían ser tan desconsiderados la segunda vez!

El cepo

Era una estructura compuesta de dos piezas de madera que se cerraban sobre las piernas de los prisioneros, para que no pudieran levantarse ni caminar.

La fianza

En un tribunal se podía pagar dinero, de modo que el acusado quedaba libre, aunque tenía que volver para ser juzgado. Jasón era el propietario de la casa donde se alojaba Pablo.

Corinto

Esta gran ciudad, a 80 km al oeste de Atenas, tenía más de 500.000 habitantes. Era el centro de adoración de Afrodita, la diosa griega del amor (ver también historias 338, 339, 340). Pablo permaneció en esta ciudad un año y medio aproximadamente.

La tela púrpura

Esta tela muy cara, que solo llevaban los más ricos, se teñía en el puerto de Tiro. El tinte se sacaba de ciertos caracoles marinos.

Atenas y sus ídolos

Atenas era la ciudad principal del sur de Grecia. Estaba llena de templos y estatuas de dioses griegos, que tenían en su mayoría aspecto humano. Los principales dioses eran Hermes y Atenea.

Fabricantes de tiendas

Pablo se ganaba la vida haciendo tiendas y se quedó con Aquila y Priscila en Corinto, ya que ellos también eran del mismo oficio. Se cortaba una tela hecha de pelo de cabra, se cosían los trozos y se adjuntaban sogas y ganchos.

Los viajes de Pablo

El tercer viaje misionero llevó a Pablo a Éfeso, una ciudad importante en la costa del Mar Egeo, en la provincia romana de Asia (la Turquía moderna). Una amplia calzada, con columnas a ambos lados, llevaba desde el puerto al centro de la ciudad.

Troas

Los barcos cruzaban regularmente desde Macedonia a este puerto en la costa egea, al norte de Asia Menor (hoy Turquía).

Diana

Se pensaba que esta diosa era la fuente de la fertilidad y el amor. El templo de Diana en Éfeso era el edificio más grande del mundo en aquellos tiempos, y era una de las siete maravillas del mundo.

Los griegos y los romanos

Adoraban a muchos dioses y diosas. También tenían una buena educación y les interesaban mucho las nuevas ideas. Los romanos también adoraban al emperador como si fuera un dios vivo.

El comandante romano

Estaba a cargo de los soldados del destacamento de Jerusalén. Mantenían la ley y el orden, a la vez que eliminaban cualquier rebelión contra el gobierno romano.

Pablo el romano

La ciudadanía romana que tenía Pablo le concedía varios derechos legales. No podía ser arrestado sin cargos con fundamento, y no podían retenerlo sin un juicio justo. Cuando el comandante lo detuvo, Pablo le dijo quién era. ¡Los soldados pensaban que era un famoso bandido egipcio!

César

Los seguidores de Jesús se enfrentaron a muchos peligros e incluso a la muerte. Cuando se negaron a hacer sacrificios a los dioses de César o a orar a ellos, a veces los metieron en la cárcel y otros los mataron.

La apelación a César

Los ciudadanos romanos podían hacer que su caso fuera oído por el emperador (César) o su representante. Era como apelar al tribunal supremo del Imperio. En aquel momento el emperador era Nerón, que más tarde comenzaría a martirizar a los cristianos.

La navegación

Este barco de carga alejandrino intentó navegar bordeando la costa, en vez de cruzar el mar abierto. El clima en invierno puede ser malo en el Mediterráneo, y era una época en la que pocos barcos se aventuraban a zarpar. Los marineros se orientaban por la posición del sol y las estrellas. No tenían brújulas ni mapas marítimos.

Malta

Es una isla al sur de Italia, en el Mar Mediterráneo.

La mordedura de la serpiente

Los isleños creían que los dioses siempre se aseguraban que se hiciera justicia. Cuando la serpiente mordió a Pablo, dieron por sentado que se trataba de un asesino que había sobrevivido al naufragio, pero que no escaparía a la muerte que merecía.

Los viajes de Pablo

El apóstol Pablo y sus compañeros recorrieron muchos cientos de kilómetros a pie y por mar, con el objetivo de hablar al mundo de Jesús. A menudo seguían las rutas comerciales y visitaban las ciudades importantes. Pablo llevó el mensaje a lo que es la actual Turquía, a la península de Grecia, a Creta, Chipre, Malta y al final, a Roma, donde pasó dos años encerrado en una casa. A menudo lo azotaron y lo encarcelaron, y pasó por un naufragio, pero nada podía detenerlo.

Los primeros cristianos

Los primeros cristianos difundieron las buenas noticias de Jesús por todas partes a judíos y gentiles. Como el griego era la lengua común, el evangelio fue transmitido en ese idioma a todo el imperio. Cuando los primeros cristianos fueron perseguidos y obligados a salir de Jerusalén, fueron a muchos lugares diferentes para difundir el mensaje.

Hechos de los Apóstoles

Este libro narra las actividades de los seguidores de Jesús durante los primeros 30 años de la iglesia primitiva, tras la venida del Espíritu Santo. Fue escrito por Lucas, quien acompañó a Pablo en algunos de sus viajes y naufragó con él en la isla de Malta. Pablo llamó a Lucas su "médico amado". Lucas ayudó a Pablo a recuperarse de las heridas que recibió en sus viajes.

La iglesia primitiva

La "iglesia" (que significa los seguidores, o "cuerpo" de Cristo) empezó a reunirse en las casas de los creyentes. Se reunían de manera informal y compartían alimentos, transmitían el mensaje de Jesús, y oraban y alababan a Dios juntos. Los cristianos siguen reuniéndose de esta manera hoy día en todo el mundo, aunque también tienen edificios donde adoran a Dios.

CARTAS A LAS IGLESIAS

Esta sección se compone de una colección de cartas dirigidas a las primeras iglesias cristianas, en distintos lugares, en el siglo I d.C. Muchas de estas cartas fueron escritas por el apóstol Pablo en respuesta a preguntas de los nuevos cristianos acerca de cómo ser seguidores de Jesús.

El mensaje de Jesús se había extendido rápidamente por todo el Imperio Romano. Pablo y los demás apóstoles fundaron iglesias, y otros cristianos llevaron las buenas noticias sobre Jesús por dondequiera que iban. Los nuevos creyentes no sabían cómo comportarse o adorar, o qué creer, de modo que los líderes como Pablo fueron inspirados por Dios para que escribieran cartas a los nuevos creyentes que los ayudaran a comprender su fe y corregir su conducta.

La vida era muy difícil para los primeros cristianos. Las personas que los rodeaban adoraban a muchos dioses, y a menudo se comportaban de forma ruda y sin amor. La presión que sentían los cristianos para ser como todo el mundo era fuerte. Para complicar más las cosas, había ciertas personas que afirmaban ser cristianas pero que estaban enseñando a las iglesias muchas cosas que no estaban bien. Los cristianos estaban muy confundidos.

Aunque las buenas carreteras y rutas marítimas del Imperio Romano implicaban que los apóstoles podían viajar por tierra o mar a muchas ciudades distintas, les llevaba mucho tiempo hacerlo, y no podían estar en todas partes a la vez. Escribir cartas era una buena manera de estar en contacto con los creyentes.

Estas cartas se han conservado en el Nuevo Testamento. Aunque la vida moderna es muy distinta a la de los cristianos del siglo I, hay muchos problemas que son los mismos, y las cartas contienen importantes enseñanzas para los cristianos de todas las épocas.

334
Sean como Jesús

Los cristianos de Galacia estaban confundidos. Pensaban que debían adorar a Dios del modo en que siempre lo habían hecho los judíos. Pablo les escribió una carta para recordarles algo que ya les había enseñado: "La única manera en que podemos agradar a Dios es poniendo nuestra fe en Jesús, no por cumplir la ley judía. ¿No saben que Jesús vino para liberarnos? No se concentren en intentar cumplir lo que dice la ley, porque eso los esclavizará de nuevo.

"Pero no deben utilizar su libertad como una excusa para comportarse mal, haciendo todo lo que quieran. Recuerden el mandamiento: 'Amen a su prójimo como a sí mismos'. Que sus vidas sean dirigidas por el Espíritu Santo. Entonces serán como Jesús. Sus vidas manifestarán amor, gozo, paz, paciencia, amabilidad, bondad, fidelidad, interés por los demás y control propio".

335
La lengua descontrolada

Jacobo era un líder de la iglesia en Jerusalén. Su carta (Santiago) va dirigida a todos los cristianos del mundo, y en ella les da consejos prácticos sobre cómo vivir y comportarse.

"Todos, y en especial los que enseñan, deben tener cuidado con lo que dicen —escribe él—. La lengua solo es una pequeña parte de nuestro cuerpo, ¡pero dice grandes cosas! Controlamos a un caballo poniéndole un freno en la boca. Un gran barco, empujado por el viento, se controla con un pequeño timón. Todo un bosque puede incendiarse gracias a una pequeña chispa. Y nuestras pequeñas lenguas pueden hacer el mismo daño. Lo que decimos puede herir y destruir. Debemos domesticar nuestras lenguas, de modo que solo las usemos para decir cosas buenas y para alabar a Dios".

336
Cuando Jesús vuelva

Los primeros cristianos ansiaban el día en que Jesús regresaría del cielo como prometió. Pensaban que sucedería muy pronto. Pero los cristianos de Tesalónica estaban confundidos. Algunos miembros de su iglesia habían muerto, y Jesús seguía sin regresar.

"¿Qué les sucederá cuando Jesús vuelva? —se preguntaban—. ¿Y cuándo va a pasar eso?"

Pablo les escribió: "No se preocupen por sus amigos cristianos que han fallecido. Cuando Jesús vuelva, los que han creído en Él resucitarán. Aquellos de nosotros que estemos vivos cuando regrese le saldremos al encuentro. Todo el que cree en Jesús vivirá con Él para siempre, pero nadie sabe el momento o la fecha en que esto sucederá. De manera que sigan viviendo de manera que agrade a Dios".

337
Oración pidiendo paz

Los cristianos tesalonicenses leyeron la carta de Pablo y se sintieron muy animados. Pero estaban siendo atacados y perseguidos.

"¡No cabe duda que Jesús tendrá que regresar muy pronto!" —exclamaban.

Pablo quiso enviarles una segunda carta. Les recordó que siguieran trabajando, porque nadie sabe cuándo regresará

Jesús. Al final, le pidió a su secretario que dejase de escribir. Tomó la pluma, y comenzó a escribir él mismo.

"Ruego que Jesús, que es el Señor de la paz, se la conceda siempre y de muchas maneras —les escribió—. Que el Señor Jesús esté con todos ustedes".

338
Problemas en Corinto

Las cosas no iban bien en la iglesia de Corinto. Los cristianos tenían envidia unos de otros. Discutían y se peleaban. Era un caos.

Pablo les escribió desde Éfeso, dispuesto a demostrarles lo importante que era amarse unos a otros y trabajar juntos en paz.

"Ustedes, la iglesia, son como un cuerpo, compuesto de muchas partes. Imagínense que un pie dijera: '¡Quiero ser una mano! ¡No quiero seguir formando parte de este cuerpo!' Dijese lo que dijese ese pie, seguiría siendo parte del cuerpo, ¿no es cierto? ¡O imagínense que todo el cuerpo fuera un gigantesco ojo! ¿Cómo oiría? ¿O qué pasaría si el ojo le dijese a la mano: '¡Ya no te necesito!'?

"Cada parte del cuerpo humano es importante. Dios las hizo así. Cada parte es necesaria para que el cuerpo funcione bien. Ser cristiano consiste en lo mismo. Cada persona de la iglesia tiene la misma importancia, y los demás la necesitan para componer el 'cuerpo' de Jesús aquí en la tierra".

339
Una lección de amor

Pablo se acordaba de la ciudad de Corinto y de las muchas personas de razas distintas que vivían en ella. Era una ciudad bulliciosa, situada a la sombra del enorme templo dedicado a la diosa griega del amor, Afrodita. ¡Qué difícil resultaba para los cristianos corintios comprender cómo era el amor de Dios!

Pablo deseaba explicárselo.

"El amor es paciente y amable —les escribió—. El amor no quiere las cosas que otros tienen. No se cree más que nadie, ni es orgulloso. El amor no es descortés ni egoísta. No se enfada con facilidad, ni guarda rencor. El amor nunca fracasa".

340
Ustedes son amigos de Dios

Un año después, Pablo volvió a escribir a los corintios. Durante aquel año había visitado la iglesia y les había escrito. Había sido una carta dura, pero les había hecho pensar, y habían comenzado a arreglar sus diferencias.

"Recuerden lo que les sucedió cuando se convirtieron al cristianismo —escribió Pablo—. Fueron transformados en personas nuevas, en una nueva creación. Cambiaron en su interior. Su antigua vida, su vieja forma de comportarse, ha desaparecido. Gracias a Jesús, Dios los ha hecho sus amigos".

341
Los cristianos en Roma

Pablo también escribió a los cristianos en Roma. Había oído hablar de su fe y ya conocía a muchos de ellos. Sabía que algunos dudaban de su fe y no estaban seguros de saber lo que significaba ser cristianos.

"Dios es santo y perfecto —les escribió Pablo—, y sus leyes también lo son. Todo el que no las cumple merece ser castigado. Como todo el mundo es culpable de no haber cumplido las leyes

de Dios, ¡todos merecemos el castigo!

"¡Pero Dios nos ofrece una manera de escapar a ese castigo! —continuó Pablo—. A pesar de que todos somos culpables, podemos convertirnos en amigos de Dios si creemos en Jesús.

"¿Se acuerdan de la historia de cómo el pecado y la muerte entraron en el mundo mediante un hombre? Pues ahora Dios se ha asegurado que tengamos el perdón y la vida también a través de un hombre: su Hijo Jesucristo".

342
Nueva vida en el Espíritu Santo

"Así que —escribió Pablo—, si creemos en Jesús no hay motivo para tener miedo. El Espíritu Santo de Dios vive en nosotros, ayudándonos a hacer lo correcto, a orar, mostrándonos que somos hijos de Dios. Y como el Espíritu Santo habita en nosotros, ¡tenemos el derecho de llamar 'papá' a Dios!"

Pablo sabía lo difíciles que habían sido las cosas para los cristianos romanos y quería animarlos.

"Ahora estamos sufriendo —les escribió Pablo—, pero un día, en el futuro, todo el mundo verá la gloria de Dios. Todas las cosas presentes en la creación serán transformadas, ¡y nosotros también! Podemos esperar confiados ese momento. Tenemos algo en que basar nuestra esperanza.

"Dios garantizará que todo lo que le pase a los que le aman sea para su bien. Si creemos que Dios permitió que su único Hijo muriera por nosotros, podemos estar seguros de que Él está de nuestro lado. Jesús nos ama, y no hay nada que pueda separarnos de su amor. La muerte no puede hacerlo, ni el peligro, ni el hambre, ni los desastres. Jesús nos ama, ¡y por eso podemos esperar lo mejor! Nada que haya sido creado nos puede separar del amor de Dios, que es nuestro porque Jesús nos ama".

343
Vivir como cristianos

En Roma, a los cristianos les era difícil vivir como tales, al estar rodeados de un estilo de vida tan distinto. Pablo les escribió algunos consejos prácticos: "Procuren ser distintos de las personas que los rodean. No se sientan atraídos por las cosas que ellos dicen o hacen; más bien, sigan pensando en Dios, y vivan de una forma que le sea agradable a Él.

"No piensen que son más importantes que nadie. Ámense unos a otros, y usen los dones que Dios les ha concedido. Obedezcan la ley y respeten a los que tienen autoridad sobre ustedes. Recuerden todas las cosas que Dios les tiene reservadas, ¡y sean felices!"

344
Dando gracias por los efesios

Unos cuantos años después, Pablo escribió una carta a la iglesia de Éfeso desde su celda en la cárcel de Roma. Pidió a Tíquico que se la llevara.

"Dile a todo el mundo cómo estoy y qué hago" —le dijo. Sabía que sus amigos estaban preocupados por él y le pidió: "Anímalos".

Pablo oraba regularmente por los cristianos de Éfeso y de las zonas circundantes.

"Desde que me enteré de la fe que tienen en Jesús y del amor entre ustedes, no he dejado de dar gracias a Dios por ustedes —les escribió Pablo—. He orado para que sean capaces de conocer mejor a Dios, y para que entiendan que el mismo poder que usó Dios para levantar a Jesús de entre los muertos, ¡es el que actúa en ustedes!"

345
Padres e hijos

Pablo se acordaba de todas las familias que formaban parte de la iglesia. Quería ofrecerles buenos consejos.

Pensó en los hijos: "Hijos —les escribió—, hagan lo que sus padres les ordenen. Acuérdense del mandamiento que Dios dio a Moisés: 'Respeta a tu padre y a tu madre'. Si lo hacen, Dios les promete que los bendecirá".

Luego sus pensamientos se volvieron a los padres: "Si son padres, no hagan enfadar a sus hijos. En su lugar, críenlos para que respeten a Dios, y enséñenles acerca de sus caminos".

346
La armadura de Dios

En aquella época no resultaba fácil ser cristiano. ¡A veces era parecido a estar en una difícil batalla! Pablo dijo a sus amigos de Éfeso que debían vestirse con la armadura especial que Dios les había dado.

"Sean como los buenos soldados, manteniéndose firmes —les escribió—. Asegúrense de saber cuál es la verdad de Dios y llévenla como un cinto en torno a su cintura. Cubran sus corazones con la coraza de la justicia. Son los hijos de Dios, y pase lo que pase, nadie puede arrebatarles eso. En sus pies, lleven calzado para poder llevar a otros las buenas noticias acerca de Jesús. Agarren en su mano el escudo de la fe. Cualquiera que venga a atacarlos no podrá, porque su fe los protegerá. Pónganse el casco de la salvación, y no duden jamás que Jesús murió por ustedes. En la otra mano, aférrense de la espada del Espíritu, que es la Palabra de Dios. Pueden confiar completamente de todo lo que Dios dice. Dependan de sus palabras.

"Y sigan orando por mí, de modo que pueda seguir hablando a otros de Jesús".

347
La nueva vida

Los cristianos de Colosas aún no tenían muy claro qué pensar sobre Jesús. ¿Era solo un hombre? ¿O era de verdad Dios? Pablo les escribió: "Aunque no podemos ver a Dios, hemos visto a Jesús, su Hijo. Dios creó todo el universo por medio de Él, quien existía antes de que el mundo fuera hecho, y en Él se halla toda la plenitud de la naturaleza de Dios. Cuando Jesús murió en la cruz, hizo la paz con Dios y arregló las cosas entre Él y toda la creación, tanto en el cielo como en la tierra.

"Una vez fueron sus enemigos, pero ahora son sus amigos. De modo que no hagan lo que hacían antes de creer en Jesús. No mientan, ni se enfaden unos con otros, porque eso es propio de la vieja vida. Se han librado de ella y de todo lo que ella exigía, y se han vestido con una nueva vida que hace que cada vez se parezcan más a Jesús".

348
El esclavo fugitivo

Pablo tenía un problema y quería hacer lo más correcto. Mientras estaba arrestado en Roma, conoció a un esclavo fugitivo llamado Onésimo, que se había convertido a Cristo.

Onésimo seguía perteneciendo a su señor, Filemón, que era un líder de la iglesia de Colosas a quien Pablo conocía. Pablo había llegado a apreciar a Onésimo, pero no podía permitir que siguiera en Roma, de modo que escribió una carta para que Onésimo se la llevara a Filemón.

"A mi querido amigo Filemón: Siempre doy gracias a Dios por ti, porque he oído hablar de tu amor por Dios y por los demás. Te envío de regreso a Onésimo, que es como si fuera mi hijo. Me gustaría que se hubiera quedado conmigo, para poder ayudarme, pero quería que tú estuvieras de acuerdo. Cuando vuelva a ti, será más que un esclavo: ahora es tu hermano en Cristo.

"De modo que, por favor, dale la bienvenida como si fuera yo. Si te debe algo, yo te lo pagaré. Sé que harás lo que te he pedido. Espero poder visitarte pronto. Sé que estás orando para que así sea. ¡Prepara el cuarto de invitados para cuando vaya a verte!

"La gracia del Señor Jesús sea contigo. Pablo".

349
Imiten a Jesús

Pablo amaba a los cristianos de Filipos. Se entristeció al enterarse de que algunos de ellos eran egoístas y orgullosos, que tenían una opinión demasiado elevada de sí mismos y procuraban ser siempre los primeros.

"¡No hagan lo que quieran! —les escribió Pablo—. Piensen también en los demás. Averigüen qué los beneficiaría, y pónganlos antes que a ustedes mismos. Piensen en cómo se comportó Jesús, y en cómo trató a los demás. Intenten imitarle.

"Jesús estaba dispuesto a entregarlo todo, descender a este mundo y vivir como un hombre. Incluso estuvo dispuesto a morir en la cruz. Y como no pensó en sí mismo, sino que obedeció a Dios y puso a los demás antes que a Él mismo, Dios le ha recompensado y le ha concedido la posición más alta en los cielos y en la tierra. Un día, cuando las personas oigan el nombre de Jesús, todo el universo caerá de rodillas ante Él".

350
El pueblo elegido

A lo largo de todo el Imperio Romano, los cristianos estaban siendo perseguidos. Pedro les recordó que ser cristianos podía provocarles sufrimientos, pero que debían tener en cuenta que Dios les había dado nueva vida cuando resucitó a Jesús de los muertos.

"Pase lo que pase, recuerden lo que Dios ha hecho por ustedes —les escribió Pedro—. Los eligió a cada uno, de modo que ahora son el pueblo elegido de Dios y le pertenecen. Los ha convertido en sacerdotes del rey, de modo que pueden acercarse a Dios directamente, y alabarlo por haberlos sacado de las tinieblas a la luz".

351
Instrucciones a Timoteo

Timoteo había estado con Pablo en algunos de sus viajes. Pablo lo había dejado en Éfeso para que ayudara a los cristianos que vivían allí.

Los cristianos de Éfeso estaban confundidos debido a enseñanzas falsas. Algunos de ellos eran ricos, y otros no tenían nada. Pablo se había enterado de que algunas familias no cuidaban de las viudas y los huérfanos que estaban a su cargo, sino que esperaban que el dinero necesario viniera de otros miembros de la iglesia. Escribió para animar a Timoteo, que luego transmitió sus enseñanzas a los otros líderes de la iglesia.

"Asegúrense de vivir como Dios quiere, para estar preparados para esta vida, ¡y para la que tenemos por delante! Enseñen a la gente a poner sus esperanzas en el Dios vivo".

Timoteo era aún joven y Pablo sabía que a algunos de los cristianos más antiguos de Éfeso les resultaría fácil no hacerle caso.

"No permitas que nadie te ignore porque eres joven —le escribió—. En lugar de eso, sé un buen ejemplo con tu manera de vivir, y usa el don que Dios te ha concedido".

352
Tito va a Creta

La isla de Creta era uno de los primeros lugares donde se predicaron las buenas noticias acerca de Jesús. Cuando Pablo se enteró de que los creyentes cretenses discutían entre sí y eran desobedientes a Dios, envió a Tito a arreglar las cosas. Más tarde escribió: "Recuerden lo que les dije. Nombren a un anciano que se ocupe de los cristianos en cada aldea. Asegúrense que tienen fama de ser buenas personas. Sus hijos deben ser cristianos, y no ser mal educados ni desobedientes. Como esos ancianos tendrán que trabajar para Dios, no deben ser deshonestos, ni tener mal carácter, ni ser orgullosos. En cambio, deben ser amables, tiernos, y recordar y vivir según todo lo que se les ha enseñado".

353
Últimas peticiones de Pablo

Pablo volvía a estar en la cárcel. Sabía que moriría pronto, de modo que escribió a Timoteo: "He acabado la carrera y no he dejado de creer. Sé que Jesús me recompensará y me dará la bienvenida al cielo, junto con todos los que creen en Él".

Pablo deseaba ver a Timoteo una vez más. Escribió: "Haz lo posible para venir a verme lo antes que puedas. Demas me ha dejado solo y ha ido a Tesalónica. Lucas es el único que se ha quedado conmigo. Te ruego que vengas antes del invierno, y me traigas mi manto que dejé en Troas. También me gustaría tener mis rollos y pergaminos. Que Jesús esté contigo".

354
Una carta a los judíos cristianos

Algunos de los judíos que ahora eran cristianos tenían ciertas dudas. Los habían educado para cumplir la Ley de Dios. Comían sus alimentos preparados de un modo especial, celebraban fiestas especiales, y hacían sacrificios para que Dios los perdonara.

"¿Es que todas esas cosas ya no importan? —se preguntaban—. ¿Qué quiere Dios que hagamos? ¿Nos perdonará aunque no hagamos sacrificios?"

Una carta se les escribió especialmente a ellos: "Jesús es como el sumo sacerdote, que fue elegido por Dios para ser intermediario entre Él y el pueblo judío. ¡Pero Jesús es mayor que cualquier sumo sacerdote! Él está junto a Dios y le habla a favor nuestro. Y lo que es aún más sorprendente es que ¡está de nuestro lado! Comprende lo difíciles que son las cosas, porque vivió como nosotros en este mundo. Pero a diferencia de nosotros, Él jamás hizo nada malo.

"Jesús es el Hijo único de Dios, y también un hombre perfecto. De modo que cuando Jesús murió, ya no hizo falta seguir sacrificando animales. Él mismo fue el sacrificio: entregó su vida para que nosotros fuéramos perdonados. Y como Jesús resucitó de los muertos, su sacrificio ya no hay que repetirlo".

355
La carrera

"Recuerden a algunos de sus grandes antepasados —decía la carta a los cristianos hebreos—. Tuvieron fe, y creyeron lo que Dios decía incluso cuando no entendían del todo lo que estaba haciendo. Abraham creyó la promesa de Dios de que sería padre, mucho antes de que él y Sara tuvieran a Isaac. Creyó la promesa de Dios de que tendría muchos descendientes, aunque murió muchos años antes de ver el cumplimiento de esa promesa. Moisés, Rahab, Gedeón, Samuel y David, todos ellos tuvieron fe en Dios. Creyeron que sus promesas serían realidades, a pesar de que murieron antes de verlas cumplidas. Dios planeó algo mejor para nosotros y ellos, de modo que pudiéramos ser salvados por medio de Jesús, el Salvador de Dios.

"De modo que animémonos por ese gran número de hombres y mujeres que han creído en las promesas de Dios. Vivir como cristiano se parece a hacer una carrera, ¡y todos los creyentes que vivieron nos contemplan desde las gradas del estadio! Debemos librarnos de todo lo que nos impida correr, y seguir adelante, fijando la vista en Jesús, que ya ha acabado esa carrera. Si pensamos en Él, no abandonaremos".

356
Mirando al frente

Algunos creyentes cristianos estaban muy preocupados por saber cuándo volvería Jesús a este mundo. Algunas personas se burlaban de ellos, porque no creían que fuera a regresar. La segunda carta de Pedro habla de este tema.

"Siempre habrá personas que se rían de la idea de que Jesús volverá —les escribió—. Se burlarán y dirán: '¿Cuándo va a regresar como prometió?'

"Recuerden que para Dios un día es como mil años, y mil años como un día. No se trata de que Dios sea lento para cumplir su promesa. Lo que pasa es que es paciente. No quiere que nadie pase la eternidad sin Él. Quiere conceder a todo el mundo el tiempo suficiente para que se arrepientan de todas las cosas que han hecho mal y para que lo sigan. Pero podemos esperar que Jesús regresará, ¡porque eso es algo que va a suceder!"

357
"¡Den gloria a Dios!"

Judas se alarmó cuando se enteró de que había personas que estaban enseñando cosas falsas. Decían que una vez que una persona es cristiana, podía hacer todo lo que se le antojara. Judas quería advertirles, porque estaban siguiendo sus propios deseos egoístas, viviendo sin que el Espíritu Santo los guiara.

"Recuerden lo que les hablaron de Jesús, y aférrense a su fe. Dios los ayudará a no perderse por el camino. Dios es nuestro Salvador, gracias a lo que Jesús ha hecho por nosotros. La gloria, la majestad, el poder y la autoridad pertenecen a Él por los siglos de los siglos. Amén".

358
Caminando en la luz

"Dios vino al mundo en forma humana —escribió Juan—. Yo lo conocí, le oí hablar, lo vi con mis propios ojos y lo toqué con mis manos. ¡Y de eso es de lo que deseo hablarles!

"Dios es luz —continuó Juan—. En Él no hay ninguna oscuridad. Si afirmamos ser amigos de Dios, y mientras tanto hacemos cosas de las que deberíamos avergonzarnos, entonces somos mentirosos. Pero si nuestro objetivo es el de agradar a Dios, podemos ser perdonados de nuestros pecados, gracias a lo que Jesús hizo por nosotros en la cruz".

Juan sabía que Dios había hecho una promesa: "Si nos arrepentimos de nuestros pecados, Dios ha prometido que nos perdonará".

359
Ámense unos a otros

Juan escribió otra carta breve.

"He oído que están siguiendo los caminos de Dios, viviendo como a Él le agrada. Esto me ha alegrado mucho. Ámense unos a otros. No es un mandamiento nuevo, sino algo que Dios nos ha pedido desde el comienzo. ¿Y cómo nos podemos amar unos a otros? Obedeciendo a Dios y guardando sus mandamientos".

La ley judía

Algunos judíos que se habían hecho cristianos creían que solo podían conocer a Dios personalmente si cumplían muchas ceremonias y reglas. Pablo dijo que Dios aceptaba a las personas si confiaban en Jesús, y no por las reglas que ellas cumplieran.

El regreso de Jesús

A menudo Jesús habló que volvería a esta tierra al fin del mundo (historia 264). Pablo enseñó que, cuando Jesús regrese, todos los que hayan muerto serán "resucitados". Todos los que le recibieron como Salvador y Señor y le siguieron, vivirán con Él para siempre.

La persecución

Algunas personas trataban a los cristianos como a forajidos, o los atacaban y acusaban falsamente de delitos para poder meterlos en la cárcel.

Corinto

La gente de esa gran ciudad del sur de Grecia adoraba a muchos dioses y desobedecía las leyes de Dios. Probablemente Pablo escribió esas cartas por el año 55 d.C. desde Éfeso.

El "cuerpo" de Jesús

A la iglesia se la llama "el cuerpo de Cristo": es un amplio grupo de personas en el que cada una tiene un papel importante.

Sean distintos

El carácter y las reglas de Dios muestran a los cristianos lo que está bien o mal, lo correcto o lo incorrecto.

Personas cambiadas

Pablo explica que ser cristiano no consiste solo en creer y seguir un código especial. Cuando alguien confía en Jesús, Él comienza a cambiarlo haciendo que se le parezca. Es como volver a empezar a vivir.

Éfeso

En esta gran ciudad, en la costa occidental de la actual Turquía, había un templo dedicado a la diosa Diana.

La armadura

Los soldados romanos llevaban armadura cuando estaban de servicio. También hacían el papel de la policía. Pablo usa cada pieza de la armadura como una figura de cómo el cristiano puede resistir al maligno.

La justicia

Esto significa vivir como Dios quiere. Los cristianos le piden a Dios su ayuda para hacerlo, y su protección para no hacer el mal.

Jesús es el Señor

Jesús, el Hijo de Dios, quien ha vencido al pecado y a la muerte, será quien gobierne todas las cosas cuando regrese a este mundo, y todos lo verán.

El sumo sacerdote

Era quien entraba en el "lugar santísimo" del templo una vez al año, tras ofrecer sacrificios de animales por los pecados de la nación. La muerte de Jesús en la cruz acabó con esto. Jesús no cometió pecado: murió por los pecados de todos los habitantes del mundo.

La escritura

La gente escribía sobre hojas de papiro o de pergamino, o en rollos, con plumas hechas con cañas afiladas. La tinta se hacía con hollín mezclado con la resina de cierto árbol. Luego se secaba en forma de pastillas, que se mezclaban con agua cuando era necesario escribir.

El sacerdocio

Pedro quiere decir que todos los cristianos están llamados a servir a Dios en este mundo, y a ayudar a otras personas a conocer a Jesús.

La fe

La fe significa confiar en que Dios hará todo lo que promete.

El tiempo

Los planes de Dios son eternos, de modo que un tiempo que para nosotros es muy largo para Él no lo es.

La luz

A menudo en la Biblia se usa la luz como un símbolo de Dios, y la oscuridad como símbolo del pecado y la maldad. No podemos tener oscuridad donde hay luz, de modo que lo que Juan dice es que Dios es perfecto.

Ámense unos a otros

Es la misma enseñanza de Jesús en la "última cena". El modo en que los miembros de la iglesia primitiva cuidaban unos de otros fue una de las cosas que percibieron los que no eran cristianos.

UNA VISIÓN DE LO QUE SUCEDERÁ

Apocalipsis es el último libro del Nuevo Testamento y de toda la Biblia. Fue escrito a finales del siglo I d.C. para animar a los cristianos que estaban sufriendo por seguir a Jesús y a todos los creyentes que esperamos a Jesús. Es distinto a los demás libros del Nuevo Testamento, y describe cierto número de visiones que fueron reveladas por Dios a Juan el apóstol.

Cuando escribió este libro, Juan, quien había sido uno de los amigos íntimos de Jesús, era un anciano. Había ayudado a crecer a la iglesia de Éfeso hasta que los líderes de la ciudad, a quienes no les gustaba lo que hacía, lo enviaron a una cárcel situada en el isla de Patmos. En aquella época los cristianos eran perseguidos porque se negaban a adorar a otros dioses, incluso al emperador romano.

Cuando los cristianos empezaron a padecer, algunos comenzaron a dudar de su fe: ¿Cómo podía Jesús permitir que eso sucediera? El libro de Apocalipsis les dio la respuesta, y una pista acerca de lo que sucedería en el futuro. Las visiones que contiene son parecidas a algunas profecías del Antiguo Testamento.

Las imágenes de las visiones nos muestran a fuerzas demoniacas luchando contra la iglesia de Dios, intentando destruirla. Pero el mensaje del libro es que el mal jamás podrá vencer: Jesús es quien tiene siempre la última palabra. Algunas de las figuras nos hablan del cielo, y sirven para recordar a los cristianos su esperanza para el futuro. El libro de Apocalipsis ayudó a los primeros cristianos cuando la vida para ellos era muy difícil, y desde entonces ha animado a muchísimos más.

360
Juan ve a Jesús

Juan era anciano cuando fue enviado al exilio en la isla de Patmos.

Un día, Juan sintió que el Espíritu Santo estaba con él de una forma especial. De repente, oyó una voz alta y clara, como el sonido de una trompeta, que venía de detrás de él.

"Escribe todo lo que veas en un rollo, y envíalo a las iglesias de Éfeso, Esmirna, Pérgamo, Tiatira, Sardis, Filadelfia y Laodicea" —le dijo la voz.

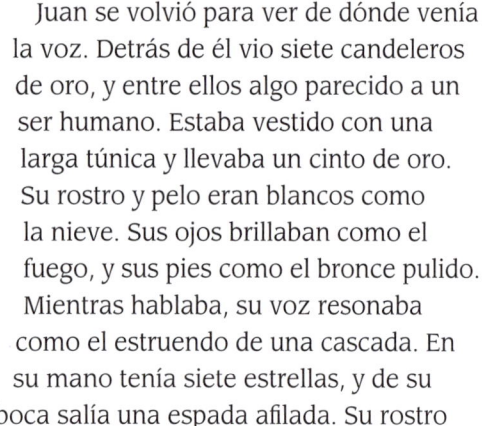

Juan se volvió para ver de dónde venía la voz. Detrás de él vio siete candeleros de oro, y entre ellos algo parecido a un ser humano. Estaba vestido con una larga túnica y llevaba un cinto de oro. Su rostro y pelo eran blancos como la nieve. Sus ojos brillaban como el fuego, y sus pies como el bronce pulido. Mientras hablaba, su voz resonaba como el estruendo de una cascada. En su mano tenía siete estrellas, y de su boca salía una espada afilada. Su rostro brillaba como el sol.

Juan cayó a los pies de Jesús, y sintió que Él lo tocaba.

"No tengas miedo —le dijo a Juan—. Yo soy el primero y el último, el que vive. Estuve muerto, pero ahora vivo por los siglos de los siglos".

361
Dios como Rey

Cuando Juan acabó de escribir, miró a lo alto y vio una puerta, que se abría en el cielo. Entonces la voz volvió a hablarle: "¡Ven aquí! Te mostraré lo que sucederá en el futuro".

Inmediatamente, Juan vio un trono magnífico, donde estaba sentado alguien cuyo cuerpo brillaba como piedras preciosas. En torno al trono había un arco iris esmeralda.

El trono de Dios estaba rodeado por otros veinticuatro tronos.

En cada trono se sentaba una persona vestida de blanco, que llevaba una corona de oro.

El trono de Dios relampagueaba de luz, que resplandecía en medio de un mar de cristal transparente que se extendía por delante. Se oía un sonido como el del trueno.

Alrededor del trono había cuatro seres vivos, cubiertos de ojos. Uno era como un león, otro como un buey, otro tenía rostro de hombre y el cuarto era como un águila. Cada uno tenía seis alas y cantaban constantemente, diciendo: "¡Santo, santo, santo Dios, que era, y es, y será!"

Entonces las veinticuatro personas sentadas en los tronos se postraron ante Dios y exclamaron: "¡Solo tú eres digno de la gloria, el honor y el poder! Tú creaste todas las cosas, y todo lo que existe es gracias a ti".

362
La gran multitud

Al cabo de un rato, Juan vio a una gran multitud de personas. Había tantas que era imposible contarlas. Mientras las contemplaba, Juan veía a hombres y mujeres provenientes de todas partes del mundo, de pie delante del trono. Estaban vestidos de blanco, y tenían en sus manos ramas de palmera. Estaban delante del trono de Dios y decían: "¡Solo Dios puede salvarnos mediante Jesús, el Cordero!"

Mientras hablaban, Juan vio que el trono de Dios estaba rodeado de ángeles y de las cuatro extrañas criaturas. Todos se postraron delante de Dios y lo adoraron.

Dijeron: "La alabanza y gloria, la sabiduría y la acción de gracias, el honor y el poder y la fortaleza, pertenecen a nuestro Dios para siempre. Amén".

Una de las personas que estaba sentada en los tronos se acercó a Juan y le dijo: "La multitud vestida de blanco son las personas que han padecido grandes sufrimientos. Han lavado sus ropas y han sido purificados mediante la sangre del Cordero, Jesucristo. Y ahora adoran a Dios constantemente en su templo. Jamás volverán a tener hambre o sed".

363
Un nuevo cielo y una nueva tierra

Algún tiempo después, Juan vio que la tierra ya no existía, y que había un nuevo cielo y una nueva tierra.

Miró a los cielos y vio, bajando de ellos, una nueva ciudad maravillosa. Oyó hablar a Dios: "Ahora es el momento en que Dios vivirá con su pueblo, y su pueblo vivirá con su Dios. Ya no habrá más muerte, tristeza ni dolor. Nadie llorará, porque Dios enjugará toda lágrima de sus ojos. Todas esas cosas habrán quedado en el pasado, y jamás volverán a existir. ¡Yo hago nuevas todas las cosas!"

364
Un río y un árbol

Mientras un ángel mostraba a Juan la magnificencia de la nueva ciudad de Dios, le mostró un río maravilloso. El agua era completamente limpia y fluía por el centro de una gran calle. Era el río del agua de vida.

Juan miró para ver de dónde salía el río. Vio que fluía directamente desde el trono de Dios.

Cruzando la anchura del río, crecía el árbol de la vida. En sus ramas había frutos, y sus hojas traían sanidad y libertad a las personas de todas las naciones.

Juan veía que el trono de Dios estaba en la ciudad, y que su pueblo estaba junto a Él constantemente, para siempre.

No volvería a haber noche, ni oscuridad, porque la luz de la ciudad provenía de la misma presencia de Dios.

365
Una promesa final

Una vez que Juan hubo visto y oído todas estas cosas, cayó a los pies del ángel.

"¡Levántate! —le ordenó el ángel—. No me adores a mí. ¡Adora a Dios!"

Entonces Jesús habló: "¡Yo vengo pronto! Soy el primero y el último, el principio y el final. Felices los que han sido perdonados de sus pecados. Tienen derecho a venir a esta ciudad y disfrutar del árbol de la vida. Todo el que quiera, todo el que tenga sed, es libre para acercarse a beber gratis del agua de la vida. ¡Yo vengo pronto!"

El libro de Apocalipsis

Este es un libro difícil de entender. Es una visión escrita por Juan. Está lleno de símbolos y significados ocultos. Escrito en un momento en que los cristianos eran perseguidos y asesinados a todo lo largo y ancho del Imperio Romano, este libro habla de una gran lucha entre el bien y el mal, y narra cómo el poder de Dios triunfará al fin, cuando habrá "un nuevo cielo y una nueva tierra".

Las iglesias

La adoración forma parte de la vida cotidiana del pueblo de Dios. Para los judíos, el día especial para reunirse con otros creyentes y adorar a Dios era el día de reposo (sábado). Hoy día aún es así. En cambio, los cristianos se reúnen para adorar a Dios los domingos para celebrar el hecho de que Jesús resucitó de entre los muertos en domingo.

Las siete iglesias

En las ciudades mencionadas —Éfeso, Esmirna, Pérgamo, Tiatira, Sardis, Filadelfia y Laodicea— los siete primeros grupos de cristianos formaron iglesias. Estas ciudades están en la Turquía actual.

Éfeso

Una de las siete iglesias estaba en Éfeso. Pablo había escrito también una carta a los efesios para guiar a sus líderes y alentarlos. Les dio consejos prácticos sobre cómo vivir una vida santa, pura y centrada en Dios, siguiendo el ejemplo de Jesús.

Las ropas blancas

El blanco representa la pureza. La "sangre del Cordero" se refiere a la muerte de Jesús en la cruz para perdón de pecados. La gran multitud está compuesta de todos los que Jesús ha perdonado sus pecados. Su sufrimiento ocurrió cuando se enfrentaron, por Jesús, a la maldad del mundo.

Las ramas de palmera

Se usaban como banderas en los días de las grandes celebraciones; eran un símbolo de triunfo o victoria. Los romanos recompensaban a los campeones o los héroes de guerra con ramas de palmera. La gente las agitaba cuando Jesús entró en Jerusalén.

Nuevo cielo y nueva tierra

Cuando Jesús regrese a este mundo, la tierra, tal como la conocemos, dejará de existir. Él creará un lugar nuevo y perfecto para que las personas que lo aman vivan allí para siempre.

La ciudad

Representa el lugar seguro donde Dios es rey, donde jamás hay sufrimiento, ni dolor ni muerte.

El río de la vida

Esto nos recuerda los ríos del Huerto del Edén. La nueva creación de Dios restaura el mundo, haciendo que sea lo que era antes que las personas lo estropearon con el pecado.

El árbol de la vida

En el Edén había un árbol como este. Es para la salud y la perfección completas.

Sin oscuridad

La oscuridad es un símbolo del mal en la Biblia. Esto nos recuerda que el cielo está lleno de bondad.

"Vengo pronto"

Jesús dijo a sus seguidores que no sabrían el momento exacto en que Él regresaría al mundo. "Pronto" quiere decir que el sufrimiento de esta vida no es nada comparado con la alegría eterna que vendrá, y con la vida perfecta en el cielo. Esto es un llamado a que sigamos siendo fieles a Dios.

ENCUENTRA LAS HISTORIAS EN LA BIBLIA

ÍNDICE DE PERSONAS

Los números corresponden a las historias

ÍNDICE DE PALABRAS

Los números se refieren a las páginas

TABLA CRONOLÓGICA

Abraham sale de Ur

Jacob

José

Moisés

Josué

Débora
Gedeón
Sansón
Samuel

Saúl
coronado rey

David

Salomón

Elías
Eliseo

Isaías

Jeremías

Danie
deportado
Babiloni

| 1900 | 1800 | 1700 | 1600 | 1500 | 1400 | 1300 | 1200 | 1100 | 1000 | 900 | 800 | 700 | 6 |

a.C. ANTES DE LA ERA MODERNA

Los israelitas se asientan en Egipto

Esclavitud en Egipto

Jueces

Reyes

Pro

Éxodo

Batalla de Jericó

Primer templo construido en Jerusalén

Dos reinos:
Israel (norte) y
Judá (sur)

El reino del norte conquistado por Asiria

Jerusa
destru

Babilo